AF534362

Theologische Brocken 002

Simone Weil

Das Unglück und die Gottesliebe

Aus dem Französischen von Friedhelm Kemp
Neu herausgegeben von Charlotte Bohn

Matthes & Seitz Berlin

Inhalt

Briefe 7

Erster Brief: Zögern vor der Taufe 7

Zweiter Brief: Gleicher Betreff 18

Dritter Brief: Über die Abreise 26

Briefe zum Abschied 31

Vierter Brief: Geistige Autobiografie 31

Fünfter Brief: Intellektuelle Berufung 62

Sechster Brief: Abschließende Gedanken 67

Abhandlungen 87

Betrachtungen über den rechten Gebrauch des Schulunterrichts und des Studiums im Hinblick auf die Gottesliebe 87

Die Gottesliebe und das Unglück 102

Formen der impliziten Gottesliebe 156

Die Nächstenliebe 158

Liebe zur Ordnung der Welt 183

Liebe zu den religiösen Gebräuchen 215

Freundschaft 241

Implizite Liebe und explizite Liebe 252

Betrachtungen über das Vaterunser 262

Editorische Notiz 277

Anmerkungen 291

BRIEFE

Erster Brief
Zögern vor der Taufe

19. Januar 1942

Mein lieber Pater Perrin[1],

ich entschließe mich, Ihnen zu schreiben, um – wenigstens bis auf weiteres – unsere Gespräche über meinen Fall abzuschließen. Ich bin es müde, Ihnen immerfort von mir zu sprechen, denn das ist ein erbärmlicher Gegenstand; aber ich bin dazu gezwungen, um des Anteils willen, den Sie aus Nächstenliebe an mir nehmen.

Ich bin in diesen Tagen über den Willen Gottes mit mir zu Rate gegangen, worin er besteht und wie es gelingen möchte, ihm in allen Stücken zu entsprechen. Ich will Ihnen sagen, was ich darüber denke.

Man muss drei Bereiche unterscheiden: Einmal das, worauf wir nicht den geringsten Einfluss haben; hierzu gehören alle zu dieser Stunde bereits vollendeten Tatbestände des ganzen Universums; ferner alles, was, jeglicher Möglichkeit einer Einwirkung unsererseits entzogen, sich seiner Vollendung nähert oder bestimmt ist, sich später zu vollenden. In diesem Bereich ist alles, was tatsächlich geschieht, ausnahmslos Gottes Wille. Daher soll man in diesem Bereich unbedingt alles lieben, im Ganzen wie in jeder Einzelheit, mit einbegriffen das Böse in allen seinen Gestalten; insbesondere aber seine eigenen vergangenen Sünden, insofern sie vergangen sind (denn insofern ihre Wurzel noch vorhanden ist, soll man sie hassen), seine eigenen vergangenen, gegenwärtigen und zukünftigen Leiden, und – was bei weitem das Schwerste ist – die Leiden der übrigen Menschen, insofern man nicht berufen ist, sie zu lindern. Mit anderen Worten: man soll die Wirklichkeit und Gegenwart Gottes durch ausnahmslos alle äußeren Dinge hindurch so deutlich empfinden, wie die Hand die Beschaffenheit des Papiers durch den Federhalter und die Feder hindurch empfindet.

Der zweite Bereich ist der Bereich dessen, was der Herrschaft des Willens untersteht. Er umfasst die rein natürlichen, nah erreichbaren, vermittels unseres Erkenntnisvermögens und unserer Einbildungskraft leicht vorstellbaren Dinge, unter denen wir durch ein Tun von außen bestimmte Mittel im Hinblick auf bestimmte und endliche Ziele auswählen, anordnen und vereinigen können. In diesem Bereich soll man unausweichlich und unverzüglich alles tun, was offenkundig als eine Pflicht erscheint. Wenn keine augenscheinliche Pflicht erscheint, soll man bald mehr oder minder willkürlich gewählte, jedoch unveränderliche Regeln beobachten, bald, jedoch in begrenztem Ausmaße, seiner Neigung folgen. Denn eine der gefährlichsten Formen der Sünde, oder vielleicht *die* gefährlichste, besteht darin, Unbegrenztes in einen seinem Wesen nach endlichen Bereich zu verlegen.

Der dritte Bereich ist der Bereich jener Dinge, die zwar nicht der Herrschaft des Willens unterstehen und sich auch nicht auf unsere natürlichen Pflichten beziehen, die aber dennoch von uns nicht gänzlich unabhängig sind. In diesem Bereich erleiden wir von Seiten Gottes einen Zwang, vorausgesetzt, dass wir verdienen, diesen Zwang zu erleiden, und genau in dem Maße, als wir es verdienen. Gott belohnt die Seele, die mit Liebe und Aufmerksamkeit an ihn denkt, und er belohnt sie, indem er einen Zwang auf sie ausübt, der dieser Liebe und Aufmerksamkeit mit letzter mathematischer Strenge proportional ist. Man soll sich diesem Anstoß überlassen, genau bis zu dem Punkte laufen, wo er hinführt, und nicht einen einzigen Schritt darüber hinaus tun, nicht einmal in Richtung auf das Gute. Gleichzeitig soll man fortfahren, mit immer größerer Liebe und Aufmerksamkeit an Gott zu denken, und hierdurch erlangen, dass man immer weiter gestoßen und der Gegenstand eines Zwanges wird, der sich in wachsendem Maße eines immer größeren Teiles der Seele bemächtigt. Wenn dieser Zwang sich der ganzen Seele bemächtigt hat, dann ist man im Stande der Vollkommenheit. Aber auf welcher Stufe man sich auch befinde, man soll nichts über das hinaus vollbringen, wozu man unwiderstehlich getrieben wird, selbst nicht um des Guten willen.

Ich habe mich auch über die Natur der Sakramente befragt, und ich will Ihnen auch sagen, was meine Ansicht darüber ist.

Die Sakramente haben einen spezifischen Wert, der ein Geheimnis darstellt, insofern als sie eine gewisse Art der Berührung mit Gott einschließen, eine zwar geheimnisvolle, doch wirkliche Berührung. Gleichzeitig haben sie als Symbole und Zeremonien einen rein menschlichen Wert. In dieser letzteren Hinsicht unterscheiden sie sich nicht wesentlich von den Gesängen, Gebärden und Parolen gewisser politischer Parteien; zumindest unterscheiden sie sich hiervon nicht wesentlich durch sich selbst; selbstverständlich unterscheiden sie sich hiervon unendlich durch die Lehre, auf die sie sich beziehen. Ich glaube, die Mehrzahl der Gläubigen hat mit den Sakramenten nur insoweit eine Berührung, als sie Symbole und Zeremonien sind, mit einbegriffen manche, die vom Gegenteil überzeugt sind. Die Durkheim'sche Theorie, die das Religiöse mit dem Sozialen gleichsetzt,[2] mag zwar dumm sein, aber es liegt doch etwas Wahres in ihr; dass nämlich das soziale Gefühl dem religiösen Gefühl zum Verwechseln ähnlich sieht. Es gleicht ihm wie ein falscher Diamant einem echten, so dass diejenigen sich wirklich täuschen lassen, die nicht die übernatürliche Gabe der Unterscheidung besitzen. Im Übrigen ist die soziale und menschliche Teilnahme an den Sakramenten, insoweit sie Zeremonien und Symbole sind, etwas Vortreffliches und Heilsames, als eine Etappe, für alle diejenigen, deren Weg über diese Straße führt. Dennoch ist dies noch keine Teilnahme an den Sakramenten als solchen. Ich glaube, nur die, welche bereits über eine gewisse geistliche Stufe hinausgelangt sind, können an den Sakramenten als solchen teilhaben. Die sich unterhalb dieser Stufe befinden, gehören, was immer sie tun mögen, solange sie dieselbe noch nicht erreicht haben, nicht eigentlich der Kirche an.

Was mich betrifft, so halte ich mich für jemanden, der unterhalb dieser Stufe steht. Und deshalb sagte ich Ihnen neulich, dass ich mich der Sakramente für unwürdig erachte. Diese Meinung entspringt nicht, wie Sie geglaubt haben, einer übertriebenen Bedenklichkeit. Sie gründet sich einerseits auf das Bewusstsein ganz bestimmter Verfehlungen im Bereich des Handelns und der Beziehungen zu den Mitmenschen, schwerer und sogar schändlicher Verfehlungen, die Sie gewiss selber als solche ansehen würden, und außerdem häufig begangener; anderseits, und mehr noch, auf ein allgemeines Gefühl der Unzulänglichkeit. Dass ich so spreche, geschieht nicht aus Demut. Denn besäße ich die Tugend der Demut, vielleicht die schönste der Tugenden, so befände ich mich nicht in diesem kläglichen Zustand der Unzulänglichkeit.

Um mit dem zu Ende zu kommen, was mich betrifft, so sage ich mir Folgendes. Die Art von Hemmung, die mich außerhalb der Kirche festhält, hat ihre Ursache entweder in dem Zustand der Unvollkommenheit, in dem ich mich befinde, oder darin, dass meine Berufung und Gottes Wille dem entgegen sind. Im ersten Falle kann ich dieser Hemmung nicht unmittelbar abhelfen, sondern nur mittelbar, indem ich weniger unvollkommen werde, wenn die Gnade mir dazu hilft. Hierzu genügt es, sich einerseits zu bemühen, die Verfehlungen im Bereich der natürlichen Dinge zu vermeiden, und anderseits mit immer größerer Aufmerksamkeit und Liebe an Gott zu denken. Ist es Gottes Wille, dass ich in die Kirche eintrete, so wird er mir diesen Willen in genau dem Augenblick auferlegen, in dem ich es verdiene, dass er ihn mir auferlegt.

Ist es, im anderen Falle, jedoch sein Wille, dass ich nicht in sie eintrete, wie sollte ich eintreten? Ich weiß wohl, was Sie mir oft genug wiederholt haben, dass nämlich die Taufe der gewöhnliche Weg zum Heil ist – zumindest in den christlichen Ländern – und dass es schlechthin keinen Grund gibt, warum ich einen besonderen Weg haben sollte. Das ist offenkundig. Gesetzt jedoch den Fall, es stünde mir in der Tat nicht zu, diesen Weg zu beschreiten, was könnte ich dagegen tun? Wenn es vorstellbar wäre, dass man sich verdammt, indem man Gott gehorcht, und dass man sich rettet, indem man ihm nicht gehorcht, so wählte ich dennoch den Gehorsam.

Mir scheint, es ist nicht Gottes Wille, dass ich gegenwärtig in die Kirche eintrete. Denn, wie ich Ihnen schon sagte, und wie es noch immer wahr ist, die Hemmung, die mich zurückhält, macht sich in den Augenblicken der Aufmerksamkeit, der Liebe und des Gebetes nicht weniger kräftig bemerkbar als in anderen Augenblicken. Und doch empfand ich eine sehr große Freude, als ich Sie sagen hörte, meine Gedanken, so wie ich sie Ihnen dargelegt habe, seien mit der Zugehörigkeit zur Kirche nicht unvereinbar, und ich stünde ihr also im Geiste nicht ferne.

Ich kann nicht umhin, mich auch weiterhin zu fragen, ob es in diesen Zeiten, in denen ein so großer Teil der Menschheit im Materialismus versunken ist, nicht Gottes Wille ist, dass es einige Männer und Frauen gibt, die sich ihm und Christus ganz zu eigen gegeben haben und die dennoch außerhalb der Kirche bleiben.

Jedenfalls ist, wenn ich mir den Akt meines Eintritts in die Kirche als etwas Tatsächliches vorstelle, das sich in naher Zukunft ereignen könnte, mir nichts so schmerzlich wie der Gedanke, mich von der ungeheuren und unglücklichen Masse der Ungläubigen zu trennen. Ich habe das tiefinnere Bedürfnis, ich glaube sagen zu dürfen: die Berufung, mein Leben unter den Menschen und in jeglicher menschlichen Umgebung so hinzubringen, dass ich mich durch nichts von ihnen unterscheide, dass ich ihre Farbe annehme – zumindest in dem vollen Ausmaße, als das Gewissen sich dem nicht widersetzt –, dass ich unter ihnen verschwinde, und zwar, damit sie sich so zeigen, wie sie sind und ohne sich mir gegenüber zu verstellen; weil ich sie kennenlernen möchte, um sie so zu lieben, wie sie sind. Denn wenn ich sie nicht liebe, so wie sie sind, dann liebe ich nicht sie, und meine Liebe ist nicht wahr. Ich spreche nicht davon, ihnen zu helfen, denn dazu bin ich bis jetzt leider gänzlich außerstande. Ich denke, dass ich unter keinen Umständen je in einen religiösen Orden eintreten würde, weil ich mich nicht durch eine Tracht von der Masse der gewöhnlichen Menschen trennen möchte. Es gibt Menschen, für die diese Trennung nicht nachteilig ist, weil sie durch die natürliche Reinheit ihrer Seele bereits von der Masse der gewöhnlichen Menschen getrennt sind. Ich hingegen – ich glaube, es Ihnen schon gesagt zu haben –, ich trage in mir selbst den Keim zu allen oder doch fast allen Verbrechen. Das ist mir namentlich auf einer Reise deutlich geworden, unter Umständen, die ich Ihnen erzählt habe. Die Verbrechen flößten mir Entsetzen ein, aber sie überraschten mich nicht; ich fühlte ihre Möglichkeit in mir selbst; ja gerade weil ich ihre Möglichkeit in mir selbst fühlte, flößten sie mir Entsetzen ein. Diese natürliche Veranlagung ist gefährlich und sehr schmerzlich, aber wie jede Art natürlicher Veranlagung kann sie zum Guten dienen, wenn man mit Hilfe der Gnade den rechten Gebrauch davon zu machen versteht. Sie schließt eine Berufung ein, diese nämlich: gewissermaßen anonym zu bleiben, so beschaffen, dass man sich in jedem beliebigen Augenblick mit dem Teig der allgemeinen Menschheit vermengen kann. Nun befinden sich aber heutzutage die Geister in einer solchen Verfassung, dass zwischen einem praktizierenden Katholiken und einem Ungläubigen eine ausdrücklichere Schranke, eine größere Trennung besteht als zwischen dem Angehörigen eines Ordens und einem Laien.

Ich weiß wohl, dass Christus gesagt hat: »Wer sich meiner schämt vor den Menschen, dessen werde ich mich schämen vor meinem Vater.«[3] Aber sich Christi schämen, das bedeutet vielleicht nicht für alle und nicht in jedem Fall, dass man der Kirche nicht angehört. Für einige bedeutet dies vielleicht nur, dass sie die Gebote Christi nicht befolgen, dass sie seinen Geist nicht ausstrahlen, seinen Namen nicht ehren, wenn sich die Gelegenheit dazu bietet, und dass sie nicht bereit sind, aus Treue zu ihm zu sterben.

Ich schulde Ihnen die Wahrheit, auch auf die Gefahr hin, Sie zu kränken, und obgleich es mir äußerst schmerzlich ist, Sie zu kränken. Ich liebe Gott, Christus und den katholischen Glauben, soweit es einem so kläglich unzulänglichen Wesen wie mir ansteht, sie zu lieben. Ich liebe die Heiligen durch ihre

Schriften und ihre Lebensbeschreibungen hindurch – einige ausgenommen, bei denen es mir unmöglich ist, sie völlig zu lieben oder sie als Heilige zu betrachten. Ich liebe sechs oder sieben Katholiken von echter Spiritualität, mit denen der Zufall mich im Laufe meines Lebens zusammengeführt hat. Ich liebe die Liturgie, die Gesänge, die Baudenkmäler, die Riten und Zeremonien des Katholizismus. Aber ich besitze keinerlei Liebe zur Kirche im eigentlichen Sinne, außerhalb ihrer Beziehung zu all diesen Dingen, die ich liebe. Ich bin imstande, mit denen, die diese Liebe besitzen, zu sympathisieren, aber selber empfinde ich sie nicht. Ich weiß wohl, dass alle Heiligen sie empfunden haben. Aber sie waren auch fast alle innerhalb der Kirche geboren und auferzogen worden. Wie dem auch sei, man kann sich keine Liebe aus eigenem Willen verschaffen. Alles, was ich sagen kann, ist, dass ich, falls diese Liebe eine Vorbedingung des geistlichen Fortschritts darstellt, was ich nicht weiß, oder falls sie zu meiner Berufung gehört, begehre, dass sie mir eines Tages gewährt werden möge.

Es mag wohl sein, dass die Gedanken, die ich Ihnen hier dargelegt habe, zum Teil trügerisch und schlecht sind. Doch in einem gewissen Sinne kümmert mich das wenig: ich will nicht mehr prüfen; denn am Ende all dieser Erwägungen bin ich zu einem Schluss gelangt, nämlich zu dem schlechten und rechten Entschluss, mich jedes weiteren Gedankens über meinen möglichen Eintritt in die Kirche zu entschlagen.

Es ist durchaus möglich, dass ich, nachdem Wochen, Monate oder Jahre ohne den geringsten Gedanken daran vergangen sind, eines Tages plötzlich den unwiderstehlichen Antrieb verspüre, unverzüglich die Taufe zu erbitten, und hineile, sie zu erbitten. Denn das Wirken der Gnade in den Herzen geschieht im Verborgenen und in der Stille.

Vielleicht auch endet mein Leben, ohne dass ich diesen Antrieb jemals empfunden habe. Eines aber ist unumstößlich gewiss. Nämlich dass, wenn einmal der Tag kommt, an dem ich Gott genugsam liebe, um die Gnade der Taufe zu verdienen, diese Gnade mir an dem gleichen Tage unfehlbar zuteilwird, in der Gestalt, die Gott gefällt, sei es nun durch die Taufe im eigentlichen Sinne oder auf irgendeine andere Weise. Warum also sollte ich mir Sorgen machen? Es ist nicht meine Angelegenheit, an mich zu denken. Meine Angelegenheit ist es, an Gott zu denken. Es ist Gottes Sache, an mich zu denken.

Dieser Brief ist recht lang geworden. Abermals werde ich Ihre Zeit über Gebühr in Anspruch genommen haben. Ich bitte Sie dafür um Vergebung. Meine Entschuldigung ist, dass er, wenigstens vorläufig, einen Abschluss darstellt.

Seien Sie meiner aufrichtigsten Dankbarkeit versichert.

Simone Weil

Zweiter Brief
(Gleicher Betreff)

Mein lieber Pater Perrin,

dies ist eine Nachschrift zu dem Brief, von dem ich Ihnen sagte, dass er vorläufig einen Abschluss darstelle. Ich hoffe Ihretwegen, dass sie die einzige bleibt. Ich fürchte sehr, Sie zu belästigen. Sollte dies der Fall sein, so schreiben Sie es bitte sich selber zu. Es ist nicht meine Schuld, wenn ich mich verpflichtet glaube, Ihnen über meine Gedanken Rechenschaft abzulegen.

Die Hindernisse intellektueller Natur, die mich bis in die jüngstvergangene Zeit an der Schwelle der Kirche zurückgehalten hatten, können allenfalls als beseitigt gelten, sobald Sie sich nicht weigern, mich so hinzunehmen, wie ich bin. Dennoch bleiben noch manche Hindernisse bestehen.

Nach reiflicher Überlegung glaube ich, dass sie sich auf Folgendes zurückführen lassen. Was mich abschreckt, ist die Kirche als soziale Einrichtung. Nicht nur wegen ihrer Makel, sondern eben weil sie unter anderem auch eine soziale Einrichtung ist. Nicht als ob ich meinem Temperament nach ein ausgesprochener Individualist wäre. Ich fürchte mich aus dem entgegengesetzten Grunde. Ich habe eine starke Neigung zum Herdentier in mir. Ich bin meiner natürlichen Veranlagung nach äußerst beeinflussbar und vor allem für kollektive Einflüsse übermäßig empfänglich. Ich weiß, dass, wenn ich in diesem Augenblick zwanzig junge Deutsche vor mir hätte, die im Chor ihre Nazilieder absängen, ein Teil meiner Seele unverzüglich von dem Nazismus angesteckt würde. Das ist eine sehr große Schwäche. Aber so bin ich nun einmal. Ich glaube, es nützt nichts, seine natürlichen Schwächen unmittelbar zu bekämpfen. Man soll sich Gewalt antun, um unter jenen Umständen, wo eine Pflicht dies streng gebietet, so zu handeln, als besäße man sie nicht; und unter den gewöhnlichen Lebensverhältnissen soll man sie auf das genaueste kennen, sie behutsam berücksichtigen und sich bemühen, sie recht zu gebrauchen, denn sie sind alle eines guten Gebrauches fähig.

Ich fürchte jenen Kirchenpatriotismus, der in katholischen Kreisen herrscht. Unter Patriotismus verstehe ich hier jenes Gefühl, das man einem irdischen Vaterland entgegenbringt. Ich fürchte ihn, weil ich fürchte, seiner Ansteckungsgefahr zu erliegen. Nicht als ob mir die Kirche unwürdig erschiene, ein solches Gefühl einzuflößen. Sondern weil ich meinesteils kein Gefühl dieser Art besitzen will. Das Wort »wollen« ist nicht ganz das richtige. Ich weiß, ich fühle mit Bestimmtheit, dass jedes Gefühl dieser Art, gleichviel welchem Gegenstand es gilt, für mich unheilvoll ist.

Es hat Heilige gegeben, die die Kreuzzüge, die Inquisition gebilligt haben. Ich kann mich des Gedankens nicht erwehren, dass sie Unrecht gehabt haben. Ich kann das Licht des Gewissens nicht verwerfen. Wenn ich glaube, dass ich in einem Punkte klarer sehe als sie – ich, die so unendlich unter ihnen steht –, dann muss ich annehmen, dass sie bezüglich dieses Punktes von etwas sehr Mächtigem verblendet worden sind. Dieses Etwas ist die Kirche als soziale Einrichtung. Wenn diese soziale Einrichtung ihnen geschadet hat, welchen Schaden würde sie mir erst zufügen, die ich durch die sozialen Einflüsse in besonderem Grade verletzbar und beinahe unendlich viel schwächer bin als sie?

Man hat niemals etwas gesagt oder geschrieben, das von so weitreichender Bedeutung wäre wie die Worte des Teufels an Christus bei Lukas über die Reiche dieser Welt: »Diese Macht will ich dir alle geben und ihre Herrlichkeit, denn sie ist mir überlassen, mir und jedem, dem ich sie mitteilen will.«[4] Hieraus ergibt sich, dass das Soziale unaufhebbar der Herrschaftsbereich des Teufels ist. Das Fleisch treibt uns, *ich* zu sagen, und der Teufel treibt uns, *wir* zu sagen; oder auch, wie die Diktatoren, *ich* mit einer kollektiven Bedeutung zu sagen. Und, in Übereinstimmung mit seiner eigentlichen Sendung, erfindet der Teufel eine schlechte Nachahmung des Göttlichen, einen Ersatz[5] des Göttlichen.

Unter dem Sozialen verstehe ich hier nicht etwa alles, was sich auf ein Vaterland bezieht, sondern nur die Kollektivgefühle.

Ich weiß, es ist unvermeidlich, dass die Kirche auch eine soziale Einrichtung ist; andernfalls könnte sie gar nicht existieren. Aber insoweit sie eine soziale Einrichtung ist, untersteht sie der Herrschaft des Fürsten dieser Welt. Eben weil sie ein Organ zur Bewahrung und Vermittlung der Wahrheit ist, liegt darin eine äußerste Gefahr für jene, die wie ich der Verletzung durch die sozialen Einflüsse übermäßig ausgesetzt sind. Denn da derart das Reinste und das Befleckendste einander ähnlich sehen und unterschiedslos mit den gleichen Worten bezeichnet werden, so bilden sie eine fast unauflösliche Mischung.

Es gibt ein katholisches Milieu, wo man bereit ist, jeden Eintretenden auf das herzlichste zu empfangen. Ich aber will nicht von einem Milieu aufgenommen werden, ich will nicht in einem Milieu wohnen, wo man »wir« sagt, und ein Teil dieses »wir« sein; ich will in keinem menschlichen Milieu, gleichviel welchem, zuhause sein. Wenn ich sage, ich will nicht, so drücke ich mich ungeschickt aus, denn ich wollte es gerne; dies alles ist köstlich. Aber ich fühle, dass mir dies nicht erlaubt ist. Ich fühle, dass es für mich notwendig ist, dass es mir vorgeschrieben ist, einsam zu bleiben, eine Fremde und Verbannte hinsichtlich jedes beliebigen menschlichen Milieus ohne Ausnahme.

Das scheint dem zu widersprechen, was ich Ihnen von meinem Bedürfnis schrieb, in jedem beliebigen menschlichen Milieu, durch das mich mein Weg führt, aufzugehen, darin zu verschwinden; in Wirklichkeit aber ist dies der gleiche Gedanke; darin verschwinden heißt nicht, daran teilhaben, und die Fähigkeit, in jedem aufgehen zu können, setzt eben voraus, dass ich an keinem teilhabe.

Ich weiß nicht, ob es mir gelingt, Ihnen diese kaum ausdrückbaren Dinge begreiflich zu machen.

Diese Erwägungen betreffen diese Welt, und sie scheinen erbärmlich, wenn man dem gegenüber den übernatürlichen Charakter der Sakramente bedenkt. Aber eben das fürchte ich in mir: die unreine Vermengung des Übernatürlichen mit dem Schlechten.

Der Hunger ist gewiss ein weniger vollständiges Verhältnis zur Nahrung, aber dennoch ein ebenso wirkliches wie der Akt des Essens.

Es ist vielleicht nicht gänzlich undenkbar, dass bei einem Wesen mit gewissen natürlichen Anlagen, einem gewissen Temperament, einer gewissen Vergangenheit, einer gewissen Berufung und so weiter, das Verlangen nach den Sakramenten und die Enthaltung von ihnen eine noch reinere Berührung darstellen können als die Teilnahme.

Ich weiß keineswegs, ob dies für mich zutrifft oder nicht. Ich weiß wohl, dass dies etwas Außergewöhnliches wäre, und es erscheint mir immer als eine wahnwitzige Vermessenheit, anzunehmen, man könne eine Ausnahme sein. Aber eine solche Ungewöhnlichkeit kann sehr wohl, nicht in einer Überlegenheit, sondern in einer Unterlegenheit den andern gegenüber ihren Grund haben. Ich glaube, dass dies mein Fall wäre.

Wie dem auch sei (und wie ich Ihnen bereits sagte), im Augenblick glaube ich keinesfalls, einer wahrhaften Berührung mit den Sakramenten fähig zu sein, sondern nur der Ahnung, dass eine solche Berührung möglich ist. Umso weniger kann ich gegenwärtig wirklich wissen, welches Verhältnis zu ihnen für mich angemessen ist.

Es gibt Augenblicke, in denen ich versucht bin, mich dieserhalb gänzlich Ihnen anheimzustellen und Sie zu bitten, für mich zu entscheiden. Aber zu guter Letzt kann ich es doch nicht. Ich habe kein Recht dazu.

Ich glaube, in Angelegenheiten von sehr großer Wichtigkeit überwindet man die Hindernisse nicht. Man betrachtet sie unverwandt, so lange, wie es nötig ist, bis sie, falls sie auf einer Täuschung beruhen, verschwinden. Was ich hier Hindernisse nenne, ist etwas anderes als jene Art Trägheit, die bei jedem Schritt auf das Gute hin zu überwinden ist. Diese Trägheit kenne ich aus Erfahrung. Die Hindernisse sind etwas völlig anderes. Wenn man sie überwinden will, ehe sie verschwunden sind, so setzt man sich ähnlichen Kompensationserscheinungen aus wie die, auf welche, wenn ich nicht irre, jene Stelle des Evangeliums anspielt, wo von einem Manne die Rede ist, von dem ein Teufel ausfuhr, um nachher mit sieben anderen Teufeln zurückzukehren.[6]

Die bloße Vorstellung, ich könnte, falls ich die Taufe empfangen hätte, jemals in einer anderen als der gebotenen Verfassung sein, jemals später auch nur einen einzigen Augenblick lang eine einzige innere Regung des Bedauerns haben – diese Vorstellung ist mir entsetzlich. Selbst wenn ich die Gewissheit hätte, dass die Taufe die unerlässliche Vorbedingung des Heiles wäre, so wollte ich mich dennoch nicht meines Heiles wegen dieser Gefahr aussetzen. Ich würde die Enthaltung wählen, solange ich nicht überzeugt wäre, dass diese Gefahr nicht besteht. Und eine derartige Überzeugung hat man nur dann, wenn man denkt, dass man aus Gehorsam handelt. Nur den Gehorsam kann die Zeit nicht verletzen.

Wenn ich mein ewiges Heil vor mir auf diesem Tisch liegen hätte und ich nur die Hand auszustrecken brauchte, um es zu erlangen, so streckte ich die Hand so lange nicht aus, als ich nicht dächte, den Befehl dazu empfangen zu haben. Zumindest möchte ich das glauben. Und wenn es statt des meinen das ewige Heil aller vergangenen, gegenwärtigen und zukünftigen Menschen wäre – ich weiß, dass ich ebenso handeln müsste. In diesem Falle würde es mich schmerzen. Aber wenn es nur um mich ginge, so scheint mir beinahe, dass es mir nicht schmerzlich wäre. Denn ich begehre nichts anderes als den Gehorsam in seiner ganzen Fülle, das heißt: bis zum Kreuz.

Dennoch habe ich kein Recht, so zu sprechen. Wenn ich so spreche, lüge ich. Denn wenn ich dies begehrte, so würde es mir auch zuteil: und tatsächlich kommt es dauernd vor, dass ich Tag um Tag verstreichen lasse, ohne offenkundige Pflichten, die ich auch als solche empfinde, zu erfüllen: an sich leicht und einfach auszuführende und wegen ihrer für die anderen möglichen Folgen wichtige Pflichten.

Doch es würde zu weit führen und uninteressant sein, Sie mit meinen Erbärmlichkeiten zu behelligen. Und es wäre gewiss von geringem Nutzen. Ausgenommen allerdings, dass es Sie verhindern könnte, sich bezüglich meiner zu irren.

Seien Sie stets meiner aufrichtigsten Dankbarkeit versichert. Sie wissen, denke ich, dass dies keine bloße Redensart ist.

Simone Weil

Dritter Brief
Über die Abreise

16. April 1942

Lieber Pater Perrin,

wenn nichts Unvorhergesehenes eintritt, sehen wir uns in acht Tagen zum letzten Mal. Ich soll Ende des Monats abfahren. Wenn Sie es einrichten könnten, dass wir uns in Muße über die auszuwählenden Texte unterhalten können, so wäre das recht gut. Aber ich nehme an, das wird kaum möglich sein.

Ich habe nicht das geringste Verlangen, diese Reise anzutreten. Und ich werde mit Bangigkeit scheiden. Die Wahrscheinlichkeitsrechnungen, die mich dazu veranlassen, sind so ungewiss, dass sie mir kaum einen Halt bieten. Die Überlegung, die mich leitet und die seit Jahren in mir wohnt, derart, dass ich sie nicht aufzugeben wage, obwohl nur geringe Aussichten auf ihre Verwirklichung bestehen, steht dem Plan recht nahe, den zu fördern Sie mir vor einigen Monaten so überaus großmütig behilflich waren, und der fehlgeschlagen ist.

Was mich zu diesem Schritt treibt, ist hauptsächlich der Umstand, dass mir, bei der sich derart überstürzenden Entwicklung der Ereignisse, der Entschluss zu bleiben als ein Akt des Eigenwillens meinerseits erscheint. Und es ist mein innigster Wunsch, nicht nur jeden Willen, sondern jedes Eigensein zu verlieren.

Es scheint mir, dass etwas mich abfahren heißt. Und da ich völlig gewiss bin, dass dieses Etwas keine bloße Gefühlsregung ist, so überlasse ich mich ihm.

Ich hoffe, diese Hingabe wird mich, selbst wenn ich mich täuschen sollte, zuletzt in einen guten Hafen führen.

Der gute Hafen ist für mich, wie Sie wissen, das Kreuz. Wenn es mir nicht eines Tages gewährt werden kann, dass ich verdiene, an dem Kreuze Christi teilzuhaben, so wenigstens an dem des guten Schächers. Christus ausgenommen, ist unter allen, von denen im Evangelium die Rede ist, der gute Schächer bei weitem der, den ich am meisten beneide. Während der Kreuzigung Christi an seiner Seite und in der gleichen Lage wie er gewesen zu sein, scheint mir ein sehr viel beneidenswerteres Vorrecht, als zu seiner Rechten zu sitzen in seiner Herrlichkeit.

Obwohl der Tag der Abreise nahe bevorsteht, ist mein Entschluss doch noch nicht völlig unwiderruflich gefasst. Sollte daher der Zufall fügen, dass Sie mir einen Rat erteilen könnten, so wäre dies der Augenblick. Aber machen Sie sich nicht eigens Gedanken darüber. Sie haben an viele sehr viel wichtigere Dinge zu denken.

Bin ich erst einmal abgefahren, so scheint es mir wenig wahrscheinlich, dass die Umstände mir eines Tages erlauben werden, Sie wiederzusehen. Und was die möglichen Begegnungen in einem anderen Leben angeht, so wissen Sie, dass ich mir die Dinge nicht derart vorstelle. Doch das ist nicht von Belang. Meiner Freundschaft für Sie genügt es, dass Sie existieren.

Ich werde nicht anders können, als mit großem Bangen an alle die zu denken, die ich in Frankreich zurücklasse, und insbesondere an Sie. Doch auch dies ist nicht von Belang. Ich glaube, dass Sie zu jenen gehören, denen niemals, was immer auch geschieht, etwas Schlimmes zustoßen kann.

Die Entfernung wird nicht verhindern, dass ich, mit der Zeit, von Tag zu Tag in eine immer größere Dankesschuld gegen Sie gerate. Denn sie wird mich nicht hindern, an Sie zu denken. Und es ist unmöglich, an Sie zu denken, ohne an Gott zu denken.

Glauben Sie an meine kindlich ergebene Freundschaft.

Simone Weil

P. S. – Sie wissen, dass es sich bei dieser Abfahrt für mich um etwas gänzlich anderes handelt als darum, den Leiden und Gefahren zu entfliehen. Meine Bangigkeit entspringt gerade der Befürchtung, durch meine

Abreise, wider Willen und Wissen, eben das zu tun, was ich um keinen Preis tun möchte – nämlich: zu fliehen. Bisher war das Leben hier recht ruhig. Sollte diese Ruhe gerade nach meiner Abfahrt aufhören, so wäre das entsetzlich für mich. Wenn ich die Gewissheit hätte, dass dies der Fall wäre, ich glaube, ich bliebe. Wissen Sie etwas, das diesbezügliche Voraussagen erlaubt, so verlasse ich mich auf Sie, dass Sie es mir mitteilen.

BRIEFE ZUM ABSCHIED

Vierter Brief
Geistige Autobiografie

Im Voraus zu lesen. P. S.

Dieser Brief ist schrecklich lang – aber da kein Anlass zu seiner Beantwortung besteht – um so weniger, als ich voraussichtlich schon abgefahren sein werde –, so haben Sie ganze Jahre vor sich, ihn, wenn Sie wollen, zur Kenntnis zu nehmen. Nehmen Sie ihn dennoch über kurz oder lang zur Kenntnis.

Marseille, den 15. Mai etwa

Lieber Pater Perrin,

ehe ich abfahre, will ich noch einmal zu Ihnen sprechen, vielleicht zum letzten Mal, denn von drüben werde ich wohl nur hie und da von mir hören lassen, um auch von Ihnen Nachricht zu erhalten.

Ich habe Ihnen gesagt, dass ich unermesslich in Ihrer Schuld bin. Ich will versuchen, Ihnen genau und aufrichtig zu sagen, worin diese Schuld besteht. Ich glaube, wenn Sie wahrhaft verstehen könnten, welches meine geistliche Lage ist, so würden Sie nicht darüber bekümmert sein, dass Sie mich nicht zum Empfang der Taufe bewegen konnten. Aber ich weiß nicht, ob dies für Sie möglich ist.

Sie haben mir weder den christlichen Geist noch Christus gebracht; denn als ich Ihnen begegnete, war dies nicht mehr zu leisten, es war bereits geschehen, ohne die Vermittlung irgendeines menschlichen Wesens. Wenn dem nicht so gewesen wäre, wenn ich nicht schon, und zwar nicht nur implizite, sondern wissentlich, ergriffen worden wäre, so hätten Sie mir nichts gegeben, denn ich hätte nichts von Ihnen empfangen. Meine Freundschaft für Sie wäre für mich ein Grund gewesen, Ihre Botschaft abzulehnen, denn ich hätte mich vor den Möglichkeiten des Irrtums und der Täuschung gefürchtet, die ein menschlicher Einfluss im Bereich der göttlichen Dinge in sich schließt.

Ich kann sagen, dass ich mein ganzes Leben lang niemals, in keinem Augenblick, Gott gesucht habe. Hierin liegt vielleicht auch der, gewiss allzu subjektive Grund, warum dies ein Ausdruck ist, den ich nicht liebe und der mir falsch erscheint. Seit meiner Jugend war ich der Ansicht, dass das Gottesproblem ein Problem ist, dessen Voraussetzungen uns hienieden fehlen, und dass die einzige sichere Methode, eine falsche Lösung zu vermeiden (was mir als das größtmögliche Übel erschien), darin besteht, es nicht zu stellen. Also stellte ich es nicht. Ich bejahte weder, noch verneinte ich. Es schien mir unnütz, dieses Problem zu lösen, denn ich dachte, da wir nun einmal in dieser Welt sind, sei es unsere Aufgabe, die beste Haltung gegenüber den Problemen dieser Welt einzunehmen, und diese Haltung hänge nicht von der Lösung des Gottesproblems ab.

Das war wahr, zumindest für mich; denn ich habe niemals in der Wahl dieser Haltung geschwankt; ich habe immer als einzig mögliche Einstellung die christliche Einstellung angenommen. Ich bin sozusagen im christlichen Geiste geboren, aufgewachsen und immer darin verblieben. Während selbst der Name Gottes an meinem Denken keinen Teil hatte, besaß ich hinsichtlich der Probleme dieser Welt und dieses Lebens die christliche Auffassung in strenger Ausdrücklichkeit, mitsamt den dazugehörigen sehr besonderen Vorstellungen. Gewisse dieser Vorstellungen sind in mir, soweit ich zurückdenken kann. Von anderen weiß ich, wann, auf welche Weise und unter welcher Form sie sich meiner bemächtigt haben.

Zum Beispiel habe ich mir stets untersagt, an ein künftiges Leben zu denken, aber ich habe immer geglaubt, dass der Augenblick des Todes das Richtmaß und das Ziel des Lebens ist. Ich dachte, dass für diejenigen, welche leben, wie es sich gehört, dies der Augenblick ist, in welchem für einen unendlich kleinen Bruchteil der Zeit die reine, nackte, gewisse und ewige Wahrheit in die Seele eintritt. Ich darf sagen, dass ich niemals ein anderes Gut für mich begehrt habe. Ich dachte, dass das Leben, das zu diesem Gut hinführt, nicht nur von der allgemeinen Moral bestimmt wird, sondern dass es für einen jeden in einer Aufeinanderfolge von Akten und Ereignissen besteht, die ihm im strengsten Sinne persönlich eigentümlich und derart verbindlich ist, dass, wer seitab weicht, das Ziel verfehlt. Solcherart war für mich der Begriff der Berufung. Ich erblickte das Kriterium der durch die Berufung auferlegten Handlungen in einem Antrieb, der von allen Antrieben der Empfindung oder Vernunft wesenhaft und offenkundig verschieden war, und einem solchen Antrieb, falls er sich einstellte, selbst wenn er Unmögliches befahl, nicht Folge zu leisten, schien mir das größte Unglück zu sein. Dies war also meine Auffassung des Gehorsams, und ich habe diese Auffassung erprobt, als ich in die Fabrik eintrat und dort blieb, während ich mich in jenem Zustand eines ununterbrochenen heftigen Schmerzes befand, den ich Ihnen kürzlich gestanden habe. Von allen möglichen Arten des Lebens erschien mir immer jenes als das schönste, wo alles entweder durch den Zwang der Umstände oder von solchen Antrieben bestimmt wird, und wo niemals Raum bleibt für irgendeine Wahl.

Mit vierzehn Jahren verfiel ich einer jener grundlosen Verzweiflungen des Jugendalters, und ich wünschte ernstlich zu sterben, wegen der Mittelmäßigkeit meiner natürlichen Fähigkeiten. Die außergewöhnliche Begabung meines Bruders, dessen Kindheit und Jugend sich mit derjenigen Pascals vergleichen lässt, zwang mich, mir dessen bewusst zu werden. Nicht dies schmerzte mich, dass ich auf äußerliche Erfolge verzichten sollte, sondern dass ich niemals hoffen durfte, den Zugang zu jenem transzendenten Reich zu finden, zu dem einzig die echten großen Menschen Zutritt haben und in dem die Wahrheit wohnt. Ich wollte lieber sterben, als ohne sie zu leben. Nach Monaten innerer Verfinsterung empfing ich plötzlich und für immer die Gewissheit, dass jedes beliebige menschliche Wesen, selbst wenn es so gut wie gar keine natürlichen Fähigkeiten besitzt, in dieses dem Genie vorbehaltene Reich der Wahrheit eindringt, sobald es nur die Wahrheit begehrt und seine Aufmerksamkeit in unaufhörlicher Bemühung auf ihre Erreichung gerichtet hält. So wird auch dieser Mensch ein Genie, selbst wenn dieses Genie mangels Begabung nach außen nicht in Erscheinung treten kann. Später, als der Druck der Kopfschmerzen meine geringen Fähigkeiten in eine Lähmung versetzte, die ich sehr bald als vermutlich unabänderlich ansah, hat diese nämliche Gewissheit mich zehn Jahre lang in Anstrengungen der Aufmerksamkeit ausharren lassen, die von fast keiner Hoffnung auf Ergebnisse getragen waren.

Unter dem Namen der Wahrheit fasste ich auch die Schönheit, die Tugend und jede Art des Guten zusammen, derart, dass es sich dabei für mich um eine Vorstellung des Verhältnisses zwischen der Gnade und dem Begehren handelte. Die Gewissheit, die ich empfangen hatte, bestand darin, dass einer, der nach Brot begehrt, keine Steine empfängt.[7] Aber damals hatte ich das Evangelium noch nicht gelesen.

So gewiss ich war, dass in diesem Bereich des geistlichen Guten in all seinen Gestalten das Begehren durch sich selber eine Wirkungskraft besitzt, so sehr glaubte ich auch gewiss sein zu dürfen, dass es diese Wirkungskraft auf keinem anderen Gebiet besitzt.

Was den Geist der Armut betrifft, so kann ich mich keines Augenblickes entsinnen, in dem er nicht in mir gewesen wäre, wenn auch nur in dem leider schwachen Maße, das meiner Unvollkommenheit entspricht. Ich wurde von großer Liebe zu dem heiligen Franziskus ergriffen, sobald ich von ihm erfuhr. Ich habe immer geglaubt und gehofft, das Schicksal werde mich eines Tages zwangsweise in jenen Zustand des Landstreichers und Bettlers stoßen, den er freiwillig auf sich nahm. Ich dachte nicht, mein jetziges Alter zu erreichen, ohne dies zumindest vorübergehend erfahren zu haben. Das Nämliche gilt übrigens für das Gefängnis.

Ich habe auch seit frühester Kindheit den christlichen Begriff der Nächstenliebe gehabt, der ich den Namen der Gerechtigkeit gab, den sie an mehreren

Stellen des Evangeliums trägt und der so schön ist. Sie wissen, dass ich mich in diesem Punkte seither zu wiederholten Malen schwer vergangen habe.

Die Pflicht, den Willen Gottes hinzunehmen, was er auch fordern mag, hat sich meinem Geiste, seit ich sie bei Mark Aurel[8] unter der Gestalt des *amor fati* der Stoa dargelegt fand,[9] als die erste und notwendigste aller Pflichten eingeprägt, als diejenige, gegen welche man nicht, ohne sich zu entehren, verstoßen kann.

Der Begriff der Reinheit, mit allem, was dieses Wort für einen Christen in sich enthalten kann, hat sich meiner mit sechzehn Jahren bemächtigt, nachdem ich während einiger Monate jene Beunruhigungen des Gefühls, die dem Jugendalter natürlich sind, erfahren hatte. Dieser Begriff ist mir unter der Betrachtung einer Gebirgslandschaft aufgegangen und hat sich mir nach und nach mit unwiderstehlicher Gewalt aufgedrängt.

Natürlich war ich mir wohl bewusst, dass meine Lebensauffassung christlich war. Darum ist es mir niemals in den Sinn gekommen, ich könnte *in* das Christentum *ein*treten. Ich hatte den Eindruck, darin geboren zu sein. Aber dieser Lebensauffassung das Dogma selbst hinzuzufügen, ohne offenkundig dazu genötigt zu sein, wäre mir als ein Mangel an Redlichkeit erschienen. Ja ich hätte sogar geglaubt, unredlich zu handeln, wenn ich mir die Frage nach der Wahrheit des Dogmas als ein Problem gestellt, oder wenn ich nur begehrt hätte, diesbezüglich zu einer Überzeugung zu gelangen. Ich habe von der intellektuellen Redlichkeit einen äußerst strengen Begriff; derart, dass ich noch niemals einem Menschen begegnet bin, der mir nicht in mehrfacher Hinsicht ihrer zu entraten schien; und ich fürchte immer, dass sie mir selber fehlen könnte.

Da ich mich so des Dogmas enthielt, hinderte mich eine Art von Scham, die Kirchen zu betreten, wo ich doch so gerne verweilte. Dennoch hatte ich mit dem Katholizismus drei Berührungen, die wahrhaft zählten.

Nach meinem Jahr in der Fabrik und ehe ich meinen Unterricht wieder aufnahm, hatten meine Eltern mich nach Portugal mitgenommen, und dort trennte ich mich von ihnen, um ganz alleine ein kleines Dorf zu besuchen. Ich war seelisch und körperlich gewissermaßen wie zerstückelt. Diese Berührung mit dem Unglück hatte meine Jugend getötet. Bis dahin hatte ich keinerlei Erfahrung des Unglücks besessen, außer meines eigenen, das, weil es das meinige war, mir von geringer Wichtigkeit schien, und das überdies nur ein halbes Unglück war, da es biologische Ursachen hatte und keine sozialen. Ich wusste wohl, dass es in der Welt sehr viel Unglück gab, die Vorstellung dessen peinigte mich unaufhörlich, aber ich hatte es niemals durch eine längere Fühlungnahme erfahren. Während meiner Fabrikzeit, als ich in den Augen aller und in meinen eigenen mit der anonymen Masse ununterscheidbar verschmolzen war, ist mir das Unglück der anderen in Fleisch und Seele eingedrungen. Nichts trennte mich mehr davon, denn ich hatte meine Vergangenheit wirklich vergessen, und ich erwartete keine Zukunft mehr, da mir die Möglichkeit, diese Erschöpfungszustände zu überleben, kaum vorstellbar erschien. Was ich dort durchgemacht habe, hat mich so unauslöschlich gezeichnet, dass ich mich noch heutigen Tages, wenn ein Mensch, wer es auch sei, unter gleichviel welchen Umständen, ohne Brutalität zu mir spricht, nicht des Eindrucks erwehren kann, dass hier ein Missverständnis vorliegen müsse und dass zweifellos dieses Missverständnis sich leider zerstreuen werde. Dort ist mir für immer der Stempel der Sklaverei aufgeprägt worden, gleich jenem Schandmal, das die Römer den verachtetsten ihrer Sklaven mit glühendem Eisen in die Stirn brannten. Seither habe ich mich immer als einen Sklaven betrachtet.

In dieser Gemütsverfassung, und in einem körperlich elenden Zustand, betrat ich eines Abends jenes kleine portugiesische Dorf, das ach! auch recht elend war; allein, bei Vollmond, eben am Tage des Patronatsfestes. Es war am Ufer des Meeres. Die Frauen der Fischer zogen, mit Kerzen in den Händen, in einer Prozession um die Boote und sangen gewiss sehr altüberlieferte Gesänge, von einer herzzerreißenden Traurigkeit. Nichts kann davon eine rechte Vorstellung vermitteln. Niemals habe ich etwas so Ergreifendes gehört, außer dem Gesang der Wolgaschlepper. Dort hatte ich plötzlich die Gewissheit, dass das Christentum vorzüglich die Religion der Sklaven ist, und dass die Sklaven nicht anders können als ihm anhängen, und ich unter den übrigen.

Im Jahre 1937 verbrachte ich zwei wunderbare Tage in Assisi. Als ich dort in der kleinen romanischen Kapelle aus dem zwölften Jahrhundert von Santa Maria degli Angeli, diesem unvergleichlichen Wunder an Reinheit, wo der heilige Franziskus so oft gebetet hat, allein war, zwang mich etwas, das stärker war als ich selbst, mich zum ersten Mal in meinem Leben auf die Knie zu werfen.

Im Jahre 1938 verbrachte ich zehn Tage in Solesmes, von Palmsonntag bis Osterdienstag, und wohnte allen Gottesdiensten bei. Ich hatte bohrende Kopfschmerzen; jeder Ton schmerzte mich wie ein Schlag; und da erlaubte mir eine äußerste Anstrengung der Aufmerksamkeit, aus diesem elenden Fleisch herauszutreten, es in seinen Winkel hingekauert allein leiden zu lassen und in der unerhörten Schönheit der Gesänge und Worte eine reine und vollkommene Freude zu finden. Diese Erfahrung hat mich auch durch Analogie besser verstehen lassen, wie es möglich sei, die göttliche Liebe durch das Unglück hindurch zu lieben. Ich brauche nicht eigens hinzuzufügen, dass im Verlauf dieser Gottesdienste der Gedanke an die Passion Christi ein für allemal in mich Eingang fand.

Es gab dort einen jungen katholischen Engländer, der mir zum ersten Male eine Vorstellung von der übernatürlichen Kraft der Sakramente vermittelte, von einem derart engelhaften Glanze schien er nach dem Empfang der Kommunion umkleidet. Der Zufall – denn ich sage stets lieber Zufall als Vorsehung – hat ihn für mich wahrhaft zu einem Boten gemacht. Denn er hat mich auf jene englischen Dichter des siebzehnten Jahrhunderts, die man die metaphysischen Dichter nennt, aufmerksam gemacht. Als ich sie später las, entdeckte ich das Gedicht, von dem ich Ihnen einmal eine leider recht unzulängliche Übersetzung vorgelesen habe und das den Titel »Liebe«[10] trägt. Ich habe es auswendig gelernt. Oft, wenn meine heftigen Anfälle von Kopfschmerzen auf ihrem Höhepunkt waren, habe ich mich geübt, es herzusagen, indem ich meine ganze Aufmerksamkeit darauf versammelte und von ganzer Seele der Zärtlichkeit zustimmte, die es in sich schließt. Ich glaubte, nur ein schönes Gedicht zu sprechen, aber dieses Sprechen hatte, ohne dass ich es wusste, die Kraft eines Gebetes. Einmal, während ich es sprach, ist, wie ich Ihnen schon geschrieben habe, Christus selbst herniedergestiegen und hat mich ergriffen.

In meinen Überlegungen über die Unlösbarkeit des Gottesproblems hatte ich diese Möglichkeit nicht vorausgesehen: die einer wirklichen Berührung, von Person zu Person, hienieden, zwischen dem menschlichen Wesen und Gott. Ich hatte wohl unbestimmt von dergleichen reden hören, aber ich hatte es niemals geglaubt. In den *Fioretti*[11] waren mir die Geschichten von Erscheinungen eher zuwider, ebenso wie die Wunder im Evangelium. Im Übrigen waren an dieser meiner plötzlichen Übermächtigung durch Christus weder Sinne noch Einbildungskraft im geringsten beteiligt; ich empfand nur durch das Leiden hindurch die Gegenwart einer Liebe gleich jener, die man in dem Lächeln eines geliebten Antlitzes liest.

Ich hatte nie irgendwelche Mystiker gelesen, weil ich niemals etwas gespürt hatte, das mir sie zu lesen befahl. Auch bei meiner Lektüre habe ich mich stets bemüht, den Gehorsam zu üben. Nichts ist dem geistigen Fortschritt förderlicher; denn ich lese soweit wie möglich nur das, wonach mich hungert, in dem Augenblick, wo mich hungert, und dann lese ich nicht, ich esse. Gott in seiner Barmherzigkeit hatte mich gehindert, die Mystiker zu lesen, damit mir unwiderleglich klar würde, dass ich diese völlig unerwartete Berührung nicht aus Eigenem erdichtet hatte.

Trotzdem verharrte ich noch bei einer halben Weigerung, nicht meiner Liebe, sondern meiner Vernunft. Denn es schien mir gewiss, und ich glaube es auch heute noch, dass man Gott niemals genug widerstehen kann, wenn es aus reiner Sorge um die Wahrheit geschieht. Christus liebt es, dass man ihm die Wahrheit vorzieht, denn ehe er Christus ist, ist er die Wahrheit. Wendet man sich von ihm ab, um der Wahrheit nachzugehen, so wird man keine weite Strecke wandern, ohne in seine Arme zu stürzen.

Danach habe ich empfunden, dass Plato ein Mystiker ist, dass die ganze *Ilias* von christlichem Licht durchflutet ist, und dass Dionysos und Osiris in gewisser Weise Christus selber sind; und meine Liebe wurde hierdurch verdoppelt.

Niemals legte ich mir die Frage vor, ob Christus eine Inkarnation Gottes war oder nicht; aber in der Tat war ich außerstande, an ihn zu denken, ohne ihn als Gott zu denken.

Im Frühjahr 1940 las ich die *Bhagavadgītā.* Seltsam: als ich diese wunderbaren Worte von einem derart christlichen Klange las, die einer Inkarnation Gottes in den Mund gelegt werden, da geschah es, dass mich das kräftige Gefühl überkam, dass wir der religiösen Wahrheit sehr viel mehr schulden als die Zustimmung, die man einer schönen Dichtung gewährt, eine Zustimmung von sehr viel kategorischerer Art.

Dennoch glaubte ich nicht, mir die Frage nach der Taufe auch nur stellen zu sollen. Ich fühlte, dass ich meine Empfindungen bezüglich der nicht-christlichen Religionen und bezüglich Israels aufrichtigerweise nicht aufgeben konnte – und in der Tat haben Zeit und Meditation sie nur noch verstärkt –, und ich glaubte, dies sei ein unbedingtes Hindernis. Ich konnte mir nicht einmal die Möglichkeit vorstellen, dass es einem Priester auch nur in den Sinn kommen könnte, mir die Taufe zu spenden. Wenn ich Ihnen nicht begegnet wäre, hätte ich mir das Problem der Taufe als ein praktisches Problem niemals gestellt.

Während dieses ganzen geistlichen Fortschreitens habe ich niemals gebetet. Ich fürchtete die Macht der Suggestion des Gebetes, deretwegen Pascal es empfiehlt.[12] Die Methode Pascals scheint mir eine der allerschlechtesten, um zum Glauben zu gelangen.

Auch die Berührung mit Ihnen war nicht imstande, mich zum Gebet zu veranlassen. Im Gegenteil, die Gefahr schien mir umso mehr zu befürchten, als ich mich genötigt sah, vor der Macht einer Suggestion durch meine Freundschaft für Sie auf der Hut zu sein. Gleichzeitig quälte es mich, nicht zu beten und es Ihnen nicht zu sagen. Und ich wusste, dass ich es Ihnen nicht sagen könnte, ohne Sie zu einer völlig irrigen Ansicht über mich zu veranlassen. Damals hätte ich mich Ihnen noch nicht begreiflich machen können.

Bis zum vergangenen September war es mir in meinem ganzen Leben niemals geschehen, dass ich auch nur ein einziges Mal gebetet hätte, zumindest nicht im buchstäblichen Sinne des Wortes. Niemals hatte ich mich laut oder in Gedanken mit Worten an Gott gewandt. Niemals hatte ich ein liturgisches Gebet gesprochen. Hin und wieder kam es wohl vor, dass ich mir das *Salve Regina*[13] aufsagte, doch nur als ein schönes Gedicht.

Als ich im letzten Sommer mit Thibon[14] das Griechische trieb, hatte ich das Vaterunser auf Griechisch

Wort für Wort mit ihm durchgenommen. Wir hatten uns versprochen, es auswendig zu lernen. Ich glaube, er hat es nicht getan. Auch ich nicht, wenigstens damals nicht. Als ich aber einige Wochen später im Evangelium blätterte, kam es mir in den Sinn, dass ich es, da ich es mir versprochen hatte und es recht sei, auch tun sollte. Ich tat es. Da hat die unendliche Süßigkeit dieses griechischen Textes mich derart ergriffen, dass ich einige Tage lang nicht umhin konnte, ihn mir unaufhörlich zu wiederholen. Eine Woche später begann ich mit der Weinlese. Ich sprach das Vaterunser auf Griechisch jeden Tag vor der Arbeit, und im Weinberg habe ich es dann noch oftmals wiederholt.

Seitdem habe ich mir als einzige Übung die Verpflichtung auferlegt, es jeden Morgen ein Mal mit unbedingter Aufmerksamkeit zu sprechen. Wenn meine Aufmerksamkeit unter dem Sprechen abirrt oder einschläft, und sei es auch nur im allergeringsten Grade, so fange ich wieder von vorne an, bis ich ein Mal eine völlig reine Aufmerksamkeit erreicht habe. Dann kommt es wohl mitunter vor, dass ich es aus reinem Vergnügen noch einmal von vorne aufsage, aber nur, wenn das Verlangen mich treibt.

Die Kraft dieser Übung ist außerordentlich und überrascht mich jedes Mal, denn, obgleich ich sie jeden Tag erfahre, übertrifft sie jedes Mal meine Erwartung.

Mitunter reißen schon die ersten Worte meinen Geist aus meinem Leibe und versetzen ihn an einen

Ort außerhalb des Raumes, wo es weder eine Perspektive noch einen Blickpunkt gibt. Der Raum tut sich auf. Die Unendlichkeit des gewöhnlichen Raumes unserer Wahrnehmung weicht einer Unendlichkeit zweiten oder manchmal auch dritten Grades. Gleichzeitig erfüllt diese Unendlichkeit der Unendlichkeit sich allenthalben mit Schweigen, mit einem Schweigen, das nicht die Abwesenheit des Klanges ist, sondern das der Gegenstand einer positiven Empfindung ist, sehr viel positiver als die eines Klanges. Die Geräusche, wenn deren da sind, erreichen mich erst, nachdem sie durch dieses Schweigen hindurchgegangen sind.

Mitunter auch ist während dieses Sprechens oder zu anderen Augenblicken Christus in Person anwesend, jedoch mit einer unendlich viel wirklicheren, durchdringenderen, klareren und liebevolleren Gegenwart als jenes erste Mal, da er mich ergriffen hat.

Niemals hätte ich es über mich gebracht, Ihnen dies alles mitzuteilen, wenn nicht meine Abreise wäre. Und da ich mehr oder minder in dem Gedanken eines wahrscheinlichen Todes abfahre, so scheint mir, dass ich nicht das Recht habe, diese Dinge zu verschweigen. Denn schließlich handelt es sich bei alledem nicht um mich. Es handelt sich nur um Gott. Ich habe keinen Teil daran. Wenn man in Gott die Möglichkeit eines Irrtums annehmen könnte, so würde ich denken, dies alles sei mir versehentlich zugefallen. Vielleicht aber gefällt es Gott, die Abfälle, die missratenen Stücke, die Ausschussware zu benützen. Wäre das Brot der Hostie auch verschimmelt, so wird es dennoch der Leib Christi, nachdem der Priester es konsekriert hat. Nur dass es sich nicht weigern kann, wohingegen wir den Gehorsam versagen können. Manchmal scheint mir, nachdem mir ein solches Erbarmen widerfahren ist, müsse jede Sünde meinerseits eine Todsünde sein. Und ich begehe deren unaufhörlich.

Ich habe Ihnen gesagt, dass Sie für mich gleichzeitig so etwas wie ein Vater und wie ein Bruder sind. Aber diese Worte drücken doch nur eine Analogie aus. Vielleicht entsprechen sie im Grunde nur einem Gefühl der Zuneigung, der Dankbarkeit und der Bewunderung. Denn was die Lenkung meiner Seele betrifft, so denke ich, dass Gott selber sie von Anfang an in die Hand genommen hat und sie behält.

Das hindert mich nicht, Ihnen gegenüber in der größten Schuld zu sein, in die ich noch je gegen einen Menschen geraten bin. Diese Schuld besteht genau in Folgendem:

Zum Ersten: Sie haben einmal, zu Beginn unserer Beziehungen, ein Wort zu mir gesprochen, das bis auf den Grund meiner selbst gegangen ist. Sie haben zu mir gesagt: »Geben Sie wohl acht; denn wenn Sie aus eigener Schuld an etwas Großem vorbeigingen, so wäre das sehr schade.«

Dies hat mich einen neuen Aspekt der Verpflichtung zur intellektuellen Redlichkeit bemerken lassen. Bis dahin hatte ich diese Verpflichtung nur immer gegen den Glauben empfunden. Das scheint schrecklich, ist es aber nicht, im Gegenteil. Das kam daher, dass ich alle meine Liebe auf Seiten des Glaubens fühlte. Ihre Worte brachten mich auf den Gedanken, dass da vielleicht in mir, ohne dass ich es wüsste, unreine Hindernisse, Vorurteile, Gewohnheiten dem Glauben entgegen sein möchten. Ich fühlte, dass ich, nachdem ich mir so viele Jahre hindurch immer nur gesagt hatte: »Vielleicht ist das alles nicht wahr«, nun nicht etwa aufhören sollte, mir dies zu sagen – ich befleißige mich, es mir auch jetzt noch sehr oft zu sagen –, sondern dieser Formel die entgegengesetzte Formel: »Vielleicht ist das alles wahr«, hinzufügen und beide miteinander abwechseln lassen sollte.

Gleichzeitig, indem Sie mir die Frage der Taufe zu einem praktischen Problem machten, haben Sie mich gezwungen, dem Glauben, den Dogmen und den Sakramenten lange Zeit, aus nächster Nähe, mit der Fülle der Aufmerksamkeit, ins Angesicht zu schauen und sie als etwas zu betrachten, dem gegenüber ich Verpflichtungen hätte, die zu erkennen und zu erfüllen ich gehalten wäre. Ich hätte es sonst wohl niemals getan, und dies war für mich unerlässlich.

Ihre größte Wohltat aber war von anderer Art. Indem Sie sich durch Ihre Liebe, derengleichen mir niemals begegnet war, meiner Freundschaft bemächtigten, haben Sie mir die stärkste und reinste Quelle der Eingebung erschlossen, die unter den Menschendingen zu finden ist. Denn von allen Menschendingen ist nichts so mächtig, unseren Blick mit immer größerer Stärke unverwandt auf Gott gerichtet zu halten, als die Freundschaft für die Freunde Gottes.

Nichts lässt mich die Weite Ihrer Liebe besser ermessen, als der Umstand, dass Sie mich so lange und mit so großer Sanftmut ertragen haben. Ich scheine zu scherzen, aber das ist durchaus nicht der Fall. Es stimmt zwar, dass Sie nicht die gleichen Motive wie ich haben (die, welche ich Ihnen neulich beschrieb), um Hass und Widerwillen gegen mich zu empfinden. Aber trotzdem scheint mir Ihre Geduld mit mir nur einer übernatürlichen Hochherzigkeit entspringen zu können.

Ich habe es nicht unterlassen können, Ihnen die größte Enttäuschung zu bereiten, die Ihnen zu bereiten in meiner Macht stand. Aber bis zu diesem Augenblick, obwohl ich mir die Frage oftmals während des Gebetes, während der Messe vorgelegt habe, oder im Licht jenes inneren Glanzes, der nach der Messe in der Seele zurückbleibt, so habe ich doch niemals auch nur ein einziges Mal, und sei es nur eine Sekunde lang, das Gefühl gehabt, dass Gott mich *in* der Kirche will. Ich habe nie auch nur ein einziges Mal ein Gefühl der Ungewissheit gehabt. Ich glaube, dass man nunmehr daraus schließen darf, dass Gott mich nicht in der Kirche will. Bedauern Sie also nichts.

Er will es nicht, zumindest bis jetzt nicht. Doch wenn ich nicht irre, so scheint es mir sein Wille zu sein, dass ich auch in Zukunft draußen bleibe, ausgenommen vielleicht im Augenblick des Todes. Dennoch bin ich stets bereit, jedem Befehl, welcher es auch sei, zu gehorchen. Ich würde mit Freuden dem Befehl gehorchen, selbst in den tiefsten Höllenabgrund zu gehen und dort ewiglich zu bleiben. Ich will damit selbstverständlich nicht sagen, dass ich für derartige Befehle eine Vorliebe hätte. Eine solche Verkehrtheit liegt mir fern.

Das Christentum muss alle Berufungen ohne Ausnahme in sich befassen, da es katholisch ist. Also die Kirche ebenfalls. Aber in meinen Augen ist das Christentum katholisch *de jure* und nicht *de facto*. So vieles liegt außerhalb seiner, so vieles, das ich liebe und nicht aufgeben will, so viele Dinge, die Gott liebt; denn sonst hätten sie kein Dasein. Die ganze unermessliche Erstreckung der vergangenen Jahrhunderte, mit Ausnahme der letzten zwanzig; alle von farbigen Rassen bewohnten Länder; das ganze weltliche Leben in den Ländern weißer Rasse; in der Geschichte dieser Länder alle der Ketzerei beschuldigten Überlieferungen, wie die Überlieferung der Manichäer und Albigenser; alles, was von der Renaissance seinen Ausgang genommen hat, was zwar allzuoft entwürdigt, aber doch nicht völlig wertlos ist.

Da das Christentum *de jure* und nicht *de facto* katholisch ist, so erachte ich meinesteils mich für berechtigt, der Kirche als ein Mitglied *de jure* und nicht *de facto* anzugehören, nicht nur auf eine Weile, sondern unter Umständen mein ganzes Leben.

Doch dies ist nicht nur ein Recht; sondern, solange Gott mir nicht die Gewissheit gibt, dass er mir das Gegenteil befiehlt, glaube ich, dass es für mich eine Pflicht ist.

Ich bin der Ansicht, die auch die Ihrige ist, dass es für die nächsten zwei oder drei Jahre unsere Pflicht ist – und zwar eine so streng verbindliche Pflicht, dass man fast nicht ohne Verrat gegen sie verstoßen kann –, der Öffentlichkeit die Möglichkeit eines wahrhaft inkarnierten Christentums vorzuleben. Niemals noch hat es in der ganzen gegenwärtig bekannten Geschichte eine Zeit gegeben, in der die Seelen über den ganzen Erdball hin in einer ähnlichen Gefahr wie heute standen. Es gilt nun, abermals die eherne Schlange aufzurichten, damit jeder, der die Augen auf sie heftet, gerettet werde.[15]

Aber alles ist derart mit allem verknüpft, dass das Christentum nur dann wahrhaft inkarniert sein kann, wenn es katholisch ist, in dem eben von mir definierten Sinne. Wie könnte es seinen Kreislauf durch das ganze Fleisch der europäischen Nationen vollbringen, wenn es in sich selber nicht alles, unbedingt alles enthält? Selbstverständlich mit Ausnahme der Lüge. Aber in allem, was ist, ist meist mehr Wahrheit als Lüge.

Da ich diese Dringlichkeit so tief und schmerzlich empfinde, würde ich die Wahrheit verraten, das heißt: den Aspekt der Wahrheit, der meiner Wahrnehmung zugänglich ist, wenn ich die Stelle verließe, an der ich mich seit meiner Geburt befinde, an jenem Schnittpunkt des Christentums mit allem, was es nicht ist.

Immer bin ich an genau dieser Stelle geblieben, auf der Schwelle der Kirche, ohne mich zu rühren, unbeweglich, *ἐν ὑπομονῇ*[16] (ein wieviel schöneres Wort als *patientia*[17]!); nur dass nunmehr mein Herz, wie ich hoffe für immer, in das Allerheiligste versetzt worden ist, das auf dem Altar ausgesetzt ist.

Ich bin, wie Sie sehen, sehr weit von jenen Gedanken entfernt, die H...[18] mir in der wohlwollendsten Absicht zuschrieb. Ich bin auch weit entfernt, irgendwelche Beunruhigung zu empfinden.

Wenn ich traurig bin, so rührt dies zum Ersten von der fortwährenden Traurigkeit her, die das Schicksal meinem Gemüt für immer eingeprägt hat, welche die größten, die reinsten Freuden nur überlagern können, und dies um den Preis einer Anstrengung der Aufmerksamkeit; ferner von meinen elenden und fortgesetzten Sünden; und ferner von allem Unglück dieser Zeit und allem Unglück aller vergangenen Jahrhunderte.

Ich meine, Sie müssen es verstehen, dass ich Ihnen immer Widerstand geleistet habe; falls Sie überhaupt, als Priester, einräumen können, dass eine echte Berufung jemanden verhindert, in die Kirche einzutreten.

Andernfalls wird eine Schranke des Nichtverstehens zwischen uns bleiben, ob nun der Irrtum auf meiner Seite oder auf der Ihrigen liegt. Dies würde mich um meiner Freundschaft zu Ihnen willen betrüben, denn in diesem Falle wäre das Endergebnis der Bemühungen und Wünsche, zu denen Ihre Liebe zu mir Sie veranlasst hat, für Sie eine Enttäuschung. Und obgleich die Schuld nicht an mir läge, könnte ich doch nicht umhin, mich der Undankbarkeit anzuklagen. Denn, noch einmal, meine Schuld gegen Sie übersteigt jedes Maß.

Ich möchte Ihr Augenmerk auf einen Punkt lenken. Dass es nämlich ein absolut unübersteigbares Hindernis für die Inkarnation des Christentums gibt. Dies ist der Gebrauch der beiden kleinen Wörter *anathema sit*[19]. Nicht ihr Vorhandensein, sondern ihr Gebrauch, den man bisher davon gemacht hat. Auch dies ist es, was mich hindert, die Schwelle der Kirche zu überschreiten. Ich bleibe auf Seiten aller Dinge, die nicht in die Kirche eintreten können, die in die Kirche, dieses universale Haus der Aufnahme, keine Aufnahme finden können, auf Grund dieser beiden kleinen Wörter. Ich bleibe umso mehr auf ihrer Seite, als meine eigene Vernunft ihnen zugezählt wird.

Die Inkarnation des Christentums bedingt eine harmonische Lösung des Problems der Beziehungen zwischen Individuum und Kollektiv. Harmonie im pythagoräischen Sinne; gerechtes Gleichgewicht der Gegensätze. Eben diese Lösung ist es, nach welcher die Menschen heutzutage dürsten.

Die Situation der Vernunfteinsicht ist der Prüfstein für diese Harmonie, weil die Vernunfteinsicht das spezifisch und im strengsten Verstande Individuelle ist. Diese Harmonie besteht überall dort, wo die Vernunfteinsicht, an ihrer Stelle bleibend, sich ungehindert betätigt und die Fülle ihrer Funktionen ausübt. Was der heilige Thomas so bewundernswert von allen Teilen der Seele Christi, hinsichtlich seiner Empfindlichkeit für den Schmerz während der Kreuzigung, darlegt.

Die der Vernunfteinsicht eigentümliche Funktion fordert eine völlige Freiheit, die das Recht zu jeder Verneinung in sich schließt, doch keinerlei Herrschaft. Überall, wo sie sich eine Befehlsgewalt anmaßt, liegt ein unmäßiger Individualismus vor. Überall, wo sie sich beengt fühlt, handelt es sich um eine Unterdrückung durch ein oder mehrere Kollektive.

Kirche und Staat sollen sie bestrafen, jeder auf seine besondere Weise, wenn sie zu Taten rät, die sie missbilligen. Wenn sie innerhalb des Bereichs der theoretischen Spekulation verbleibt, haben jene beiden noch gegebenenfalls die Pflicht, die Öffentlichkeit mit Hilfe aller wirksamen Mittel vor der Gefahr eines praktischen Einflusses gewisser Überlegungen auf die Lebensführung zu warnen. Aber welcher Art diese theoretischen Erwägungen auch sein mögen, Kirche und Staat haben nicht das Recht, ihre Unterdrückung zu versuchen, oder ihren Urhebern irgendwelchen materiellen oder moralischen Schaden zuzufügen. Insbesondere darf man ihnen nicht die Sakramente verweigern, wenn sie danach verlangen. Denn was sie auch gesagt haben mögen, und hätten sie selbst öffentlich das Dasein Gottes geleugnet, so haben sie dennoch vielleicht keine Sünde begangen. In solchen Fällen soll die Kirche erklären, dass sie im Irrtum sind, nicht aber irgendetwas von ihnen fordern, das nach einem Widerruf dessen, was sie gesagt haben, aussieht, noch sie des Brotes des Lebens berauben.

Ein Kollektiv ist Hüter des Dogmas; und das Dogma ist ein Gegenstand der Betrachtung für die Liebe, den Glauben und die Vernunfteinsicht, drei streng individuelle Vermögen. Daher ein Unbehagen des Individuums innerhalb des Christentums, fast seit seinem Ursprung, und in Sonderheit ein Unbehagen der Vernunfteinsicht. Es lässt sich nicht ableugnen.

Christus selber, der die Wahrheit selbst ist, würde, wenn er vor einer Versammlung, etwa einem Konzil, spräche, nicht die gleiche Sprache führen, deren er sich im vertraulichen Gespräch mit seinem liebsten Freunde bediente, und gewiss könnte man durch die Gegenüberstellung von Aussprüchen ihn mit dem Anschein der Wahrheit des Widerspruchs und der Lüge zeihen. Denn infolge eines jener Naturgesetze, die Gott selber achtet, weil er sie in alle Ewigkeit will, gibt es zwei völlig verschiedene Sprachen, obgleich sie sich aus den nämlichen Worten zusammensetzen: die Kollektivsprache und die Einzelsprache. Der Tröster, den Christus uns sendet, der Geist der Wahrheit, spricht je nach Gelegenheit bald die eine, bald die andere Sprache, und nach der Notwendigkeit der Natur findet keine Übereinstimmung statt. Wenn authentische Freunde Gottes – und ein solcher war meinem Gefühl nach Meister Eckhart – dergleichen Worte wiederholen, die sie im Verborgenen, im Schweigen, während der liebenden Einigung vernommen haben, und diese Worte dann mit der Lehre der Kirche nicht übereinstimmen, so liegt dies nur daran, dass die Sprache des Marktes nicht die des Brautgemachs ist.

Jeder weiß, dass ein wahrhaft vertrauliches Gespräch nur zu zweien oder dreien stattfindet. Schon wenn man zu fünfen oder sechsen ist, beginnt die Kollektivsprache vorzuherrschen. Daher ist es völlig widersinnig, die Worte: »Überall dort, wo zwei oder drei von euch in meinem Namen versammelt sind, bin ich mitten unter euch«[20] auf die Kirche anzuwenden. Christus hat nicht gesagt: zweihundert, oder fünfzig, oder zehn. Er hat gesagt: zwei oder drei. Er hat genau gesagt, dass er stets der Dritte ist in der Vertraulichkeit einer christlichen Freundschaft, der Vertraulichkeit des innigen Beisammenseins.

Christus hat der Kirche Verheißungen gegeben, doch keine dieser Verheißungen hat die Kraft des Ausspruchs: »Euer Vater, der im Verborgenen ist …«.[21] Das Wort Gottes ist das verborgene Wort. Wer dieses Wort nicht vernommen hat, der ist, selbst wenn er alle von der Kirche gelehrten Dogmen anerkennt, ohne Berührung mit der Wahrheit.

Das Amt der Kirche als kollektiver Bewahrerin des Dogmas ist unentbehrlich. Sie hat das Recht und die Pflicht, jeden, der sie in dem besonderen Bereich dieses Amtes ausdrücklich angreift, mit der Entziehung der Sakramente zu bestrafen.

Obwohl ich über diese Angelegenheit fast völlig in Unkenntnis bin, neige ich daher doch dazu, vorläufig zu glauben, dass sie recht gehabt hat, Luther zu bestrafen.

Aber sie begeht einen Missbrauch ihrer Amtsbefugnis, wenn sie den Anspruch erhebt, die Liebe und die Vernunfteinsicht zu zwingen, dass sie ihre Sprache als Norm gelten lassen. Dieser Missbrauch ihrer Gewalt kommt nicht von Gott. Er entspringt der natürlichen Neigung jedes Kollektivs ohne Ausnahme, seine Gewalt zu missbrauchen.

Das Bild des mystischen Leibes Christi ist sehr verführerisch. Doch ich halte die Wichtigkeit, die man diesem Bilde heutzutage beimisst, für eines der bedenklichsten Zeichen unseres Verfalls. Denn unsere wahre Würde besteht nicht darin, Teile eines Leibes, und wäre er ein mystischer, wäre er der Leib Christi, zu sein. Sie besteht darin, dass im Stande der Vollkommenheit, zu welchem jeder von uns berufen ist, nicht mehr wir in uns selber leben, sondern Christus in uns lebt; derart, dass durch diesen Stand Christus in seiner Ganzheit, in seiner unteilbaren Einheit in einem gewissen Sinne jeder Einzelne von uns wird, wie er der ganze Christus in jeder Hostie ist. Die Hostien sind keine Teile seines Leibes.

Diese Bedeutung, die man gegenwärtig dem Bilde des mystischen Leibes beimisst, zeigt, wie kläglich die

Christen von außen kommenden Einflüssen erliegen. Gewiss ist es berauschend, ein Glied des mystischen Leibes Christi zu sein. Doch gibt es heute manchen mystischen Leib, dessen Haupt nicht Christus ist und der seinen Gliedern Berauschungen verschafft, die meiner Meinung nach von gleicher Natur sind.

Es tut mir wohl, solange es aus Gehorsam geschieht, der Freude, dem mystischen Leibe Christi anzugehören, beraubt zu sein. Denn wenn Gott mir nur helfen will, so werde ich bezeugen, dass man auch ohne diese Freude Christus getreu sein kann bis in den Tod. Die sozialen Gefühle sind heute so übermächtig, sie sind derart imstande, die Menschen bis zum äußersten Grade des Heroismus im Leiden und Sterben zu erheben, dass ich es für gut erachte, wenn einige Schafe außerhalb des Stalles bleiben, um zu bezeugen, dass die Liebe zu Christus wesentlich etwas ganz anderes ist.

Die Kirche verteidigt heute die Sache der unverjährbaren Rechte des Individuums gegen die kollektive Unterdrückung, die der Gedankenfreiheit gegen die Tyrannei. Doch sind dies Anliegen, deren sich gerne diejenigen annehmen, die im Augenblick nicht die Stärkeren sind. Das ist ihr einziges Mittel, eines Tages vielleicht wieder die Stärkeren zu werden. Das ist wohl bekannt.

Diese Vorstellung kränkt Sie vielleicht. Doch das wäre ein Missverständnis. Sie sind nicht die Kirche. Zu den Zeiten des grässlichsten Missbrauchs der Gewalt durch die Kirche muss es neben den übrigen auch Priester wie Sie gegeben haben. Ihr guter Glaube ist keine Bürgschaft, und wäre er Ihnen mit Ihrem ganzen Orden gemeinsam. Sie können nicht vorhersehen, welche Wendung die Dinge nehmen werden.

Damit die augenblickliche Haltung der Kirche wirksam wäre und wirklich wie ein Keil in das soziale Leben eindränge, bedürfte es dessen, dass sie offen ausspräche, dass sie sich geändert hat oder sich ändern will. Wer könnte ihr andernfalls ernstlich Glauben schenken, wenn er sich der Inquisition erinnert? Verzeihen Sie, dass ich die Inquisition erwähne; dass ich sie hier heraufbeschwöre, ist mir um meiner Freundschaft für Sie willen, die sich durch Sie hindurch auf Ihren ganzen Orden erstreckt, sehr schmerzlich. Aber sie hat nun einmal existiert. Nach dem Zerfall des Römischen Reiches, das totalitär war, war es zuerst die Kirche, die in Europa im dreizehnten Jahrhundert nach den Albigenserkriegen[22] so etwas wie einen Totalitarismus errichtete. Dieser Baum hat reiche Frucht getragen.

Und die Triebfeder dieses Totalitarismus war der Gebrauch dieser beiden kleinen Wörter: *anathema sit*.

Im Übrigen sind durch eine geschickte Übertragung dieses Gebrauches alle Parteien geschmiedet worden, die in unseren Tagen ein totalitäres Regime begründet haben. Dies ist ein Punkt der Geschichte, den ich besonders studiert habe.

Sie müssen den Eindruck haben, dass ich von einem luziferischen Hochmut besessen sei, da ich Ihnen derart von vielen Dingen spreche, die für mich zu erhaben sind und von denen auch nur das mindeste zu begreifen ich nicht das Recht habe. Das ist nicht meine Schuld. Gedanken kommen herbei und lassen sich aus Versehen in mir nieder; dann, wenn sie ihr Versehen erkennen, wollen sie unbedingt heraus. Ich weiß nicht, woher sie kommen, noch, was sie wert sind, aber ich glaube nicht aufs Geratewohl berechtigt zu sein, diesen Vorgang zu hindern.

Leben Sie wohl. Ich wünsche Ihnen alle erdenklichen Güter, außer dem Kreuz; denn ich liebe meinen Nächsten nicht wie mich selbst, Sie insbesondere, wie Sie schon bemerkt haben. Aber Christus hat seinem liebsten Freunde, und gewiss allen, die in dessen geistiger Nachfolge stehen, die Gnade gewährt, zu ihm zu gelangen, nicht durch die Entwürdigung, die Befleckung und die Qual, sondern in ununterbrochener Freude, Reinheit und Sanftmut. Darum darf ich mir den Wunsch erlauben, dass, selbst wenn Sie eines Tages die Ehre hätten, für den Herrn eines gewaltsamen Todes zu sterben, dies in der Freude und ohne Qualen der Seele geschehen möchte; und dass nur drei der Seligpreisungen (*mites, mundo corde, pacifici*)[23] auf Sie Anwendung finden möchten. Alle übrigen sind mit größeren oder geringeren Leiden verbunden.

Dieser Wunsch entspringt nicht nur der Schwachheit der menschlichen Freundschaft. Für gleichviel welches menschliche Wesen, in seiner Besonderheit genommen, finde ich stets Gründe, um daraus zu schließen, dass ihm das Unglück nicht ansteht, sei es, dass es mir für etwas so Großes zu mittelmäßig erscheint, oder im Gegenteil zu kostbar, um zerstört zu werden. Man kann sich nicht schwerer gegen das zweite der beiden wesentlichen Gebote vergehen. Und was das erste betrifft, so vergehe ich mich dagegen auf noch schrecklichere Weise, denn jedes Mal, wenn ich an die Kreuzigung Christi denke, begehe ich die Sünde des Neides.

Glauben Sie, mehr als je und für immer, an meine kindlich ergebene und zärtlich dankbare Freundschaft.

Simone Weil

Fünfter Brief
Intellektuelle Berufung

Casablanca

Liebe Solange,[24]

ich schicke Ihnen vier Dinge.

Zum Ersten ein persönliches Schreiben an Pater Perrin. Es ist sehr lang und enthält nichts, das im Allergeringsten eilig wäre. Schicken Sie es ihm nicht; übergeben Sie es ihm, wenn Sie ihn sehen, und sagen Sie ihm, er möge sich erst dann damit befassen, wenn er eines Tages genügend Muße und geistige Freiheit hat.

Zweitens (der größeren Bequemlichkeit halber in einem geschlossenen Umschlag, den Sie aber, ebenso wie die beiden anderen, öffnen werden) den Kommentar zu den pythagoreischen Texten, den zu beenden ich damals keine Zeit mehr fand; fügen Sie ihn bitte der Arbeit an, die ich bei meiner Abfahrt in Ihren Händen ließ. Das wird keine Mühe machen, denn die Seiten des Manuskriptes sind nummeriert. Seine Niederschrift und Komposition sind schauderhaft schlecht geraten; es wird gewiss sehr schwer sein, dem Gedankengang beim lauten Vorlesen zu folgen, und es ist viel zu lang, um es abzuschreiben. Aber ich kann es nur schicken, so wie es ist.[25]

Drittens habe ich Ihnen noch die Abschrift der Übersetzung eines Fragmentes von Sophokles beigefügt, die ich unter meinen Papieren fand. Es ist der vollständige Text des Dialoges zwischen Elektra und Orest, aus dem ich in der Arbeit, die Sie besitzen, nur einige Verse angeführt hatte. Unter dem Abschreiben weckte jedes Wort in dem innersten Mittelpunkt meines Wesens einen so tiefen und heimlichen Widerhall, dass die Deutung, die Elektra als ein Gleichnis der menschlichen Seele und Orest als ein Gleichnis Christi betrachtet, mir fast ebenso gewiss schien, wie wenn ich diese Verse selbst geschrieben hätte. Sagen Sie dies auch dem Pater Perrin. Er wird es verstehen, wenn er diesen Text liest.

Lesen Sie ihm auch das Folgende vor; ich hoffe vom Grunde meines Herzens, dass es ihm keinen Schmerz bereitet.

Während ich die Arbeit über die Pythagoreer beendete, fühlte ich mit einer – soweit einem Menschenwesen diese Worte verstattet sind – endgültigen Gewissheit, dass meine Berufung mir auferlegt, außerhalb der Kirche zu bleiben und sogar ohne eine, sei es auch nur implizite, Bindung an sie oder das christliche Dogma; jedenfalls so lange, als ich nicht zu jeder geistigen Arbeit völlig außerstande sein werde.

Und dies, um Gott und dem christlichen Glauben im Bereich der Vernunfteinsicht zu dienen. Der Grad intellektueller Redlichkeit, der mir um meiner besonderen Berufung willen zur Pflicht gemacht ist, fordert, dass mein Denken ausnahmslos alle Ideen gleichmütig gelten lasse, mit einbegriffen zum Beispiel den Materialismus und Atheismus; dass es allen gegenüber gleicherweise aufnahmebereit und gleicherweise zurückhaltend sei. So ist das Wasser voller Gleichmut gegen die Gegenstände, die hineinfallen; es wägt sie nicht; sie selber zeigen darin nach einer Weile des Schwankens ihr Gewicht an.

Ich weiß wohl, dass ich nicht wahrhaft so bin, das wäre zu schön; aber ich habe die Verpflichtung, so zu sein; und ich könnte in keiner Weise so sein, wenn ich in der Kirche wäre. In meinem Sonderfall muss ich mich, um aus Wasser und Geist gezeugt zu werden, des sichtbaren Wassers enthalten.

Nicht dass ich mich zu geistigen Schöpfungen imstande fühlte. Aber ich fühle mich an Verpflichtungen gebunden, wie sie zu solchen Schöpfungen gehören. Das ist nicht meine Schuld. Ich kann nicht anders. Niemand außer mir kann diese Verpflichtungen abschätzen. Die Voraussetzungen der geistigen oder der künstlerischen Schöpfung sind so innerlich und verborgen, dass niemand sie von außen ergründen kann. Ich weiß, dass die Künstler damit ihre schlechten Handlungen entschuldigen. Aber für mich handelt es sich um etwas völlig anderes.

Diese Indifferenz des Denkens auf der Ebene der Vernunfteinsicht ist keineswegs unvereinbar mit der Gottesliebe und sogar mit einem zu jeder Sekunde jeglichen Tages innerlich erneuerten, jedes Mal ewigen und jedes Mal völlig intakten und neuen Gelübde der Liebe. Ich wäre derart, wenn ich wäre, was ich sein soll.

Dies scheint eine Lage des labilen Gleichgewichts, aber die Treue, deren Gnade Gott mir, wie ich hoffe, nicht verweigern wird, erlaubt uns, unendlich lange Zeit reglos darin zu verharren, *ἐν ὑπομονῇ*.[26]

Ja, um Christus zu dienen, insofern er die Wahrheit ist, beraube ich mich dessen, dass ich Anteil habe an seinem Fleisch auf jene Weise, die er eingesetzt hat. Genauer: er beraubt mich dessen, denn niemals bisher habe ich auch nur eine Sekunde lang den Eindruck gehabt, dass mir hier eine Wahl freistünde. Ich bin so gewiss, als es einem Menschenwesen zu sein gestattet ist, dass ich derart für mein ganzes Leben beraubt bin; ausgenommen vielleicht – doch nur vielleicht – den Fall, dass die Umstände mir endgültig und völlig jede Möglichkeit zu geistiger Arbeit nehmen sollten.

Sollte dies Pater Perrin schmerzen, so kann ich nur wünschen, dass er mich bald vergessen möge; denn ich möchte unendlich viel lieber auf jeden Anteil an seinen Gedanken verzichten, als auch nur der geringste Anlass zur Bekümmernis für ihn zu sein. Ausgenommen jedoch den Fall, wo ihm daraus etwas Gutes erwachsen könnte.

Um auf meine Liste zurückzukommen: ich sende Ihnen gleichfalls den Aufsatz über den geistlichen Gebrauch des Schulunterrichts, den ich versehentlich mitgenommen hatte. Er ist ebenfalls für Pater Perrin, auf Grund seiner mittelbaren Beziehungen zu den Jecisten[27] von Montpellier. Im Übrigen mag er damit tun, was ihm gutdünkt.

Lassen Sie mich Ihnen vom Grunde meines Herzens danken für all Ihre Liebenswürdigkeit gegen mich. Ich werde oft an Sie denken. Ich hoffe, wir können einander von Zeit zu Zeit Nachricht geben; aber das ist nicht sicher.

In Freundschaft

Simone Weil

Sechster Brief
Abschließende Gedanken

26. Mai 1942 (Casablanca)

Lieber Pater Perrin,

es war sehr gütig von Ihnen, dass Sie mir dennoch geschrieben haben. Und es war mir kostbar, im Augenblick der Abfahrt einige liebevolle Worte von Ihnen zu empfangen.

Sie haben mir herrliche Worte des heiligen Paulus angeführt. Aber ich hoffe, durch das Eingeständnis meiner Erbärmlichkeit nicht den Eindruck in Ihnen erweckt zu haben, dass ich die Barmherzigkeit Gottes verkenne. Ich hoffe, niemals auf eine solche Stufe der Feigheit und des Undanks hinabgesunken zu sein, noch jemals darauf hinabzusinken. Ich bedarf keiner Hoffnung, keiner Verheißung, um an Gottes überreichliche Barmherzigkeit zu glauben. Ich kenne diesen Reichtum mit der Gewissheit der Erfahrung, ich habe ihn berührt. Was ich durch Berührung davon kenne, übersteigt meine Fassungskraft und mein Vermögen zur Dankbarkeit in einem solchen Grade, dass selbst die Verheißung zukünftiger Seligkeiten dem für mich nichts hinzufügen könnte; ebenso wie für die menschliche Vernunft die Addition zweier unendlicher Größen keine Addition darstellt.

Die Barmherzigkeit Gottes ist im Unglück offenbar wie in der Freude, ebenso, ja vielleicht sogar noch mehr, weil ihr unter dieser Gestalt nichts Menschliches ähnlich sieht. Die menschliche Barmherzigkeit erscheint nur im Geschenk der Freude oder aber in der Zufügung eines Schmerzes um äußerer Wirkungen willen: Heilung des Körpers oder Erziehung. Aber nicht die äußeren Wirkungen des Unglücks geben von der göttlichen Barmherzigkeit Zeugnis. Die äußeren Wirkungen des wahren Unglücks sind fast immer schlecht. Wenn man das verbergen will, lügt man. Sondern es ist das Unglück selbst, in dem die Barmherzigkeit Gottes erstrahlt. Auf seinem innersten Grunde, im Zentrum seiner untröstbaren Bitternis. Fällt man, in der Liebe bleibend, bis zu dem Punkt, wo man den Schrei: »Mein Gott, warum hast du mich verlassen?«[28] nicht mehr zurückhalten kann; und verharrt man dann an diesem Punkt, ohne zu lieben aufzuhören, so berührt man am Ende etwas, das nicht mehr Unglück ist, das auch nicht Freude, sondern das das reine, übersinnliche, Freude und Leid gemeinsame, innerste, wesentliche Wesen ist und das die Liebe Gottes selbst ist.

Dann weiß man, dass die Freude die Süßigkeit der Berührung mit Gottes Liebe ist, dass das Unglück die Verwundung durch dieselbe Berührung, wenn sie schmerzt, ist, und dass es einzig und allein auf die Berührung selbst, nicht auf ihre Art und Weise ankommt.

Ebenso kommt es, wenn man einen sehr lieben Menschen nach langer Abwesenheit wiedersieht, nicht auf die Worte an, die man mit ihm wechselt, sondern einzig auf den Klang seiner Stimme, der uns seiner Gegenwart versichert.

Die Erkenntnis dieser Gegenwart Gottes tröstet nicht, nimmt dem Unglück nichts von seiner entsetzlichen Bitternis, heilt nicht die Verstümmelung der Seele. Aber man weiß mit Gewissheit, dass Gottes Liebe zu uns die eigentliche Substanz dieser Bitternis und dieser Verstümmelung ist.

Ich wünschte aus Dankbarkeit, dass ich fähig wäre, hiervon ein Zeugnis zu hinterlassen.

In dem Dichter der *Ilias* war die Gottesliebe so stark, dass er diese Fähigkeit besaß. Denn darin liegt die implizite Bedeutung dieses Gedichtes und die einzige Quelle seiner Schönheit. Aber man hat es kaum begriffen.

Selbst wenn es für uns nichts weiter gäbe als das irdische Leben, selbst wenn der Augenblick des Todes uns nichts Neues brächte, so ist der unendliche Überfluss der göttlichen Barmherzigkeit dennoch hienieden schon in seiner ganzen Fülle heimlich gegenwärtig.

Wenn ich – diesen Widersinn einmal angenommen – stürbe, ohne jemals eine schwere Sünde begangen zu haben, und trotzdem bei meinem Tode auf den Grund der Hölle stürzte, so schuldete ich Gott dennoch eine unendliche Dankbarkeit für seine unendliche Barmherzigkeit meines irdischen Lebens wegen, und zwar obwohl ich ein so missratenes Ding bin. Sogar unter dieser Annahme glaubte ich dennoch, meinen vollen Anteil an dem Reichtum der göttlichen Barmherzigkeit empfangen zu haben. Denn schon hienieden empfangen wir das Vermögen, Gott zu lieben und ihn uns mit aller Gewissheit als den vorzustellen, dessen Wesen die wirkliche, ewige, vollkommene und unendliche Freude ist. Durch die Schleier des Fleisches hindurch empfangen wir von oben solche Vorempfindungen der Ewigkeit, dass sie genügen, jeden diesbezüglichen Zweifel daran zu tilgen.

Was könnte man darüber hinaus noch erbitten, was noch begehren? Eine Mutter, eine Geliebte, die die Gewissheit hätte, dass ihr Sohn, ihr Geliebter in der Freude ist, hätte in ihrem Herzen nicht einen Gedanken, der fähig wäre, etwas anderes zu erbitten oder zu begehren. Wir haben aber noch weit mehr. Was wir lieben, ist die vollkommene Freude selbst. Weiß man dies, dann wird selbst die Hoffnung überflüssig, denn sie hat ferner keinen Sinn. Das Einzige, was zu erhoffen uns noch übrig bleibt, ist die Gnade, dass wir hienieden nicht in Ungehorsam fallen. Alles Übrige ist nur Gottes Angelegenheit und geht uns nichts an.

Deshalb und obwohl meine durch ein allzu langes und ununterbrochenes Leiden verstümmelte

Vorstellungskraft den Gedanken des Heils als etwas, das für mich im Bereich des Möglichen läge, nicht zu fassen vermag, fehlt es mir dennoch an nichts. Was Sie mir diesbezüglich schreiben, kann auf mich keine andere Wirkung haben, als mich zu überzeugen, dass Sie mir wahrhaft einige Freundschaft entgegenbringen. In dieser Hinsicht war mir Ihr Brief sehr kostbar. Etwas anderes hat er in mir nicht bewirken können. Aber das war auch nicht notwendig.

Ich kenne meine erbärmliche Schwachheit genügend, um vermuten zu dürfen, dass ein geringes Unheil vielleicht hinreichte, meine Seele mit solchen Leiden zu erfüllen, dass dort lange Zeit hindurch kein Platz mehr bliebe für die Gedanken, die ich Ihnen soeben ausdrückte. Doch selbst das ist kaum von Bedeutung. Die Gewissheit ist nicht unseren wechselnden Seelenstimmungen unterworfen. Die Gewissheit ist immer in völliger Sicherheit.

Es gibt nur eine einzige Gelegenheit, bei der ich von dieser Gewissheit wirklich nichts mehr weiß. Nämlich dann, wenn ich mit dem Unglück anderer in Berührung komme. Auch derer, die mir gleichgültig und unbekannt sind (ja bei ihnen vielleicht sogar noch mehr), mit einbegriffen die Unglücklichen der vergangenen Jahrhunderte bis in fernste Zeiten. Diese Berührung ist ein so grässlicher Schmerz für mich, sie zerreißt meine Seele derart durch und durch, dass es mir eine Zeitlang fast unmöglich ist, Gott zu lieben. Es fehlt nur wenig, dass ich nicht sagte: unmöglich. So dass mich dies um meinetwillen beunruhigt. Aber ich beruhige mich ein wenig, indem ich mir zurückrufe, dass Christus Tränen vergoss, als er die Gräuel der Verwüstung Jerusalems voraussah. Ich hoffe, er wird dem Mitleiden vergeben.

Sie haben mir weh getan, als Sie mir schrieben, der Tag meiner Taufe würde für Sie eine große Freude sein. Nachdem ich so viel von Ihnen empfangen, liegt es also in meiner Macht, Ihnen eine Freude zu bereiten; und dennoch kommt mir auch nicht eine Sekunde lang der Gedanke, es zu tun. Ich kann nichts dafür. Ich glaube wirklich, dass nur Gott diese Macht über mich hat, mich daran zu hindern, Ihnen eine Freude zu bereiten.

Selbst wenn ich nur den Bereich der bloß menschlichen Beziehungen bedenke, so schulde ich Ihnen eine unendliche Dankbarkeit. Ich glaube, außer Ihnen haben alle menschlichen Wesen, denen ich jemals durch meine Freundschaft die Macht gegeben, mir leicht Schmerzen zuzufügen, bisweilen ein Gefallen daran gefunden, mir, häufig oder selten, aber irgendwann einmal jeder, bewusst oder unbewusst wehe zu tun. Da, wo ich erkannte, dass es bewusst geschah, nahm ich ein Messer und zerschnitt die Freundschaft, ohne übrigens den Betreffenden vorher davon in Kenntnis zu setzen.

Sie handelten nicht aus Bosheit so, sondern infolge jener sattsam bekannten Erscheinung, die, die Hühner veranlasst, sich, sobald sie ein verwundetes

Huhn in ihrer Mitte erblicken, mit Schnabelhieben auf es zu stürzen.

Alle Menschen tragen diese Tiernatur in sich. Sie bestimmt ihr Verhalten gegenüber ihresgleichen mit oder ohne ihr Wissen und ihre Zustimmung. Und so kommt es vor, dass die tierische Natur in einem Menschen, ohne dass es seinem Denken irgend bewusst wird, die Verstümmelung der tierischen Natur in einem anderen spürt und sich dementsprechend beträgt. Das Nämliche gilt für alle möglichen Situationen und die entsprechenden tierischen Reaktionen. Dieser mechanischen Notwendigkeit sind alle Menschen in jedem Augenblick unterworfen; sie entrinnen ihr nur in dem Maße, wie das wahrhaft Übernatürliche ihre Seelen erfüllt.

Die auch nur partielle Unterscheidung auf diesem Gebiet ist sehr schwierig. Aber wenn sie wirklich vollkommen möglich wäre, so besäße man darin ein Kriterium für den Anteil des Übernatürlichen am Leben einer Seele, ein sicheres Kriterium, untrüglich genau wie eine Waage und völlig unabhängig von jedem religiösen Glauben. Das ist es, was, neben sehr vielem anderen, Christus uns anzeigte, als er sagte: »Diese beiden Gebote sind eins.«[29]

Nur in Ihrer Nähe bin ich niemals von den Gegenschlägen dieses Mechanismus getroffen worden. Meine Lage Ihnen gegenüber gleicht der eines Bettlers, der vor Not aus dem Hungern nicht herauskam, ein Jahr lang von Zeit zu Zeit in das Haus eines

Wohlhabenden ging, um etwas Brot zu erbitten, und der dort zum ersten Mal in seinem Leben keinen Demütigungen ausgesetzt war. Wenn ein solcher Bettler für jedes Stück Brot, das er empfangen, ein Leben zum Tausch dahinzugeben hätte, und wenn er deren alle gäbe, er dächte dennoch nicht, dass seine Schuld dadurch vermindert würde.

Darüber hinaus aber muss der Umstand, dass im Umgang mit Ihnen die menschlichen Beziehungen beständig Gottes Licht in sich einschließen, mich zu einem noch sehr viel höheren Grad der Dankbarkeit veranlassen.

Dennoch werde ich Ihnen kein Zeugnis meiner Dankbarkeit geben, außer diesem, dass ich Ihnen, hinsichtlich Ihrer, Dinge sage, die Sie mit Recht gegen mich aufbringen können. Denn es steht mir nicht im Geringsten zu, sie zu sagen, ja nicht einmal, sie zu denken. Ich habe kein Recht dazu, und ich weiß das wohl.

Aber da ich sie in der Tat gedacht habe, wage ich es nicht, sie Ihnen zu verschweigen. Sind sie falsch, so werden sie kein Unheil anrichten. Es könnte jedoch sein, dass sie etwas Wahres enthalten. In diesem Falle wäre es wohl erlaubt, zu glauben, Gott sende Ihnen diese Wahrheit durch die Feder, die sich zufällig in meiner Hand befindet. Es gibt Gedanken, denen es zukommt, in der Eingebung ausgesandt zu werden, andere, denen es eher zukommt, durch die Vermittlung eines Geschöpfes ausgesandt zu werden, und Gott bedient sich bei seinen Freunden des einen wie des anderen Weges. Es ist wohlbekannt, dass jedes beliebige Ding, zum Beispiel eine Eselin, unterschiedslos als Vermittler dienen kann. Vielleicht gefällt es Gott sogar, zu diesem Behuf die niedrigsten Dinge zu wählen. Ich muss mir dies sagen, um mich nicht vor meinen eigenen Gedanken zu fürchten.

Als ich eine Skizze meiner geistlichen Autobiografie[30] für Sie niederschrieb, geschah dies mit einer bestimmten Absicht. Ich wollte Ihnen die Möglichkeit geben, ein konkretes und sicheres Beispiel des impliziten Glaubens feststellen zu können. Ein sicheres, denn ich weiß, Sie wissen, dass ich nicht lüge.

Sie sind, zu Recht oder Unrecht, der Überzeugung, dass ich auf den Namen einer Christin Anspruch habe. Ich versichere Ihnen, dass, wenn ich im Hinblick auf meine Kindheit und Jugend die Worte: Berufung, Gehorsam, Geist der Armut, Reinheit, Hinnahme, Nächstenliebe und andere ähnliche Worte gebrauche, diese im strengsten Sinne die gleiche Bedeutung haben, die sie in diesem Augenblick für mich besitzen. Dennoch bin ich von meinen Eltern und meinem Bruder in einem vollständigen Agnostizismus aufgezogen worden; und ich habe niemals auch nur die geringste Anstrengung unternommen, um darüber hinauszugelangen; ich habe niemals das geringste Verlangen danach empfunden, mit Recht, wie mir scheint. Trotzdem kann ich, seit meiner Geburt sozusagen, für keines meiner Vergehen, für keine meiner Unvollkommenheiten die Entschuldigung der Unwissenheit anführen. Über alle werde ich völlige Rechenschaft ablegen müssen an jenem Tage, wo das Lamm ergrimmt.[31]

Sie dürfen mir auch auf mein Wort glauben, dass Griechenland, Ägypten, das alte Indien, das alte China, die Schönheit der Welt, jeder reine und echte Abglanz dieser Schönheit in den Künsten und in der Wissenschaft, der Anblick der Heimlichkeiten des menschlichen Herzens in solchen Herzen, die von religiösem Glauben leer waren – dass alles dieses ebenso viel wie alles ersichtlich Christliche dazu beigetragen hat, mich Christus als Gefangene zu überliefern. Ich glaube sogar, sagen zu dürfen: noch mehr. Die Liebe zu diesen Dingen, die außerhalb des sichtbaren Christentums stehen, hält mich außerhalb der Kirche fest.

Eine derartige geistliche Bestimmung muss Ihnen unbegreiflich erscheinen. Eben darum jedoch ist sie besonders geeignet, zu einem Gegenstand des Nachdenkens zu dienen. Es ist heilsam, über dasjenige nachzudenken, was uns zwingt, aus uns selber herauszugehen. Es fällt mir schwer, mir vorzustellen, woher es kommt, dass Sie wirklich einige Freundschaft für mich empfinden; doch da dem augenscheinlich so ist, so könnte sie vielleicht diesem Zwecke dienen.

In der Theorie sind Sie völlig bereit, den Begriff eines impliziten Glaubens gelten zu lassen. In der Praxis besitzen Sie eine ungewöhnliche geistige Weite und intellektuelle Redlichkeit; die aber dennoch meiner Meinung nach noch sehr unzulänglich sind. Einzig die Vollkommenheit ist genügend.

Ich habe des Öfteren, zu Recht oder Unrecht, parteiische Einstellungen in Ihnen zu erkennen geglaubt. Namentlich ein gewisses Widerstreben, *de facto,* in gewissen besonderen Fällen die Möglichkeit des impliziten Glaubens einzuräumen. Zumindest war dies mein Eindruck, als ich Ihnen von B...[32] erzählte und vor allem von einem spanischen Bauern, der in meinen Augen von der Heiligkeit nicht sehr weit entfernt ist. Ich gebe zu, dass die Schuld vornehmlich an mir lag; meine Ungeschicktheit ist so groß, dass ich dem, was ich liebe, fast immer schade, wenn ich davon spreche; ich habe dies oft erfahren. Aber mir scheint auch, dass, wenn man Ihnen von Ungläubigen berichtet, die im Unglück sind und die ihr Unglück als einen Teil der Weltordnung hinnehmen, dies nicht den gleichen Eindruck auf Sie macht, wie wenn es sich um Christen und um die Ergebung in den Willen Gottes handelte. Dennoch ist beides dasselbe. Zumindest, wenn ich wahrhaft Anrecht auf den Namen einer Christin habe, weiß ich aus Erfahrung, dass die stoische Tugend und die christliche Tugend ein und dieselbe Tugend sind. Die echte stoische Tugend, die vor allem Liebe ist; nicht jenes Zerrbild, das einige römische Rohlinge daraus gemacht haben. In der Theorie, scheint mir, könnten auch Sie dies nicht leugnen. Aber es widerstrebt Ihnen, die Möglichkeit einer übernatürlichen Wirksamkeit der stoischen Tugend in konkreten und zeitgenössischen Beispielen *de facto* anzuerkennen.

Sie haben mir auch sehr weh getan, als Sie eines Tages das Wort »falsch« gebrauchten, als Sie »nicht-orthodox« sagen wollten. Sie haben sich alsbald verbessert. Meiner Ansicht nach liegt hier eine terminologische Verwechslung vor, die mit einer vollkommenen intellektuellen Redlichkeit unvereinbar ist. Es ist unmöglich, dass dies Christus gefällt, der die Wahrheit ist.

Es scheint mir sicher, dass dies bei Ihnen eine ernstliche Unvollkommenheit darstellt. Und warum sollte es Unvollkommenheit in Ihnen geben? Es passt sich durchaus nicht für Sie, dass Sie unvollkommen sind. Das ist wie eine falsche Note in einem schönen Gesang.

Diese Unvollkommenheit ist, glaube ich, die Anhänglichkeit an die Kirche als an ein irdisches Vaterland. Sie ist in der Tat, während sie gleichzeitig das Band ist, das Sie mit dem himmlischen Vaterland verbindet, ein irdisches Vaterland für Sie. Sie leben dort in einer Atmosphäre menschlicher Wärme. Und dies macht ein wenig Anhänglichkeit beinahe unvermeidbar.

Diese Anhänglichkeit ist vielleicht für Sie der unendlich dünne Faden, von dem der heilige Johannes vom Kreuz spricht, welcher, solange er noch nicht zerrissen ist, den Vogel ebenso wirksam an die Erde gebunden hält wie eine schwere eiserne Kette.[33] Ich stelle mir vor, dass dieser letzte Faden trotz seiner Feinheit wohl am schwersten zu durchschneiden ist, denn wenn er einmal durchschnitten ist, muss man davonfliegen, und davor fürchtet man sich. Aber die Verpflichtung ist darum nicht minder gebieterisch.

Die Kinder Gottes sollen hienieden kein anderes Vaterland haben als das Universum selbst, mit der Gesamtheit aller vernunftbegabten Geschöpfe, die es enthalten hat, enthält und enthalten wird. Dies ist die Heimat, die ein Anrecht auf unsere Liebe hat.

Alles, was enger ist als das Universum, und dazu gehört auch die Kirche, mag wohl sehr weitgehende Verpflichtungen auferlegen, aber die Verpflichtung zur Liebe wird sich nicht darunter befinden. Zumindest glaube ich dies. Ich bin auch überzeugt, dass sich keine Verpflichtung darunter befindet, die sich auf die Vernunfteinsicht bezieht.

Unsere Liebe soll sich ebenso weit durch den ganzen gesamten Raum erstrecken, sie soll sich ebenso gleichmäßig in alle Bereiche des Raumes verteilen wie das Licht der Sonne. Christus hat uns das Gebot gegeben, die Vollkommenheit seines himmlischen Vaters zu erreichen, indem wir diese unterschiedslose Austeilung des Lichtes nachahmen. Auch unsere Vernunfteinsicht soll von dieser vollkommenen Parteilosigkeit sein.

Alles, was existiert, wird durch die schöpferische Liebe Gottes gleicherweise im Dasein erhalten. Die Freunde Gottes sollen ihn derart lieben, dass im Hinblick auf die irdischen Dinge ihre Liebe eins wird mit der seinigen.

Wenn eine Seele dahin gelangt ist, dass ihre Liebe gleichmäßig das ganze Universum erfüllt, so wird diese Liebe jenes goldgeflügelte Küchlein,[34] das die Schale des Welteies durchbricht. Danach liebt sie das Universum nicht von innen, sondern von außen, von jener Stätte aus, wo die Weisheit Gottes thront, die unser erstgeborener Bruder ist. Eine solche Liebe liebt die Wesen und Dinge nicht in Gott, sondern von Gott her. Da sie bei Gott ist, sendet sie von dort her ihren Blick, der mit dem Blicke Gottes vereint ist, auf alle Wesen und alle Dinge herab.

Man muss katholisch sein, das heißt durch keinen Faden an irgendetwas Erschaffenes gebunden sein, außer an die Gesamtheit der Schöpfung. Diese Universalität mag ehemals bei den Heiligen *implicite* (sogar ohne dass sie sich ihrer bewusst waren) vorhanden gewesen sein. Sie konnten *implicite* jedem den rechten Anteil in ihrer Seele zuweisen, einerseits der Liebe, die nur Gott und seiner ganzen Schöpfung geschuldet wird, und anderseits den Pflichten gegenüber allem, was kleiner ist als das Universum. Ich glaube, der heilige Franziskus von Assisi, der heilige Johannes vom Kreuz waren so. Daher waren auch beide Dichter.

Es ist wahr, dass wir unseren Nächsten lieben sollen, aber in dem Beispiel, das Christus uns zur Erläuterung dieses Gebotes vorstellt, ist der Nächste ein nacktes und blutiges Wesen, das bewusstlos am Wege zusammengebrochen ist und von dem man nichts weiß. Es handelt sich um eine völlig anonyme und eben deshalb völlig universale Liebe.

Es ist gleichfalls wahr, dass Christus zu seinen Jüngern gesagt hat: »Liebet einander.«[35] Aber ich glaube, hier handelt es sich um Freundschaft, eine persönliche Freundschaft zwischen zwei Wesen, die jeden Freund Gottes mit jedem anderen verbinden soll. Die Freundschaft ist die einzige rechtmäßige Ausnahme von der Verpflichtung, nur auf eine universale Weise zu lieben. Aber sie ist meines Erachtens auch nur dann wahrhaft rein, wenn sie sozusagen auf allen Seiten von einer kompakten Hülle der Gleichgültigkeit umgeben ist, die einen Abstand schafft.

Wir erleben eine Epoche, die sich mit keiner früheren vergleichen lässt, und in unserer gegenwärtigen Lage muss die Universalität, die ehemals implizit sein durfte, sich nunmehr völlig bewusst und ausdrücklich entfalten. Sie muss unsere Sprache und jede Verhaltungsweise unseres Daseins durchtränken.

Es genügt heute noch nicht, ein Heiliger zu sein; es bedarf der Heiligkeit, die der gegenwärtige Augenblick fordert, einer neuen Heiligkeit, wie es sie früher ebenfalls niemals gegeben hat.

Maritain[36] hat dies ausgesprochen, aber er hat sich mit einer Aufzählung jener Aspekte der früheren Heiligkeit begnügt, die heute, zumindest auf einige Zeit, veraltet sind. Er hat nicht gespürt, wieviel wunderbar Neues die Heiligkeit von heute hingegen enthalten muss.

Ein neuer Typus der Heiligkeit, das ist wie der Ausbruch eines innersten Quells, das ist eine Erfindung. Im Verhältnis, wenn man sich auch aller Rangunterschiede gebührend bewusst bleibt, ist es doch beinahe so etwas wie eine neue Offenbarung des Weltalls und der menschlichen Bestimmung. Es ist die Freilegung eines weiten Bereiches von Wahrheit und Schönheit, der bis dahin unter einer dichten Staubschicht verborgen war. Hierzu bedarf es eines größeren Genies, als Archimedes es brauchte, um die Mechanik und die Physik zu erfinden. Eine neue Heiligkeit ist eine sehr viel wunderbarere Erfindung.

Nur eine Art von Perversität kann die Freunde Gottes veranlassen, sich dessen zu berauben, dass sie Genie haben: denn um einen Überreichtum an Genie zu empfangen, genügt es, dass sie es im Namen Christi von ihrem Vater erbitten.

Dies ist, wenigstens heutigen Tages, eine berechtigte Bitte, denn sie ist notwendig. Ich glaube, dies ist, in dieser Form oder irgendeiner gleichwertigen, heute die erste Bitte, die man tun sollte, eine Bitte, die man alle Tage, alle Stunden tun sollte, wie ein hungriges Kind immer nach Brot verlangt. Die Welt bedarf der genialen Heiligen, wie eine Stadt, in der die Pest wütet, der Ärzte bedarf. Und wo ein Bedürfnis vorhanden ist, besteht auch eine Verpflichtung.

Ich selbst kann keinerlei Gebrauch machen von diesen Gedanken und all jenen, die sie in meinem Geiste begleiten. Allein schon die beträchtliche Unvollkommenheit, deren Fortbestand in mir zu dulden ich feige genug bin, hält mich in einem allzu großen Abstand von jenem Punkte, wo sie anwendbar sind. Das ist meinerseits unentschuldbar. Ein so großer Abstand lässt sich bestenfalls nur mit der Zeit überwinden.

Aber selbst wenn ich ihn bereits überwunden hätte, so bin ich doch ein morsches Werkzeug. Ich bin allzu erschöpft. Und selbst wenn ich an die Möglichkeit glaubte, von Gott zu erlangen, dass er die verstümmelte Natur in mir wieder herstellte, so könnte ich mich dennoch nicht entschließen, darum zu bitten. Selbst wenn ich gewiss wäre, dies zu erlangen, ich könnte es nicht. Eine solche Bitte schiene mir eine Kränkung der unendlich zärtlichen Liebe, die mir die Gabe des Unglücks verliehen hat.

Wenn sich niemand findet, der bereit ist, den Gedanken, die sich, ich weiß nicht wie, in ein so unzulängliches Wesen, wie ich es bin, herniedergelassen haben, seine Aufmerksamkeit zu schenken, so werden sie mit mir begraben werden. Wenn sie, wie ich glaube, einige Wahrheit enthalten, so wäre dies schade. Ich gereiche ihnen zum Nachteil. Der Umstand, dass sie sich in mir befinden, verhindert, dass man ihnen seine Aufmerksamkeit schenkt.

Ich sehe keinen anderen Menschen als Sie, den ich anflehen könnte, ihnen seine Aufmerksamkeit zu gönnen. Ich wollte, Ihre Liebe, mit der Sie mich überreich beschenkt haben, wendete sich von mir ab und richtete sich auf das, was ich in mir trage, und dessen Wert, wie ich glauben möchte, meinen eigenen weit übertrifft.

Es ist ein großer Schmerz für mich, befürchten zu müssen, dass die Gedanken, die in mich herabgestiegen sind, zum Tode verurteilt sein könnten, weil sie von meiner Unzulänglichkeit und meiner Erbärmlichkeit angesteckt sind. Ich lese niemals ohne Schaudern die Geschichte vom unfruchtbaren Feigenbaum.[37] Ich glaube, er ist mein Bildnis. Auch in ihm war die Natur ohnmächtig, und dennoch fand er keine Entschuldigung. Christus hat ihn verflucht.

Darum glaube ich auch, obwohl ich mich vielleicht während meines Lebens keiner besonders schweren Verfehlungen schuldig gemacht habe, außer denen, die ich Ihnen bereits gestanden habe, dass ich, wenn ich alles mit nüchterner und kalter Vernunft erwäge, berechtigterweise sehr viel mehr Ursache habe, den Zorn Gottes zu fürchten, als viele große Verbrecher.

Nicht, dass ich ihn tatsächlich fürchtete. Infolge einer seltsamen Umkehrung weckt der Gedanke an den Zorn Gottes nichts als Liebe in mir. Es ist vielmehr der Gedanke an die mögliche Gnade Gottes, an seine Barmherzigkeit, der mir eine gewisse Furcht einflößt, der mich erzittern lässt.

Das Gefühl aber, für Christus wie ein unfruchtbarer Feigenbaum zu sein, zerreißt mir das Herz.

Glücklicherweise kann Gott sehr leicht nicht nur die nämlichen Gedanken, wenn sie gut sind, sondern sehr viele andere und sehr viel bessere auf ein unverletztes Wesen herabsenden, das zu seinem Dienste imstande ist.

Wer weiß jedoch, ob jene, die in mir sind, nicht wenigstens teilweise dazu bestimmt sind, dass Sie Gebrauch davon machen? Sie können nur für jemanden bestimmt sein, der ein wenig Freundschaft, und zwar wahrhafte Freundschaft, für mich empfindet. Denn für die Übrigen bin ich gewissermaßen nicht vorhanden. Ich bin von der Farbe des welken Laubes, wie gewisse Insekten.

Wenn Ihnen in all dem, was ich Ihnen geschrieben habe, etwas als falsch oder unter meiner Feder als unangebracht erscheint, so verzeihen Sie es mir. Und zürnen Sie mir nicht.

Ich weiß nicht, ob ich im Laufe der kommenden Wochen und Monate Nachricht von mir geben oder von Ihnen erhalten kann. Aber diese Trennung ist nur für mich ein Übel und also bedeutungslos.

Ich kann Sie nur abermals meiner kindlich ergebenen Dankbarkeit und meiner grenzenlosen Freundschaft versichern.

Simone Weil

ABHANDLUNGEN

Betrachtungen über den rechten Gebrauch des Schulunterrichts und des Studiums im Hinblick auf die Gottesliebe

Das Wesen des Gebetes besteht in der Aufmerksamkeit. Dies liefert uns den Schlüssel zu einer christlichen Konzeption des Studiums. Im Gebet richtet die Seele alle Aufmerksamkeit, deren sie fähig ist, auf Gott, und die Beschaffenheit des Gebetes hängt zu einem großen Teil von der Beschaffenheit der Aufmerksamkeit ab. Wenn es hieran mangelt, kann auch die Wärme des Gefühls keine Abhilfe schaffen.

Nur die Spitze der Aufmerksamkeit tritt mit Gott in Berührung, wenn das Gebet inständig und rein genug ist, dass eine solche Berührung stattfindet; aber die ganze Aufmerksamkeit ist Gott zugekehrt.

Selbstverständlich entwickeln die Schulübungen die Aufmerksamkeit nur in ihren minder hohen Schichten. Dennoch sind sie vollauf wirksam, das Vermögen zur Aufmerksamkeit, über das man dann im Augenblick des Betens verfügen wird, zu steigern, vorausgesetzt, dass man sich ihnen zu diesem Zweck und nur zu diesem Zweck unterzieht.

Obwohl man dies heutzutage nicht zu wissen scheint, ist die Ausbildung unseres Vermögens zur Aufmerksamkeit dennoch das wahre Ziel des Studiums und beinahe das Einzige, was den Unterricht sinnvoll macht. Die Mehrzahl der Schulübungen sind zwar auch um ihrer selbst willen sinnvoll; aber diese Vorteile sind nur von zweitrangiger Bedeutung. Alle Übungen hingegen, die sich wirklich an unser Vermögen zur Aufmerksamkeit wenden, sind gleicherweise und fast im gleichen Maße sinnvoll.

Die Gymnasiasten, die Studenten, die Gott lieben, sollten niemals sagen: »Ich liebe die Mathematik«, »Ich liebe das Französische«, »Ich liebe das Griechische«. Sie sollen dies alles lieben lernen, weil alles dieses das Wachstum jener Aufmerksamkeit fördert, die, auf Gott gerichtet, das eigentliche Wesen des Gebetes ist.

Wenn jemand für die Geometrie weder Begabung besitzt, noch von Natur aus Gefallen an ihr findet, so ist dies noch kein Hindernis, dass die Erforschung eines Problems oder die Untersuchung einer Beweisführung nicht die Aufmerksamkeit steigere. Eher ist beinahe das Gegenteil der Fall. Eher noch ist dies beinahe ein günstiger Umstand.

Ja es ist sogar von geringer Bedeutung, ob es einem gelingt, die Lösung zu finden oder die Beweisführung zu begreifen, obwohl man sich wirklich um dieses Gelingen bemühen soll. Eine echte Anstrengung der Aufmerksamkeit ist niemals, in keinem Fall, verloren. Immer ist sie in geistlicher Hinsicht vollauf wirksam und in der Folge auch, gleichsam als eine Dreingabe, im niederen Bereich des Verstandes, denn jedes geistliche Licht erhellt das Erkenntnisvermögen.

Sucht man mit einer wahrhaften Aufmerksamkeit die Lösung eines geometrischen Problems, und ist man nach Verlauf einer Stunde nicht weiter als am Anfang, so ist man dennoch, während jeder Minute dieser Stunde, in einer anderen, geheimnisvolleren Dimension vorgeschritten. Ohne dass man es gewahr wird und ohne dass man es weiß, hat diese scheinbar vergebliche und unfruchtbare Anstrengung die Seele mit hellerem Licht erfüllt. Die Früchte aber erntet man eines Tages, später, im Gebet. Gewiss erntet man sie auch einmal, als Dreingabe, auf irgendeinem anderen Felde der Erkenntnis, das unter Umständen mit der Mathematik gar nichts gemein hat. Wer diese ergebnislose Anstrengung geleistet hat, wird vielleicht einmal imstande sein, die Schönheit eines Verses von Racine, eben auf Grund dieser Anstrengung, unmittelbarer zu erfassen. Aber dass man die Früchte dieser Anstrengung im Gebet erntet, das ist gewiss, darüber kann nicht der mindeste Zweifel bestehen.

Die Gewissheiten dieser Art beruhen auf Erfahrung. Aber wenn man nicht schon vorher daran glaubt, noch ehe man sie empfunden hat, wenn man sich nicht zumindest so verhält, als ob man daran glaube, wird man niemals die Erfahrung machen, die den Zugang zu solchen Gewissheiten ermöglicht. Hierin liegt eine Art Widerspruch. Aber von einer gewissen Stufe an verhält es sich derart mit allen Erkenntnissen, die zum geistlichen Fortschritt förderlich sind. Wenn man sie nicht, noch ehe man sich von ihrer Richtigkeit überzeugt hat, zum Richtmaß seines Verhaltens nimmt, wenn man ihnen nicht lange Zeit hindurch allein durch den Glauben anhängt und beipflichtet – einen anfangs finsteren und lichtlosen Glauben –, dann wird man sie niemals in Gewissheiten verwandeln. Der Glaube ist die unerlässliche Vorbedingung.

Die beste Stütze des Glaubens ist die Gewähr, dass unser Vater, wenn wir ihn um Brot bitten, uns keine Steine gibt. Jedes Mal, wenn ein menschliches Wesen, selbst außerhalb jedes expliziten religiösen Glaubens, eine Anstrengung der Aufmerksamkeit leistet, mit dem einzigen Verlangen, dadurch tüchtiger zu werden zur Erfassung der Wahrheit, erwirbt es diese vermehrte Tüchtigkeit, auch wenn seine Anstrengung keine sichtbaren Früchte gezeitigt hat. Ein Märchen der Eskimo erklärt den Ursprung des Lichtes folgendermaßen: »Der Rabe, der in der ewigen Nacht keine Nahrung finden konnte, begehrte nach dem Licht, und es ward hell über der Erde.«[38] Ist das Begehren echt, begehrt man wirklich das Licht, so bringt das Begehren nach dem Licht das Licht hervor. Das Begehren ist echt, wenn man die Aufmerksamkeit anstrengt. Und man begehrt wirklich das Licht, wenn jeder andere Beweggrund fehlt. Selbst wenn die Anstrengungen der Aufmerksamkeit durch Jahre hindurch scheinbar fruchtlos bleiben sollten, so wird eines Tages doch ein dem Grade dieser Anstrengungen genau entsprechendes Licht die Seele überfluten. Jede Anstrengung fügt ein Körnchen Gold zu einem Schatz, den nichts auf der Welt uns rauben kann. Die vergeblichen Anstrengungen, denen sich der Pfarrer von Ars[39] während langer und schmerzlicher Jahre unterzogen hatte, um das Latein zu erlernen, trugen all ihre Früchte in der wunderbaren Gabe der Unterscheidung, mit der er die Seele derer, die zu ihm zur Beichte kamen, hinter ihren Worten und sogar hinter ihrem Schweigen bis auf den Grund erkannte.

Man soll also lernen und studieren ohne irgendein Verlangen nach guten Noten, nach Examenserfolgen, nach irgendwelchen Schulergebnissen, ohne die geringste Rücksicht auf seine natürlichen Neigungen und Fähigkeiten, mit dem gleichen Eifer zu allen Übungen und in dem Gedanken, dass sie alle der Ausbildung dieser Aufmerksamkeit dienen, die das Wesen des Gebetes ist. In dem Augenblick, da man sich zu einer Übung anschickt, soll man auch gewillt sein, sie mustergültig auszuführen; denn dieser Wille ist zur wirklichen Anstrengung unerlässlich. Aber durch diesen unmittelbaren Zweck hindurch soll die tiefere Absicht einzig auf die Steigerung unseres Vermögens zur Aufmerksamkeit im Hinblick auf das

Gebet gerichtet sein, wie man beim Schreiben die Formen der Buchstaben auf das Papier setzt, nicht im Hinblick auf diese Formen, sondern im Hinblick auf den auszudrückenden Gedanken.

Seinen Studien einzig diese Absicht, unter Ausschluss jeder anderen, zu Grunde zu legen ist die erste Vorbedingung ihres rechten geistlichen Gebrauchs. Die zweite Vorbedingung ist, dass man sich unerbittlich zwingt, jede missratene Schularbeit lange Zeit hindurch in der ganzen Hässlichkeit ihrer Mittelmäßigkeit unverwandt ins Auge zu fassen und aufmerksam zu betrachten, ohne irgendwelche Entschuldigungen zu suchen, ohne irgendeinen Fehler oder eine Verbesserung des Lehrers zu vernachlässigen, und mit dem Bestreben, jedem Fehler auf den Grund zu gehen. Die Versuchung ist groß, das Gegenteil zu tun: die korrigierte Arbeit, wenn sie schlecht ist, nur mit einem flüchtigen Blick zu streifen und alsbald zu verbergen. Fast alle handeln fast immer so. Man muss diese Versuchung abweisen. Nebenbei und obendrein ist dies auch unerlässlich, wenn man in der Schule Erfolg haben will; denn trotz großer Anstrengungen macht man doch nur geringe Fortschritte bei seiner Arbeit, wenn es einem widerstrebt, den begangenen Fehlern und den Verbesserungen der Lehrer seine Aufmerksamkeit zu schenken.

Vor allem kann man hierdurch die Tugend der Demut erwerben, die ein unendlich viel kostbarerer Schatz ist als jeder Fortschritt im Unterricht. Ja in dieser Hinsicht ist die Betrachtung der eigenen Dummheit vielleicht noch förderlicher als die Betrachtung der Sünde. Das Bewusstsein der Sünde weckt in uns ein Gefühl unserer Schlechtigkeit, und dabei kommt mitunter ein gewisser Hochmut auf seine Rechnung. Wenn man sich aber gewaltsam zwingt, den Blick der Augen und der Seele auf eine aus Dummheit verpfuschte Schularbeit zu heften, dann fühlt man mit unwiderstehlicher Deutlichkeit, dass man etwas Mittelmäßiges ist. Es gibt keine wünschenswertere Erkenntnis. Gelingt es einem, diese Wahrheit mit ganzer Seele zu erkennen, dann hat man auf dem rechten Wege festen Fuß gefasst.

Werden diese beiden Bedingungen vollkommen erfüllt, so sind die Schulübungen ohne Zweifel ein ebenso guter Weg zur Heiligkeit wie jeder andere.

Um die zweite zu erfüllen, genügt es, es zu wollen. Anders verhält es sich mit der ersten. Um wirklich aufmerksam zu sein, muss man wissen, wie dies zu bewerkstelligen ist.

Meistens verwechselt man eine gewisse Muskelanstrengung mit der Aufmerksamkeit. Wenn man den Schülern sagt: »Nun passt einmal gut auf«, sieht man sie die Brauen runzeln, den Atem anhalten, die Muskeln anspannen. Fragt man sie dann nach zwei Minuten, worauf sich ihre Aufmerksamkeit richtet, so wissen sie keine Antwort. Sie haben überhaupt nicht aufgepasst; sie waren nicht aufmerksam. Sie haben ihre Muskeln angespannt.

In solchen Muskelanstrengungen vergeudet man oft seine Kräfte beim Studium. Weil man dabei am Ende ermüdet, hat man den Eindruck, gearbeitet zu haben. Das ist eine Täuschung. Die Ermüdung hat mit der Arbeit nichts zu tun.

Die Arbeit ist eine Anstrengung, die einen nützlichen Zweck erreicht, gleichviel ob sie ermüdend ist oder nicht. Diese Art von Muskelanstrengung beim Studium ist gänzlich fruchtlos, selbst wenn sie in guter Absicht geleistet wird. Auch diese gute Absicht gehört zu denen, mit welchen der Weg zur Hölle gepflastert ist. Derart betriebene Studien können mitunter vom Standpunkt der Schule aus und in Anbetracht der Noten und Prüfungen gut sein, aber sie sind dies trotz der Anstrengung und dank der natürlichen Begabung; und solche Studien sind immer unnütz.

Der Wille, der uns gegebenenfalls die Zähne zusammenbeißen und den Schmerz ertragen lässt, ist die wichtigste Waffe des Lehrlings bei der Handarbeit. Aber im Gegensatz zu der landläufigen Meinung ist er für das Studium kaum von Bedeutung. Nur das Begehren kann unser Erkenntnisvermögen führen. Und um etwas zu begehren, müssen Lust und Freude da sein. Unsere Verstandeskräfte wachsen und bringen ihre Früchte nur in der Freude. Die Freude des Lernens ist zum Studium ebenso unerlässlich wie dem Läufer das Atmen. Wo sie fehlt, gibt es keine Studenten, sondern nur armselige Karikaturen von Lehrlingen, die am Ende ihrer Lehrzeit nicht einmal ein rechtes Handwerk besitzen.

Weil dem Begehren eine solche Rolle beim Studium zufällt, kann dieses als eine Vorbereitung zum geistlichen Leben dienen. Denn das auf Gott gerichtete Begehren ist die einzige Kraft, die imstande ist, die Seele aufsteigen zu lassen. Oder vielmehr, Gott allein kommt, die Seele zu ergreifen, und hebt sie empor; das Begehren allein aber veranlasst Gott, herniederzusteigen. Er kommt nur zu denen, die ihn bitten, dass er komme; und die ihn oftmals, lange und inbrünstig bitten, zu denen steigt er hernieder, er kann nicht anders.

Die Aufmerksamkeit ist eine Anstrengung, vielleicht die größte von allen, aber sie ist eine negative Anstrengung. Sie selbst ermüdet nicht. Wenn sich Ermüdungserscheinungen einstellen, wird die Aufmerksamkeit beinahe unmöglich, außer im Falle besonderer Geübtheit; dann ist es besser, nachzugeben, eine Entspannung zu suchen, und ein wenig später von neuem zu beginnen, sich loszulassen und wieder in die Gewalt zu nehmen, wie man ein- und ausatmet.

Zwanzig Minuten einer beharrlichen Aufmerksamkeit ohne Ermüdung sind von unendlich viel größerem Wert als drei Stunden jenes verbissenen Fleißes mit gerunzelten Brauen, der uns hinterher mit dem befriedigten Gefühl der Pflichterfüllung sagen lässt: »Ich habe tüchtig gearbeitet.«

Aber dies ist, obwohl der Augenschein dem widerspricht, auch sehr viel schwieriger. In unserer

Seele ist etwas, das der wahrhaften Aufmerksamkeit sehr viel heftiger widerstrebt, als das Fleisch der Ermüdung widerstrebt. Dieses Etwas ist dem Bösen sehr viel näher als das Fleisch. Darum wird jedes Mal, wenn man wirklich aufmerksam ist, etwas Böses in einem zerstört. Ist man mit dieser Absicht aufmerksam, so wiegt eine Viertelstunde der Aufmerksamkeit sehr viele gute Werke auf.

Die Aufmerksamkeit besteht darin, das Denken auszusetzen, den Geist verfügbar, leer und für den Gegenstand offen zu halten, die verschiedenen bereits erworbenen Kenntnisse, die man zu benutzen genötigt ist, in sich dem Geist zwar nahe und erreichbar, doch auf einer tieferen Stufe zu erhalten, ohne dass sie ihn berührten. Der Geist soll hinsichtlich aller besonderen und schon ausgeformten Gedanken einem Menschen auf einem Berge gleichen, der vor sich hinblickt und gleichzeitig unter sich, doch ohne hinzublicken, viele Wälder und Ebenen bemerkt. Und vor allem soll der Geist leer sein, wartend, nichts suchend, aber bereit, den Gegenstand, der in ihn eingehen wird, in seiner nackten Wahrheit aufzunehmen.

Jeder Irrtum in den Übersetzungsarbeiten, jeder Unsinn in der Lösung der geometrischen Aufgaben, jede stilistische Unbeholfenheit und alle Mängel der Gedankenverknüpfung in den französischen Aufsätzen – dies alles kommt nur daher, dass der Geist sich voller Hast auf etwas stürzte und, so vorzeitig angefüllt, der Wahrheit nicht mehr zur Verfügung stand. Die Ursache ist immer, dass man aktiv sein wollte; dass man suchen wollte. Dies lässt sich jedes Mal, für jeden Fehler, nachprüfen, wenn man auf seine Wurzel zurückgeht. Es gibt keine bessere Übung als diese Nachprüfung. Denn die hierbei festgestellte Wahrheit gehört zu denen, die man nur glauben kann, wenn man sie hundert- und tausendmal erfahren hat. Das gilt von allen wesentlichen Wahrheiten.

Die kostbarsten Güter soll man nicht suchen, sondern erwarten. Denn der Mensch kann sie aus eigenen Kräften nicht finden, und wenn er sich auf die Suche nach ihnen begibt, findet er statt ihrer falsche Güter, deren Falschheit er nicht zu erkennen vermag.

Die Lösung eines geometrischen Problems ist an sich kein kostbares Gut, aber auch für sie gilt das nämliche Gesetz, denn sie ist das Gleichnis eines kostbaren Gutes. Als ein kleines Fragment einer besonderen Wahrheit ist sie ein reines Gleichnis der einen, ewigen und lebendigen Wahrheit, jener Wahrheit, die eines Tages mit Menschenstimme gesagt hat: »Ich bin die Wahrheit.«[40]

So aufgefasst, ähnelt jede Schulübung einem Sakrament.

Es gibt für jede Schulübung eine eigentümliche Art und Weise, die Wahrheit zu erwarten, indem man sie begehrt, und ohne dass man sich gestattet, sie zu suchen. Eine Weise des Aufmerkens auf die Gegebenheiten eines geometrischen Problems, ohne seine Lösung zu suchen, auf die Worte eines lateinischen oder griechischen Textes, ohne nach ihrem Sinn zu suchen, oder, wenn man schreibt, eine Art des Wartens, bis das richtige Wort von selbst aus der Feder fließt, während man nichts tut, als nur die unzulänglichen Worte abzuweisen.

Die erste Pflicht gegen die Schüler und Studenten besteht darin, ihnen diese Methode zur Kenntnis zu bringen, nicht nur im Allgemeinen, sondern in der besonderen Gestalt, die jeder einzelnen Übung entspricht. Dies ist die Pflicht, nicht nur ihrer Lehrer, sondern auch ihrer geistlichen Führer. Und Letztere sind darüber hinaus verpflichtet, die Analogie zwischen der Haltung der Vernunfterkenntnis bei jeder dieser Übungen und dem Zustand der Seele, welche, die Lampe wohl mit Öl versorgt, voller Zuversicht und Sehnsucht ihrem Bräutigam entgegenwartet,[41] deutlich ins Licht, in ein strahlend helles Licht, zu setzen. Jeder junge Mensch, der Gott liebt, sollte, während er eine Übersetzung aus dem Lateinischen anfertigt, wünschen, durch diese Übersetzung jenem Augenblick ein wenig näher zu kommen, da er wirklich jener Sklave sein wird, der, indessen der Herr auf einem Fest ist, an der Türe wacht und auf das Pochen horcht, um sie alsbald aufzutun. Dann wird der Herr den Sklaven am Tisch niedersitzen heißen und ihm selber zu essen auftragen.[42]

Nur dieses Warten, nur diese Aufmerksamkeit können den Herrn zu einem solchen Übermaß der Zärtlichkeit veranlassen. Wenn der Sklave sich auf dem Felde bis zur Erschöpfung abgemüht hat, spricht der Herr bei seiner Rückkehr zu ihm: Rüste die Mahlzeit und trage mir auf.[43] Und er behandelt ihn als einen unnützen Knecht,[44] der nur tut, was ihm befohlen wurde. Gewiss, man soll im Bereich des Handelns alles tun, was einem befohlen ist, um den Preis gleichviel welchen Ausmaßes an Anstrengung, Ermüdung und Leiden, denn wer nicht gehorcht, der liebt nicht. Aber nach alledem ist man doch nur ein unnützer Knecht. Dies ist eine Vorbedingung der Liebe, aber sie genügt nicht. Was den Herrn zwingt, sich zum Sklaven seines Sklaven zu machen, ihn zu lieben, ist nichts dergleichen; noch weniger ist dies eine Sache, die der Sklave aus eigenem Antrieb zu unternehmen verwegen genug wäre; dies ist einzig und allein das Wachen, das Warten und die Aufmerksamkeit.

Die also sind glücklich zu schätzen, die ihre Jugendjahre nur damit hinbringen, dieses Vermögen zur Aufmerksamkeit zu entwickeln. Gewiss, sie sind dem Guten nicht näher als ihre Brüder, die auf dem Felde und in den Fabriken arbeiten. Sie sind ihm auf eine andere Weise nahe. Die Landleute, die Arbeiter besitzen jene Nachbarschaft zu Gott, von unvergleichlicher Würze, welche am Grunde der Armut liegt, am Grunde des Mangels an sozialem Ansehen und am Grunde der langen und langsam schleichenden Leiden. Aber wenn man die Beschäftigungen an sich betrachtet, so führen die Studien näher zu Gott hin, auf Grund dieser Aufmerksamkeit, die ihre Seele ist. Wer lange Jahre seines Lebens dem Studium widmet, ohne diese Aufmerksamkeit in sich zu entwickeln, hat einen großen Schatz verloren.

Die Aufmerksamkeit ist nicht nur der wesentliche Gehalt der Gottesliebe. Auch die Nächstenliebe, von der wir wissen, dass sie die gleiche Liebe ist, ist aus dem gleichen Stoff gemacht. Die Unglücklichen bedürfen keines anderen Dinges in dieser Welt als solcher Menschen, die fähig sind, ihnen ihre Aufmerksamkeit zuzuwenden. Die Fähigkeit, einem Unglücklichen seine Aufmerksamkeit zuzuwenden, ist etwas sehr Seltenes und sehr Schwieriges; sie ist beinahe ein Wunder; sie ist ein Wunder. Fast alle, die diese Fähigkeit zu besitzen glauben, besitzen sie nicht. Die Wärme des Gefühls, die Bereitschaft des Herzens, das Mitleid genügen hierzu nicht.

In der frühen Gralssage heißt es von dem Gral, einem wunderbaren Stein, der durch die Kraft der konsekrierten Hostie jeden Hunger sättigt, dass er dem zu eigen gehört, der an den Hüter, einen von der schmerzlichsten Verwundung zu drei Vierteln gelähmten König, als Erster die Frage stellt: »Welches Leiden quält dich?«[45]

Die Fülle der Nächstenliebe besteht einfach in der Fähigkeit, den Nächsten fragen zu können: »Welches Leiden quält dich?« Sie besteht in dem Bewusstsein, dass der Unglückliche existiert, nicht als Einzelteil einer Serie, nicht als ein Exemplar der sozialen Kategorie, welche die Aufschrift »Unglückliche« trägt, sondern als Mensch, der völlig unseresgleichen ist und dem das Unglück eines Tages einen unnachahmbaren Stempel aufgeprägt hat. Hierzu genügt es – aber das ist zugleich auch unerlässlich –, dass man versteht, einen gewissen Blick auf ihn zu richten.

Dieser Blick ist vor allem ein aufmerksamer Blick, wobei die Seele sich jedes eigenen Inhalts entleert, um das Wesen, das sie betrachtet, so wie es ist, in seiner ganzen Wahrheit, in sich aufzunehmen. Eines solchen Blickes ist nur fähig, wer der Aufmerksamkeit fähig ist.

So ist es wahr, obgleich es paradox scheint, dass eine Übersetzung aus dem Lateinischen, eine Geometrieaufgabe, selbst wenn sie uns missraten sind, vorausgesetzt nur, man habe die angemessene Art von Anstrengung auf sie verwandt, uns eines Tages, später, wenn sich die Gelegenheit dazu bietet, besser in den Stand setzen können, einem Unglücklichen im Augenblick der höchsten Not genau die Hilfe zu bringen, die seine Rettung bewirkt.

Für einen jungen Menschen, der fähig wäre, diese Wahrheit zu fassen, und hochherzig genug, diese Frucht vor allen anderen zu begehren, besäßen die Studien die Fülle ihrer geistlichen Wirksamkeit, selbst außerhalb jedes religiösen Glaubens.

Die Schulstudien sind einer jener Äcker, in denen eine Perle verborgen ist, um deretwillen es der Mühe wert ist, all seine Güter zu verkaufen, ohne etwas für sich zurückzubehalten, um sie erwerben zu können.

Die Gottesliebe und das Unglück

Unter allen Leiden, die uns zustoßen können, ist das Unglück etwas Besonderes, etwas Einzigartiges und Unvergleichliches. Es ist etwas völlig anderes als das bloße Leiden. Es bemächtigt sich der Seele und prägt ihr bis ins Innerste einen Stempel auf, der nur ihm allein gehört: den Stempel der Sklaverei. Die Sklaverei, so wie sie im alten Rom in Brauch war, ist nur die äußerste Form des Unglücks. Die Alten, die in dieser Hinsicht wohl Bescheid wussten, pflegten zu sagen: »An dem Tage, wo ein Mensch zum Sklaven wird, verliert er die Hälfte seiner Seele.«[46]

Das Unglück ist untrennbar von dem körperlichen Leiden und dennoch etwas völlig Verschiedenes. Wenn wir leiden, ist alles, was nicht mit körperlichem Schmerz oder etwas Ähnlichem verbunden ist, künstlich, imaginär, und kann durch eine entsprechende Geisteshaltung aufgehoben werden. Selbst im Falle der Abwesenheit oder des Todes eines geliebten Wesens ist der unaufhebbare Teil des Kummers etwas wie ein körperlicher Schmerz, eine Beklemmung des Atems, eine schraubende Klammer um das Herz, oder ein ungestilltes Bedürfnis, ein Hunger, oder auch die beinahe biologische Störung, die das plötzliche Freiwerden einer bisher durch eine Bindung ausgerichteten und nun ferner nicht mehr gelenkten Energie verursacht. Ein seelischer Schmerz, der nicht mit allen Fasern um solch einen nicht zu bewältigenden Kern geballt ist, ist bloße Romantik, bloße Literatur. Auch die Demütigung ist ein gewaltsamer Zustand des gesamten körperlichen Seins, das sich unter der Kränkung aufbäumen möchte und sich dennoch unter dem Zwang der Ohnmacht oder der Furcht zurückhalten muss.

Ein nur körperlicher Schmerz hingegen ist etwas Geringes und hinterlässt keine Spuren in der Seele. So zum Beispiel der Zahnschmerz: ein verdorbener Zahn verursacht einige Stunden lang die heftigsten Schmerzen; sind sie vorüber, so sind sie wie nicht gewesen.

Anders verhält es sich mit einem sehr lang andauernden oder sehr häufigen körperlichen Leiden. Aber ein solches Leiden ist oft etwas völlig anderes als ein Leiden; es ist oft ein Unglück.

Das Unglück ist eine Entwurzelung des Lebens, etwas, das in mehr oder minder abgeschwächter Form dem Tode gleichkommt, etwas, das der Seele unabweisbar gegenwärtig ist durch den Zugriff oder die unmittelbare Drohung des körperlichen Schmerzes. Fehlt jeder körperliche Schmerz, so handelt es sich für die Seele nicht um wirkliches Unglück, weil der Geist sich jedem beliebigen Gegenstand zuwenden kann. Unser Geist flieht das Unglück ebenso unverzüglich, ebenso unwiderstehlich, wie ein Tier den Tod flieht. Einzig und allein dem physischen Schmerz ist hienieden Gewalt gegeben, den Geist zu fesseln; vorausgesetzt, dass man dem physischen Schmerz gewisse schwer zu beschreibende, aber jedenfalls körperliche Phänomene gleichstellt, die ihm im strengen Sinne gleichwertig sind. Von dieser Art ist namentlich die Furcht vor körperlichem Schmerz.

Unterliegt der Geist durch den Zugriff eines körperlichen Schmerzes, und sei er noch so leicht, dem Zwang, die Anwesenheit des Unglücks anzuerkennen, so ist die Folge ein ebenso gewaltsamer Zustand wie der eines Verurteilten, der gezwungen wäre, lange Stunden hindurch das Fallbeil zu betrachten, das ihm den Kopf abschneiden wird. Es gibt menschliche Wesen, die zwanzig, fünfzig Jahre in diesem gewaltsamen Zustand leben. Man geht an ihnen vorbei, ohne etwas zu bemerken. Welcher Mensch ist imstande, sie zu unterscheiden, wenn nicht Christus selbst aus seinen Augen blickt? Man bemerkt nur, dass sie sich bisweilen sonderbar betragen, und man tadelt dieses Betragen.

Wahrhaftes Unglück liegt nur dann vor, wenn das Ereignis, das ein Leben ergriffen und entwurzelt hat, es unmittelbar oder mittelbar in allen seinen Teilen, in seinem sozialen, psychologischen und physischen Teil, getroffen hat. Der soziale Faktor ist wesentlich. Nur dort gibt es wahrhaftes Unglück, wo auch in irgendeiner Form ein sozialer Abstieg oder die Furcht vor einem solchen Abstieg vorliegt.

Zwischen dem Unglück und jeder Art seelischen Leidens, das, selbst wenn es sehr heftig, sehr tief und sehr hartnäckig ist, doch etwas anderes ist als das eigentliche Unglück, besteht zugleich die Verbindung und die Trennung einer Schwelle, gleich dem Hitzegrad, bei welchem das Wasser zu kochen beginnt. Es gibt hier eine Grenze, jenseits deren das Unglück liegt, und nicht diesseits. Diese Grenze ist keine rein objektive; es spielen hier noch die verschiedensten persönlichen Faktoren mit hinein. Das gleiche Ereignis kann ein menschliches Wesen ins Unglück stürzen, und ein anderes nicht.

Das große Rätsel des menschlichen Lebens ist nicht das Leiden, sondern das Unglück. Es ist nicht verwunderlich, dass man Unschuldige tötet, foltert, aus ihrer Heimat vertreibt, ins Elend oder in die Sklaverei stößt, in Lagern oder Kerkern einsperrt, denn es finden sich Verbrecher, um solche Handlungen zu begehen. Ebenso wenig ist es verwunderlich, dass die Krankheit zu langen Leiden verurteilt, die das Leben lähmen und es in ein Bild des Todes verwandeln, denn die Natur ist einem blinden Kräftespiel mechanischer Notwendigkeiten unterworfen. Verwunderlich aber ist es, dass Gott dem Unglück die Macht verliehen hat, die Seele selbst der Unschuldigen zu ergreifen und sich zum unumschränkten Herrn und Meister über sie aufzuwerfen. Bestenfalls wird der, dem das Unglück seinen Stempel aufprägt, nur die Hälfte seiner Seele bewahren.

Diejenigen, die von einem jener Schicksalsschläge getroffen wurden, nach welchen ein Wesen sich wie ein halb zertretener Wurm am Boden windet, haben keine Worte, um auszudrücken, was ihnen widerfährt. Unter denen, die ihnen begegnen, haben diejenigen, die, auch wenn sie selber viel gelitten haben, doch niemals mit dem eigentlichen Unglück in Berührung gekommen sind, auch nicht die geringste Vorstellung davon, was das ist. Es ist etwas Einzigartiges, Unvergleichliches, wie die Töne, von denen nichts einem Taubstummen einen Begriff vermitteln kann. Und diejenigen, die selber von dem Unglück verstümmelt worden sind, sind außerstande, irgendjemandem Beistand zu leisten, und fast unvermögend, auch nur Verlangen danach zu tragen. So ist das Mitleid mit den Unglücklichen eine Unmöglichkeit. Wenn es sich wahrhaft ereignet, ist es ein Wunder, staunenswürdiger als das Wandeln auf dem Wasser, die Heilung der Kranken und sogar die Auferweckung eines Toten.

Das Unglück hat Christus gezwungen, um Schonung zu flehen, bei den Menschen Trost zu suchen, sich von seinem Vater verlassen zu glauben.[47] Es hat einen Gerechten gezwungen, gegen Gott aufzuschreien, einen Gerechten, der so vollkommen war, wie die nur menschliche Natur dies zulässt, ja mehr noch vielleicht, falls Hiob weniger eine geschichtliche Person als eine Figur Christi ist. »Er lacht des Unglücks der Unschuldigen.«[48] Das ist keine Lästerung, sondern ein echter, dem Schmerz entrissener Aufschrei. Das Buch Hiob ist von einem Ende zum andern ein reines Wunder an Wahrheit und Echtheit. Hinsichtlich des Unglücks ist alles, was von diesem Vorbild abweicht, mehr oder minder von Lüge befleckt.

Das Unglück lässt Gott auf eine Zeit abwesend sein, abwesender als ein Toter, abwesender als das Licht in einem völlig finsteren Kerkerloch. Eine Art von Grauen überflutet die ganze Seele. Während dieser Abwesenheit gibt es nichts, das man lieben könnte. Das Schreckliche ist, dass wenn die Seele in diesen Finsternissen, wo nichts ist, das sie lieben könnte, aufhört zu lieben –, dass dann die Abwesenheit Gottes endgültig wird. Die Seele muss fortfahren, ins Leere hinein zu lieben, oder zumindest lieben zu wollen, sei es auch nur mit dem winzigsten Teil ihrer selbst. Dann eines Tages naht sich Gott selbst und zeigt sich ihr und enthüllt ihr die Schönheit der Welt, wie dies bei Hiob der Fall war.[49] Hört aber die Seele auf zu lieben, so stürzt sie schon hienieden in etwas hinab, das fast der Hölle gleichkommt.

Darum töten diejenigen die Seelen, welche solche Menschen ins Unglück stürzen, die auf seinen Empfang nicht vorbereitet sind. Anderseits ist in einer Zeit wie der unsrigen, wo das Unglück jeden bedroht, die Hilfe, die man den Seelen bringt, nur dann wirksam, wenn sie so weit geht, die Seelen wirklich auf das Unglück vorzubereiten. Und das ist nichts Geringes.

Das Unglück verhärtet und lässt verzweifeln, weil es der Seele bis auf den Grund, gleich einem glühenden Eisen, jene Verachtung einprägt, jenen Ekel und sogar jenen Abscheu vor sich selbst, jene Empfindung der Schuld und der Befleckung, die logischerweise das Verbrechen hervorrufen müsste und nicht hervorruft. Das Böse wohnt in der Seele des Verbrechers, ohne dort empfunden zu werden. Es wird empfunden in der Seele des unglücklichen Unschuldigen. Alles geschieht, als ob die seelische Verfassung, die ihrem Wesen nach dem Verbrecher zukommt, von dem Verbrechen getrennt und mit dem Unglück verbunden worden wäre; ja sogar gemäß der Unschuld des Unglücklichen.

Wenn Hiob seine Unschuld mit solchen Schreien der Verzweiflung beteuert, so tut er dies, weil es ihm selbst nicht mehr gelingt, daran zu glauben, weil er in seiner Seele die Partei seiner Freunde ergreift. Er fleht Gott selber um ein Zeugnis an, weil er das Zeugnis seines eigenen Gewissens nicht mehr vernimmt; es ist für ihn nur noch eine abstrakte, eine tote Erinnerung.

Die fleischliche Natur ist dem Menschen gemeinsam mit dem Tier. Die Hühner stürzen sich mit Schnabelhieben auf ein verwundetes Huhn. Dies ist ein ebenso mechanisches Phänomen wie die Schwerkraft. Alle Verachtung, allen Abscheu, allen Hass, die unsere Vernunft mit dem Verbrechen verbindet, verbindet unser Empfindungsvermögen mit dem Unglück. Ausgenommen diejenigen, deren Seele ganz von Christus ausgefüllt ist, verachtet jedermann die Unglücklichen mehr oder weniger, obgleich fast niemand sich dessen bewusst ist.

Dieses Gesetz unseres Empfindungsvermögens gilt auch in Hinsicht auf uns selbst. Diese Verachtung, dieser Abscheu, dieser Hass kehren sich bei dem Unglücklichen gegen ihn selber, dringen in das Innerste der Seele ein und färben von dort mit ihrer vergifteten Färbung auf die ganze Welt ab. Wenn die übernatürliche Liebe am Leben geblieben ist, so kann sie verhindern, dass diese zweite Wirkung, nicht aber, dass die erste Wirkung sich einstellt. Die erste Wirkung ist das eigentliche Wesen des Unglücks; dort, wo sie nicht eintritt, liegt kein echtes Unglück vor.

»Er ist zu einem Fluch gemacht worden um unsertwillen.«[50] Nicht nur der Leib Christi, der am Holze hing, ist zum Fluch gemacht worden, sondern auch seine ganze Seele. Ebenso fühlt jeder Unschuldige im Unglück sich verflucht. Dies gilt sogar noch für diejenigen, die im Unglück waren und durch einen Wechsel des Schicksals ihm wieder entrissen wurden, wenn der Biss des Unglücks tief genug war.

Eine andere Wirkung des Unglücks ist, dass es die Seele nach und nach zu seinem Mithelfer macht, indem es ihr ein Gift der Trägheit einspritzt. Jeder, der lange genug unglücklich war, handelt wie in heimlichem Einverständnis mit seinem eigenen Unglück. Dieses Einverständnis hemmt alle Anstrengungen, die er etwa machen könnte, um sein Los zu verbessern; es geht so weit, dass es ihn hindert, die Mittel zu seiner Befreiung zu suchen, mitunter sogar so weit, dass es ihn hindert, diese Befreiung auch nur zu wünschen. Dann hat er sich in seinem Unglück eingerichtet, und die Menschen können glauben, er sei zufrieden. Ja mehr noch, dieses Einverständnis kann dahin führen, dass er, sich selber unbewusst, die Mittel und Wege zur Befreiung meidet und flieht; wobei es sich dann hinter oftmals lächerlichen Vorwänden verschanzt. Selbst bei dem, welcher dem Unglück entronnen ist, bleibt dennoch, wenn der Biss für immer bis auf den Grund der Seele gedrungen ist, so etwas wie ein Trieb vorhanden, sich von neuem ins Unglück zu stürzen; gleichsam, als habe dieses sich nach Art eines Schmarotzers in ihm eingenistet, um ihn nach seinen eigenen Zwecken zu lenken. Dieser Antrieb ist bisweilen mächtiger als alle Regungen der Seele, die nach dem Glück streben. War das Aufhören des Unglücks einer Wohltat zu verdanken, so kann dieser Trieb von Hass gegen den Wohltäter begleitet sein; dies ist die Ursache gewisser scheinbar unerklärlicher Handlungen des schnödesten Undanks. Es ist mitunter leicht, einen Unglücklichen von seinem gegenwärtigen Unglück zu befreien, aber es ist schwer, ihn von seinem vergangenen Unglück zu befreien. Das kann nur Gott allein. Doch selbst die Gnade Gottes heilt hienieden nicht die unheilbar verletzte Natur. Der verklärte Leib Christi trug die Wundmale.

Man kann das Vorhandensein des Unglücks nur hinnehmen, wenn man es als einen Abstand betrachtet.

Gott hat seine Schöpfung aus Liebe, um der Liebe willen erschaffen. Gott hat nichts anderes erschaffen als die Liebe selbst und die Mittel der Liebe. Er hat alle Formen der Liebe erschaffen. Er hat in allen möglichen Abständen Wesen erschaffen, die der Liebe fähig sind. Und er selbst ist, weil kein anderer es tun konnte, bis in die äußerste Entfernung, den unendlichen Abstand von sich selber hinausgegangen. Dieser unendliche Abstand zwischen Gott und Gott – äußerste Zerreißung, Schmerz, dem kein anderer gleichkommt, Wunder der Liebe –, dieser Abstand ist die Kreuzigung. Nichts kann von Gott entfernter sein als das, was zu einem Fluch gemacht worden ist.

Diese Zerreißung, über welche die höchste Liebe das Band der höchsten Einigung ausspannt, hallt unaufhörlich durch das ganze Weltall, vom Grunde des Schweigens, gleich zwei getrennten und verschmolzenen Tönen, als eine reine, eine herzzerreißende Harmonie. Dies ist das Wort Gottes. Die ganze Schöpfung ist nichts als sein Erklingen. Wenn die menschliche Musik in ihrer größten Reinheit uns durch die Seele dringt, so ist es dies, was wir durch sie hindurch vernehmen. Wenn wir gelernt haben, das Schweigen zu hören, so ist es dies, was wir, noch vernehmlicher, durch es hindurch erfassen.

Die in der Liebe ausdauern, hören diesen Ton auf dem tiefsten Grunde ihrer Verlorenheit, wohin das Unglück sie hinabgestoßen. Von diesem Augenblick an sind sie allen Zweifeln enthoben.

Die Menschen, die das Unglück getroffen hat, sind am Fuße des Kreuzes, beinahe in der größtmöglichen Entfernung von Gott. Man soll nicht glauben, die Sünde sei eine größere Entfernung. Die Sünde ist keine Entfernung. Sie ist eine falsche Blickrichtung.

Es besteht freilich ein geheimnisvoller Zusammenhang zwischen dieser Entfernung und einem uranfänglichen Ungehorsam. Von Urbeginn an hat die Menschheit, wie uns gesagt ist, ihren Blick von Gott abgewandt und ihren Weg in verkehrter Richtung genommen, so weit ihre Schritte sie führen konnten. Denn damals konnte sie noch schreiten. Wir aber, wir sind wie mit Nägeln festgebannt; nur unsere Blicke sind frei, sonst sind wir in allem der Notwendigkeit unterworfen. Ein blinder Mechanismus, der auch der höchsten geistlichen Vollkommenheit nicht achtet, schüttelt und schwenkt die Menschen unaufhörlich hin und her und schleudert einige unmittelbar zu Füßen des Kreuzes hin. Es hängt nur von ihnen ab, ob sie durch diese Erschütterungen hindurch die Augen auf Gott geheftet halten oder nicht. Nicht als ob Gottes Vorsehung abwesend wäre. Sondern durch seine Vorsehung hat Gott die Notwendigkeit als einen blinden Mechanismus gewollt.

Wäre dieser Mechanismus nicht blind, so gäbe es überhaupt kein Unglück. Das Unglück ist vor allem anonym, es beraubt den, welchen es ergreift, seiner Persönlichkeit und macht ihn zu einer Sache. Es ist gleichgültig, und die Kälte dieser Gleichgültigkeit, eine metallische Kälte, lässt die Seele derer, die sie berührt, bis auf den innersten Grund hinab erstarren. Sie werden niemals wieder erwarmen. Sie werden niemals wieder glauben, dass sie jemand sind.

Ohne den Teil Zufall, den es enthält, hätte das Unglück nicht diese Wirkung. Die um ihres Glaubens willen verfolgt werden und dies wissen, sind keine Unglücklichen, ihre Leiden mögen noch so groß sein. Sie stürzen nur dann in das Unglück hinab, wenn das Leiden oder die Furcht ihre Seele in solchem Grade überwältigt, dass sie den Grund der Verfolgung vergessen. Die Märtyrer, die unter Gesängen in die Arena einzogen, wo sie von wilden Tieren zerrissen werden sollten, waren keine Unglücklichen. Christus war ein Unglücklicher. Er ist nicht als Märtyrer gestorben. Er ist als ein gemeiner Verbrecher gestorben, den Schächern gleichgeachtet, nur noch ein wenig lächerlicher. Denn das Unglück ist lächerlich.

Nichts außer der blinden Notwendigkeit kann einen Menschen an den Punkt des äußersten Abstandes, unmittelbar neben das Kreuz schleudern. Die menschlichen Verbrechen, die meistens die Ursache des Unglücks sind, bilden einen Teil der blinden Notwendigkeit, denn die Verbrecher wissen nicht, was sie tun.[51]

Es gibt zwei Formen der Freundschaft, die Begegnung und die Trennung. Sie sind unlösbar verbunden. In beiden liegt das gleiche Gut, das einzige Gut beschlossen: die Freundschaft. Denn wenn zwei Wesen, die keine Freunde sind, einander nahe sind, so findet doch keine Begegnung statt. Und wenn sie voneinander entfernt sind, findet doch keine Trennung statt. Da diese beiden Formen das gleiche Gut einschließen, sind sie beide gleich gut.

Gott erzeugt, Gott erkennt sich selbst in vollkommener Weise, wie wir auf klägliche Weise Gegenstände außer uns herstellen und erkennen. Aber Gott ist vor allem Liebe. Vor allem liebt Gott sich selbst. Diese Liebe, diese Freundschaft in Gott ist die Trinität. Unter den durch diesen Zusammenhang der göttlichen Liebe vereinigten Gliedern besteht mehr als nur Nähe; es ist ein unendliches Nahesein, die Wesensselbigkeit. Aber durch die Schöpfung, die Inkarnation, die Passion besteht auch ein unendlicher Abstand. Die Gesamtheit des Raumes, die Gesamtheit der Zeit, ihre dichte Masse dazwischensetzend, legen einen unendlichen Abstand zwischen Gott und Gott.

Die Liebenden, die Freunde haben ein doppeltes Begehren. Einmal das Begehren, sich so sehr zu lieben, dass sie ineinander aufgehen und nur noch ein einziges Wesen bilden. Und das andere Begehren, sich so sehr zu lieben, dass, ob auch der halbe Erdball zwischen ihnen liegt, ihre Vereinigung dennoch keine Minderung erleidet. Alles, was der Mensch hienieden vergeblich begehrt, ist in Gott vollkommen und wirklich. Alle diese unmöglichen Begehrungen sind in uns gleichsam als ein Merkmal unserer Bestimmung, und sie sind gut für uns, sobald wir uns jeder Hoffnung auf ihre Erfüllung begeben.

Die Liebe zwischen Gott und Gott, die selber Gott ist, ist jenes Band einer zweifachen Kraft und Wirksamkeit; jenes Band, das zwei Wesen in solchem Grade vereinigt, dass sie ununterscheidbar und wirklich Eines sind, jenes Band, das sich über den Abstand spannt und eine unendliche Trennung überwindet. Die Einheit Gottes, in der jede Vielheit verschwindet, die Verlassenheit, in der Christus sich zu befinden glaubt, ohne dass er aufhört, seinen Vater mit vollkommener Liebe zu lieben, dies sind zwei Formen der gleichen Kraft der göttlichen Liebe, die Gott selbst ist.

Gott ist so wesenhaft Liebe, dass die Einheit, die gewissermaßen seine Wesensbestimmung selbst ist, eine einfache Wirkung der Liebe ist. Und der unendlichen Einungskraft dieser Liebe entspricht die unendliche Trennung, die sie überwindet, welche die gesamte Schöpfung ist, hingebreitet durch die Gesamtheit des Raumes und der Zeit, aus mechanisch rohem Stoff gemacht, eingefügt zwischen Christus und seinen Vater.

Wir Menschen empfangen durch unser Elend das unendlich kostbare Vorrecht der Teilhabe an diesem Abstand, der sich zwischen dem Sohne und dem Vater erstreckt. Aber dieser Abstand ist Trennung nur für die Liebenden; und für die Liebenden ist die

Trennung, obwohl sie schmerzt, ein Gut, weil sie Liebe ist. Selbst die Qual des verlassenen Christus ist ein Gut. Es kann kein größeres Gut für uns hienieden geben als die Teilhabe an dieser Qual. Gott kann uns hienieden nicht vollkommen gegenwärtig sein, auf Grund des Fleisches. Aber er kann im äußersten Unglück beinahe vollkommen abwesend von uns sein. Dies ist für uns auf Erden die einzig mögliche Vollkommenheit. Darum ist das Kreuz unsere einzige Hoffnung. »Kein Wald bringt solchen Baum hervor, mit dieser Blüte, diesem Laub und dieser Frucht.«[52]

Dieses Weltganze, in dem wir leben, von dem wir ein Teilchen sind, ist dieser Abstand, den die göttliche Liebe zwischen Gott und Gott gesetzt hat. Wir sind ein Punkt in diesem Abstand. Der Raum, die Zeit und der Mechanismus, der die Materie lenkt, sind dieser Abstand. Alles, was wir das Böse und das Übel nennen, ist nur dieser Mechanismus. Gott hat es so eingerichtet, dass seine Gnade, wenn sie in das innerste Zentrum eines Menschen eindringt und von dort sein ganzes Wesen durchleuchtet, ihm gestattet, ohne Verletzung der Naturgesetze auf dem Wasser zu wandeln. Aber wenn ein Mensch sich von Gott abkehrt, liefert er sich einfach der Schwerkraft aus. Er glaubt dann noch zu wollen und zu wählen, aber er ist nur noch eine Sache, ein fallender Stein.[53] Wenn man die menschlichen Seelen und die menschlichen Gemeinschaften mit wirklich aufmerksamen Blicken aus der Nähe betrachtet, so erkennt man, dass überall dort, wo die Wirkkraft des übernatürlichen Lichtes abwesend ist, alles mechanischen Gesetzen gehorcht, die ebenso blind und präzis sind wie die Fallgesetze der Körper. Dies zu wissen ist wohltätig und notwendig. Die wir Verbrecher nennen, sind nur Ziegel, die der Wind von einem Dach gelöst hat und die aufs Geratewohl niederstürzen. Ihr einziges Vergehen ist die zu Anfang getroffene Entscheidung, die sie zu diesen Ziegeln gemacht hat.

Der Mechanismus der Notwendigkeit äußert sich entsprechend in allen Bereichen und bleibt in allen sich selber gleich, im Bereich des rohen Stoffes, in der pflanzlichen Welt, im Tierreich, in den Völkern, in den Seelen. Von dem Punkt aus betrachtet, an dem wir uns befinden, unter unserem Gesichtswinkel, ist er ein völlig blindes Geschehen. Wenn wir aber unser Herz aus uns selber hinaus versetzen, außerhalb des Universums, außerhalb von Zeit und Raum, dorthin, wo unser Vater ist, und wenn wir von dort auf diesen Mechanismus blicken, so erscheint er uns gänzlich anders. Was Notwendigkeit schien, wird Gehorsam. Die Materie ist völlige Passivität und also völliger Gehorsam gegen den Willen Gottes. Sie ist ein vollkommenes Vorbild für uns. Es kann kein anderes Sein geben als Gott und das, was Gott gehorcht. Ihres vollkommenen Gehorsams wegen verdient die Materie die Liebe derer, die den Herrn und Meister der Materie lieben, wie ein Liebhaber voller Zärtlichkeit die Nadel betrachtet, die seine tote Geliebte einst in ihren Händen gehalten hat. Dass sie diesen Anteil an unserer Liebe verdient, lehrt uns die Schönheit der Welt. In der Schönheit der Welt wird die rohe Notwendigkeit zum Gegenstand der Liebe. Nichts ist so schön wie die Schwerkraft in den flüchtig sich kräuselnden Wellen des Meeres oder die beinahe ewigen Faltungen der Gebirge.

Das Meer ist in unseren Augen nicht weniger schön, weil wir wissen, dass die Schiffe bisweilen in seiner Flut versinken. Im Gegenteil, es ist deshalb nur umso schöner. Wenn es die Bewegung seiner Wogen änderte, um ein Schiff zu verschonen, so wäre es ein mit Unterscheidungsvermögen und Wahlfreiheit begabtes Wesen und nicht diese jedem äußeren Druck vollkommen gehorsame Flüssigkeit. Dieser vollkommene Gehorsam ist seine Schönheit.

Alles Entsetzliche, das in dieser Welt geschieht, ist wie Wellengekräusel, das die Schwerkraft verursacht. Deshalb liegt eine Schönheit darin. Mitunter lässt ein Gedicht, wie etwa die *Ilias*, uns diese Schönheit empfinden.

Der Mensch kann sich niemals dem Gehorsam gegen Gott entziehen. Ein Geschöpf kann nicht nicht gehorchen. Die einzige Wahl, die dem Menschen als einem vernunftbegabten und freien Geschöpf offensteht, ist die Entscheidung darüber, ob er diesen Gehorsam begehrt oder nicht begehrt. Wenn er ihn nicht begehrt, so gehorcht er nichtsdestoweniger unaufhörlich, insofern er der mechanischen Notwendigkeit unterworfen ist. Und wenn er ihn begehrt, so bleibt er zwar der mechanischen Notwendigkeit unterworfen, aber es tritt nun eine neue Notwendigkeit hinzu, eine Notwendigkeit, wie die Gesetze sie begründen, die den übernatürlichen Dingen eigen sind. Gewisse Handlungen werden für ihn unmöglich, andere geschehen durch ihn hindurch, bisweilen fast, ohne dass er es will.

Hat man dabei gelegentlich die Empfindung, Gott nicht gehorcht zu haben, so besagt dies einfach, dass man eine Zeitlang aufgehört hat, den Gehorsam zu begehren. Es versteht sich, dass, wenn auch sonst alles gleich ist, ein Mensch nicht die nämlichen Handlungen verrichtet, je nachdem, ob er in den Gehorsam einwilligt oder nicht; ebenso wie eine Pflanze, wenn auch alle übrigen Bedingungen die gleichen sind, nicht auf die nämliche Weise wächst und sich entfaltet, je nachdem, ob sie sich im Licht oder im Finstern befindet. Die Pflanze übt keinerlei Kontrolle aus, sie besitzt keinerlei Freiheit, über ihr eigenes Wachstum zu entscheiden. Wir unserseits sind gleichsam wie Pflanzen, denen die einzige Entscheidung freigestellt wäre, ob sie sich dem Licht aussetzen wollen oder nicht.

Christus hat uns die Fügsamkeit der Materie als Vorbild hingestellt, als er uns den Rat gab, die Lilien des Feldes zu betrachten, die weder arbeiten noch spinnen.[54] Das heißt, sie haben sich nicht vorgesetzt, diese oder jene Farbe anzulegen; sie haben weder ihren Willen in Bewegung gesetzt, noch irgendwelche Mittel auf diesen Zweck hingeordnet; sie haben alles empfangen, was die Naturnotwendigkeit ihnen zubrachte. Wenn sie uns unendlich viel schöner erscheinen als prächtige Stoffe, so nicht deshalb, weil sie prächtiger wären, sondern wegen dieser Gefügigkeit. Auch das Gewebe ist gefügig, aber es fügt sich dem Menschen, nicht Gott. Die Materie ist nicht schön, wenn sie dem Menschen gehorcht, nur wenn sie Gott gehorcht. Wenn sie mitunter in einem Kunstwerk fast ebenso schön erscheint wie in dem Meer, den Gebirgen oder den Blumen, so rührt dies daher, dass der Künstler von Gottes Licht erfüllt war. Um auch solche Dinge schön zu finden, die von Menschen hergestellt wurden, denen Gottes Erleuchtung nicht zuteilgeworden ist, muss man mit ganzer Seele begriffen haben, dass diese Menschen selber nur unwissentlich gehorchende Materie sind. Wer dahin gelangt ist, für den ist unbedingt alles hienieden vollkommen schön. In allem Dasein, in allen Hervorbringungen erkennt er den Mechanismus der Notwendigkeit, und in der Notwendigkeit kostet er die unendliche Süßigkeit des Gehorsams. Dieser Gehorsam der Dinge ist für uns in Bezug auf Gott das, was die Durchsichtigkeit eines Fensterglases in Bezug auf das Licht ist. Sobald wir diesen Gehorsam mit unserm ganzen Wesen empfinden, sehen wir Gott.

Wenn wir eine Zeitung verkehrt herum halten, so fallen uns die seltsamen Formen der gedruckten

Buchstaben auf. Wenn wir sie in die angemessene Lage bringen, sehen wir keine Buchstaben mehr, wir sehen Worte. Der Passagier eines Schiffes, das in einen Sturm geraten ist, fühlt jede Erschütterung als etwas, das seine innersten Eingeweide umkehrt. Der Kapitän erfasst darin nur das vielfältige Zusammenwirken des Windes, der Strömung, des Seegangs mit der Anlage des Schiffes, seiner Gestalt, seinem Segelwerk, seiner Steuerung.

Wie man lesen lernt, wie man ein Handwerk lernt, ebenso lernt man, in allen Dingen vornehmlich und fast ausschließlich den Gehorsam des Universums gegen Gott empfinden. Das ist wirklich eine Lehre. Wie jede Lehre erfordert sie Anstrengungen und Zeit. Für den, der das Ziel erreicht hat, bestehen nun ferner zwischen den Dingen, den Geschehnissen keine größeren Unterschiede als der, den ein des Lesens Kundiger angesichts des nämlichen Satzes empfindet, welcher einmal mit roter, ein andermal mit blauer Tinte geschrieben, bald mit diesen, bald mit jenen Lettern gedruckt ist. Wer des Lesens unkundig ist, sieht dort nichts als Unterschiede. Für den des Lesens Kundigen aber ist dies alles gleichwertig, weil es ja stets derselbe Satz ist. Wer seine Lehre beendet hat, für den sind alle Dinge und Geschehnisse überall und immer das Erklingen ein und desselben unendlich sanften göttlichen Wortes. Das soll nicht heißen, dass er nicht leidet. Der Schmerz ist die Farbe gewisser Geschehnisse. Angesichts eines mit roter Tinte geschriebenen

Satzes erblicken sowohl der des Lesens Kundige wie der Unkundige beide gleicherweise Rotes; doch die rote Farbe hat für den einen nicht die nämliche Bedeutung wie für den andern.

Wenn ein Lehrling sich verletzt hat oder auch über Erschöpfung klagt, so haben die Arbeiter, die Bauern diesen schönen Ausdruck: »Das ist das Handwerk, das ihm in den Leib dringt.« Jedes Mal, wenn uns ein Schmerz widerfährt, dürfen wir uns wahrhaft sagen, dass es das Universum, die Weltordnung, die Schönheit der Welt, der Gehorsam der Schöpfung gegen Gott sind, die in unseren Körper eindringen. Wie also sollten wir die Liebe, die uns diese Gabe sendet, nicht mit der zärtlichsten Dankbarkeit segnen?

Freude und Schmerz sind gleich kostbare Gaben, und es gilt, sie eines wie das andere völlig auszukosten, jedes in seiner Reinheit, ohne dass man sie zu vermischen versuchte. Durch die Freude dringt die Schönheit der Welt in unsere Seele ein. Durch den Schmerz dringt sie in unseren Körper ein. Die Freude allein genügt ebenso wenig, dass wir Gottes Freunde werden, wie das Studium der Schifffahrtskunde aus den Handbüchern allein genügt, um Kapitän zu werden. Der Körper nimmt in jeder Lehre teil. Im Bereich der körperlichen Empfindungen stellt einzig der Schmerz die Berührung mit jener Notwendigkeit her, auf welcher die Weltordnung beruht; denn die Lust enthält keinen Eindruck einer Notwendigkeit. Es ist ein höherer Teil unseres Empfindungsvermögens, der imstande ist, in der Freude die Notwendigkeit zu empfinden, und dies allein durch Vermittlung des Gefühls für das Schöne. Auf dass unser ganzes Wesen in allen seinen Teilen eines Tages fähig werde, diesen Gehorsam, der die Substanz der Materie ist, völlig zu empfinden; auf dass dieser neue Sinn sich in uns ausbilde, der uns erlaubt, das Universum als das Erklingen des Gotteswortes zu vernehmen – dazu sind die verwandelnde Kraft des Schmerzes und die der Freude beide gleicherweise unentbehrlich. Man muss dem Schmerz wie der Freude, wenn diese oder jener sich einstellt, die innerste Mitte der Seele auftun, wie man dem Boten dessen, den man liebt, die Pforte seines Hauses auftut. Was kümmert es die Liebende, ob der Bote höflich oder ungeschlacht ist, wenn er ihr eine Botschaft überreicht?

Das Unglück aber ist nicht der Schmerz. Das Unglück ist bei weitem etwas anderes als eine Erziehungsmaßnahme Gottes.

Die Unendlichkeit der Zeit und des Raumes trennen uns von Gott. Wie sollten wir ihn suchen gehen? Wie sollten wir zu ihm gelangen? Selbst wenn wir alle Zeiten hindurch wanderten, wir täten doch nichts anderes, als die Erde umkreisen. Selbst im Flugzeug könnten wir nichts anderes tun. Wir sind außerstande, uns senkrecht aufwärts zu heben. Wir können nicht einen Schritt gegen den Himmel hinauf tun. Gott durchquert das All und kommt bis zu uns.

Über die Unendlichkeit von Zeit und Raum hinweg kommt die unendlich viel unendlichere Liebe Gottes, uns zu ergreifen. Sie kommt zu ihrer Stunde. Wir haben die Macht, sie willig in uns zu empfangen oder sie abzuweisen. Verschließen wir ihr unsere Ohren, kommt sie wie ein Bettler wieder und wieder, doch ebenso wie ein Bettler bleibt sie eines Tages aus. Öffnen wir uns ihr in Willigkeit, dann legt Gott ein kleines Samenkorn in uns nieder und geht davon. Von diesem Augenblick an hat Gott nichts weiter zu tun, und auch wir nichts, als zu warten. Nur darf es uns nicht gereuen, dass wir unsere Einwilligung, das bräutliche Jawort, gegeben haben. Das ist nicht so leicht, wie es scheint, denn das Wachstum des Samens in uns ist schmerzhaft. Mehr noch, weil wir dieses Wachstum geschehen lassen, können wir uns nicht enthalten, alles, was ihm hinderlich sein könnte, zu vernichten, das Unkraut zu entfernen, die Quecken auszujäten; und unglückseligerweise sind diese Quecken innig mit unserem eigenen Fleisch verwachsen, so dass diese gärtnerische Wartung ein gewaltsames Geschäft ist. Nichtsdestoweniger wächst das Samenkorn, alles in allem genommen, ganz von alleine. Es kommt der Tag, wo die Seele Gott gehört, wo sie nicht mehr nur in die Liebe einwilligt, sondern wo sie wahrhaft und tatsächlich liebt. Dann muss sie ihrerseits das All durchqueren, um zu Gott zu gelangen. Die Seele liebt nicht wie ein Geschöpf mit einer erschaffenen Liebe. Diese Liebe in ihr ist göttlich, unerschaffen, denn es ist die Liebe Gottes zu Gott, die durch sie hindurchgeht. Nur Gott ist fähig, Gott zu lieben. Wir können nur unsere Einwilligung geben, aller Eigengefühle ledig zu werden, damit diese Liebe ungehindert durch unsere Seele hindurchgehen kann. Das heißt sich selbst verneinen. Nur dieser Einwilligung wegen sind wir erschaffen.

Die göttliche Liebe hat die Unendlichkeit der Zeit und des Raumes durchmessen, um von Gott zu uns zu gelangen. Wie aber kann sie den gleichen Weg in umgekehrter Richtung zurücklegen, wenn sie von einem endlichen Geschöpf ausgeht? Wenn das uns eingesenkte Korn der göttlichen Liebe in uns zu einem Baum emporgewachsen ist, wie können wir, die wir es tragen, es seinem Ursprung zurückerstatten und in umgekehrter Richtung den Weg zurücklegen, auf welchem Gott zu uns gekommen ist, wie diesen unendlichen Abstand durchmessen?

Das scheint unmöglich, doch es gibt ein Mittel. Dieses Mittel ist uns wohlbekannt. Wir wissen wohl, wem dieser Baum gleicht, der in uns aufgewachsen ist, dieser herrliche Baum, auf den die Vögel des Himmels sich niederlassen. Wir wissen, welches der schönste von allen Bäumen ist. »Kein Wald bringt seinesgleichen hervor.«[55] Etwas, das noch grauenerregender ist als ein Galgen – siehe, das ist der schönste aller Bäume. Dies ist der Baum, dessen Same Gott uns eingesenkt hat, ohne dass wir wussten, was das für ein Same sei. Hätten wir es gewusst, wir hätten nicht unverzüglich unser Ja gesprochen. Dies ist der Baum, der in uns gewachsen ist, dessen Wurzeln uns unausrottbar durchdringen. Nur ein Verrat allein kann ihn entwurzeln.

Schlägt man mit dem Hammer auf einen Nagel, so dringt die Wucht des Schlages auf den breiten Nagelkopf völlig bis zur Spitze durch, ohne dass etwas verlorenginge, obwohl diese Spitze nur ein Punkt ist. Auch wenn Hammer und Nagelkopf unendlich groß wären, so geschähe doch immer das Gleiche. Die Nagelspitze teilte dem Punkt, den sie berührt, diesen unendlichen Schlag mit.

Das äußerste Unglück, das zugleich körperlicher Schmerz, seelische Qual und soziale Entwürdigung ist, stellt diesen Nagel dar. Die Spitze ruht auf dem innersten Mittelpunkt der Seele. Der Nagelkopf ist die ganze durch die Gesamtheit von Raum und Zeit verteilte Notwendigkeit.

Das Unglück ist ein Wunder der göttlichen Technik. Es ist eine simple und sinnreiche Vorrichtung, vermittels welcher diese Unermesslichkeit blinder, roher und kalter Kraft in die Seele eines endlichen Geschöpfes hineingetrieben wird. Der unendliche Abstand, der Gott von dem Geschöpf trennt, versammelt sich gänzlich auf einen Punkt, um die Seele in ihrem Zentrum zu durchbohren.

Der Mensch, dem dergleichen geschieht, hat nicht den geringsten Anteil an dieser Operation. Er sträubt sich wie ein Schmetterling, den man lebendig in ein Album aufspießt. Aber er kann durch das Grauen hindurch den Willen zur Liebe bewahren. In dieser Hinsicht gibt es keine Unmöglichkeit, kein Hindernis, fast könnte man sagen: keine Schwierigkeit. Denn der größte Schmerz, solange er noch diesseits der Bewusstlosigkeit bleibt, berührt nicht jenen Punkt der Seele, der willig auf das Gute gerichtet bleibt.

Man muss nur wissen, dass die Liebe eine Richtung und nicht ein Zustand der Seele ist. Weiß man das nicht, so stürzt man schon bei der ersten Berührung des Unglücks in die Verzweiflung.

Der, dessen Seele die Richtung auf Gott hin bewahrt, während sie von einem Nagel durchbohrt wird, findet sich auf das Weltzentrum selber angenagelt. Dies ist das wahre Zentrum, das nicht in der Mitte liegt, das sich außerhalb von Raum und Zeit befindet, das Gott selbst ist. Entsprechend einer Dimension, die nicht dem Raum angehört, die nicht die Zeit ist, die eine ganz andere Dimension ist, hat dieser Nagel ein Loch durch die Schöpfung geschlagen, durch die ganze Dichte der Scheidewand, die die Seele von Gott trennt.

Dank dieser wunderbaren Dimension kann die Seele, ohne das Hier und Jetzt zu verlassen, wo der Körper sich aufhält, an den sie gebunden ist, die Gesamtheit von Raum und Zeit durchmessen und in Gottes Gegenwart selber gelangen.

Sie befindet sich an dem Schnittpunkt zwischen der Schöpfung und dem Schöpfer. Dieser Schnittpunkt ist die Stelle, wo die Balken des Kreuzes sich überkreuzen.

Vielleicht hatte der heilige Paulus etwas dergleichen im Sinne, als er sagte: »Seid festgewurzelt in der Liebe, auf dass ihr fähig werdet zu begreifen, was da sei die Breite, die Länge, die Höhe und die Tiefe, und zu erkennen, was über alle Erkenntnis ist, die Liebe Christi.«[56]

Um im äußersten Unglück ans Kreuz Christi selbst genagelt zu sein, muss man im Augenblick, in dem das Unglück eintritt, nicht nur den göttlichen Samen, sondern auch den bereits ausgebildeten Lebensbaum in seiner Seele tragen.[57]

Sonst hat man die Wahl zwischen den Kreuzen, die auf beiden Seiten des Kreuzes Christi standen.[58]

Man gleicht dem bösen Schächer, wenn man Trost in der Verachtung und im Hass der Leidensgenossen sucht. Das ist die gewöhnlichste Wirkung des wahren Unglücks. So war es mit der Sklaverei in Rom. Fast alle, die sich darüber wundern, wenn sie eine solche Geisteshaltung bei den Unglücklichen wahrnehmen, würden ihr ebenso verfallen, wenn das Unglück sie treffen würde.

Um dem guten Schächer ähnlich zu sein, genügt es, sich bewusst zu werden, dass man, in welch schlimmes Unglück man auch geraten ist, zumindest dies verdient hat. Denn bevor man durch das Unglück machtlos geworden ist, hat man sich sicher durch Feigheit, Trägheit, Gleichgültigkeit oder schuldhafte Unkenntnis an Verbrechen mitschuldig gemacht, die andere Menschen in ein mindestens ebenso großes Unglück gestürzt haben. Wahrscheinlich konnte man diese Verbrechen in der Regel nicht verhindern, aber man konnte sagen, dass man sie verurteilt. Man hat das unterlassen oder man hat sie sogar gutgeheißen, oder zumindest hat man um sich herum sagen lassen, dass man sie {*verurteilt*}[59]. Das Unglück, das man erleidet, ist nach strenger Gerechtigkeit keine zu große Strafe für diese Mitschuld; man hat kein Recht auf Selbstmitleid. Man weiß, dass wenigstens ein Mal ein vollkommen Unschuldiger ein noch schlimmeres Unglück erlitten hat; es ist besser, das Mitleid über die Jahrhunderte hinweg auf ihn zu richten.

Jeder kann und soll sich dies sagen, denn es gibt so grauenhafte Dinge in unseren Institutionen und Sitten, dass sich niemand rechtmäßig von dieser diffusen Mitschuld losgesprochen halten kann. Jeder ist zumindest der verbrecherischen Gleichgültigkeit schuldig geworden.

Aber darüber hinaus hat jeder Mensch das Recht, sich zu wünschen, am Kreuz Christi selbst Anteil zu haben. Wir haben ein uneingeschränktes Recht darauf, Gott um alles zu bitten, was gut ist. In diesen Fragen steht es nicht an, bescheiden oder gemäßigt zu sein.

Man darf nicht das Unglück begehren; das ist wider die Natur, das ist eine Perversion. Vor allem ist das Unglück seinem Wesen nach etwas, das man gegen seinen Willen erduldet. Wenn man nicht ins Unglück gestürzt ist, kann man nur begehren, dass es dann, wenn es eintritt, eine Teilhabe am Kreuze Christi bildet.

Aber was ständig gegenwärtig ist und was deshalb immer zu lieben erlaubt ist, das ist die Möglichkeit des Unglücks. Die drei Seiten unseres Wesens sind dieser Möglichkeit immer ausgesetzt. Unser Fleisch ist verletzlich; jedes beliebige bewegte Stück Materie kann es durchdringen, zerreißen, zermalmen oder eines der inneren Räder für immer verbiegen. Unsere Seele ist verwundbar, anfällig für grundlose Depressionen, erbärmlich abhängig von allen möglichen Dingen und Menschen, die ihrerseits fragil und unbeständig sind. Unsere soziale Person, von der fast das Gefühl unserer Existenz selbst abhängt, ist ständig und völlig allen möglichen Zufällen ausgeliefert. Die Mitte unseres Seins selbst ist durch Fasern mit diesen drei Dingen so verbunden, dass es jede etwas ernsthaftere Verletzung so stark empfindet, dass es selbst blutet. Vor allem scheint alles, was unser soziales Ansehen, unser Recht auf Achtung mindert oder zerstört, unser Wesen selbst zu beschädigen oder zu vernichten, weil die Illusion so sehr unsere Substanz ist.

Wenn alles einigermaßen gut geht, denkt man nicht an diese fast unendliche Verletzbarkeit. Aber nichts zwingt uns, nicht daran zu denken. Man kann sie fortdauernd ansehen und immer wieder Gott dafür danken. Nicht nur für die Verletzbarkeit selbst danken, sondern auch für diese tieferliegende Schwäche, die diese Zerbrechlichkeit in die Mitte des Seins selbst überträgt. Denn diese Schwäche ermöglicht es unter Umständen, dass wir mitten ans Kreuz selbst genagelt werden.

Wir können an diese Fragilität mit Liebe und Dankbarkeit denken, bei jeder beliebigen Gelegenheit eines noch so kleinen oder großen Leidens. Wir können in fast gleichgültigen Momenten an sie denken. Wir können bei jeder Freude an sie denken. Man dürfte das nicht, wenn dieser Gedanke die Freude trüben oder vermindern würde. Aber das ist nicht der Fall. Die Süße der Freude wird dadurch nur durchdringender und ergreifender, so wie die Fragilität der Kirschblüten ihre Schönheit vergrößert.

Wenn man das Denken so einrichtet, muss das Kreuz Christi mit der Zeit zur Substanz des Lebens selbst werden. Das ist sicher das, was Christus sagen wollte, als er seinen Freunden anriet, jeden Tag ihr Kreuz zu tragen, und nicht, wie man heute zu glauben scheint, sich bloß mit den kleinen Alltagssorgen abzufinden, die man manchmal in einem fast frevelhaften Missbrauch der Sprache als Kreuz bezeichnet. Es gibt nur ein Kreuz und das ist die Gesamtheit der Notwendigkeit, die die Unendlichkeit von Zeit und Raum erfüllt und die sich unter bestimmten Umständen im Atom, das jeder von uns ist, bündeln und es vollständig zermalmen kann. Sein Kreuz zu tragen bedeutet, das Bewusstsein davon zu tragen, dass man dieser blinden Notwendigkeit vollständig, in allen Teilen seines Wesens, unterworfen ist, außer in einem Punkt der Seele, der so geheim ist, dass das Bewusstsein ihn nicht erreichen kann. So grausam ein Mensch auch leidet, wenn ein Teil seines Wesens unversehrt ist und er nicht das volle Bewusstsein davon hat, dass dieser Teil durch Zufall verschont geblieben ist und in jedem Augenblick den Schlägen des Schicksals ausgeliefert bleibt, dann hat er keinen Anteil am Kreuz. Das ist besonders dann der Fall, wenn der unversehrt gebliebene oder mehr oder weniger verschonte Teil des Wesens der soziale Teil ist. Deshalb hat die Krankheit keinen Nutzen, wenn nicht der Geist der Armut in seiner Vollkommenheit hinzutritt. Ein vollkommen glücklicher Mensch kann sein Glück genießen und zugleich sein Kreuz tragen, wenn er sich der Möglichkeit des Unglücks wirklich, konkret und in jedem Augenblick bewusst ist.

Aber es genügt nicht, diese Möglichkeit zu kennen, man muss sie lieben. Man muss die Härte dieser Notwendigkeit, die wie eine Medaille mit zwei Seiten ist, zärtlich lieben. Die uns zugewandte Seite ist die Herrschaft, die Gott zugewandte Seite ist der Gehorsam. Wir müssen sie in unsere Arme schließen, selbst wenn sie uns ihre Spitzen zuwendet, die wir in der Umarmung in unser Fleisch bohren. Wer liebt, ist glücklich, einen Gegenstand, der dem geliebten Wesen gehört, in seiner Abwesenheit so fest an sich zu drücken, dass er in sein Fleisch eindringt. Wir wissen, dass das Weltall ein Gegenstand ist, der Gott gehört. Wir müssen Gott aus tiefstem Herzen dafür danken, dass er uns die Notwendigkeit, seine verrückte, blinde und vollkommen gehorsame Sklavin als absolute Herrscherin über uns gegeben hat. Sie treibt uns mit der Peitsche an. Aber hienieden ihrer Tyrannei unterworfen, genügt es, dass wir Gott als unseren Schatz wählen, dass wir unser Herz in Gott legen; und sogleich sehen wir die andere Seite dieser Tyrannei, die Seite des reinen Gehorsams. Wir sind die Sklaven der Notwendigkeit, aber wir sind auch die Söhne ihres Herrn. Was auch immer sie uns befiehlt, wir, die wir die Kinder des Hauses sind, müssen das Schauspiel ihrer Fügsamkeit lieben. Jedes Mal, wenn sie nicht tut, was wir wollen, wenn sie uns zwingt, zu erdulden, was wir nicht wollen, ist es uns durch die Liebe gegeben, durch sie hindurchzugehen und die Seite des Gehorsams zu sehen, die sie Gott zeigt. Glücklich ist, wer oft diese kostbare Gelegenheit erhält.

Der intensive und lange körperliche Schmerz hat den einzigartigen Vorteil, dass unser Empfindungsvermögen so gemacht ist, dass es ihn nicht ertragen kann. Wir können uns an alles gewöhnen, an allem Gefallen finden, uns in alles einfinden, nur damit nicht, wir können alles hinnehmen, nur nicht das, und wir passen uns an, um die Illusion der Macht zu haben, um zu glauben, dass wir es sind, die bestimmen. Wir spielen mit der Einbildung, dass wir gewählt haben, was uns auferlegt ist. Wenn ein Mensch in seinen eigenen Augen in eine Art gelähmtes und völlig widerwärtiges Tier verwandelt wird, kann er diese Illusion nicht mehr haben. Noch besser ist es, wenn diese Verwandlung durch den Willen von Menschen, durch soziale Ächtung geschieht, sofern es sich um eine gleichsam anonyme Unterdrückung handelt und nicht um eine ehrenwerte Verfolgung. Der fleischliche Teil unserer Seele ist für die Notwendigkeit nur in der Form des Zwanges und nur für den Zwang nur als körperlicher Schmerz empfänglich. Dieselbe Wahrheit dringt ins fleischliche Empfinden durch den körperlichen Schmerz, in den Geist durch den mathematischen Beweis und in die Liebesfähigkeit durch die Schönheit ein. Darum sieht Hiob, sobald der Schleier des Fleisches durch das Unglück zerrissen ist, unverborgen die Schönheit der Welt. Die Schönheit der Welt erscheint, wenn man die Notwendigkeit als Substanz des Weltalls und den Gehorsam gegenüber einer vollkommen weisen Liebe als Substanz der Notwendigkeit erkennt und anerkennt. Diese Welt, von der wir ein Fragment sind, hat kein anderes Sein als das Gehorsam-Sein.

Die sinnliche Freude hat eine dem körperlichen Schmerz analoge Wirkung, wenn sie so lebhaft, so rein ist, wenn sie so sehr die Erwartung übertrifft, dass wir uns sogleich als unfähig erkennen, uns selbst etwas Ähnliches zu verschaffen oder uns ihres Besitzes zu versichern. Solche Freuden haben immer die Schönheit zum Wesen. Reine Freude und reiner Schmerz sind zwei Aspekte derselben unendlich kostbaren Wahrheit. Zum Glück, denn deshalb haben wir das Recht, denen, die wir lieben, eher Freude als Schmerz zu wünschen.

Die Trinität und das Kreuz sind die beiden Pole des Christentums, die beiden wesentlichen Wahrheiten, die eine vollkommene Freude, die andere vollständiges Unglück. Die Erkenntnis beider und ihrer geheimnisvollen Einheit ist unabdinglich, aber hienieden sind wir durch das menschliche Schicksal unendlich weit von der Trinität entfernt, am Fuße des Kreuzes selbst. Das Kreuz ist unsere Heimat.

Die Erkenntnis des Unglücks ist der Schlüssel zum Christentum. Aber diese Erkenntnis ist unmöglich. Es ist unmöglich, das Unglück zu erkennen, ohne durch es hindurchgegangen zu sein. Denn das Denken widerstrebt dermaßen dem Unglück, dass es ebenso unfähig ist, es freiwillig aufzufassen, wie ein Tier, von Ausnahmen abgesehen, zum Selbstmord unfähig ist. Es erkennt es nur unter Zwang. Ohne von der Erfahrung dazu gezwungen worden zu sein, ist es unmöglich zu glauben, dass alles, was man in der Seele hat, alle Gedanken, alle Gefühle, alle Einstellungen zu den Ideen, zu den Menschen und zum Weltall, und vor allem die innigste Einstellung des Menschen zu sich selbst, dass all das völlig den Umständen unterliegt. Selbst wenn man es theoretisch anerkennt, was bereits sehr selten ist, glaubt man es nicht mit ganzer Seele. Glauben mit ganzer Seele, das ist das, was Christus nicht, wie man für gewöhnlich übersetzt, Verzicht oder Opfer nennt, sondern Selbstverleugnung, und das ist die Bedingung, um es zu verdienen, sein Jünger zu sein. Aber wenn man im Unglück ist oder es durchstanden hat, glaubt man nicht eher an diese Wahrheit, man könnte fast sagen, man glaubt noch weniger daran. Denn das Denken kann niemals wirklich gezwungen werden, es hat immer die Freiheit, sich durch die Lüge zu entziehen. Das Denken, das durch den Zwang der Umstände dem Unglück ausgesetzt ist, flieht in die Lüge mit derselben Behändigkeit wie das Tier, dem der Tod droht und dem sich ein Schlupfloch bietet. Manchmal stürzt es in seinem Schrecken sehr tief in die Lüge; es kommt also auch oft vor, dass diejenigen, die im Unglück sind oder gewesen sind, die Lüge wie ein Laster angenommen haben, so dass sie manchmal in allen Dingen den Sinn für Wahrheit überhaupt verloren haben. Man hat Unrecht, sie dafür zu tadeln. Die Lüge ist so sehr mit dem Unglück verbunden, dass Christus die Welt allein dadurch besiegt hat, dass er die Wahrheit ist, dass er die Wahrheit selbst bis in die Tiefe des äußersten Unglücks geblieben ist. Das Denken ist gezwungen, vor dem Aspekt des Unglücks zu fliehen, aus einem Selbsterhaltungstrieb, der für unser Sein viel wesentlicher ist als jener, der uns vom fleischlichen Tod fernhält; es ist relativ leicht, sich ihm auszusetzen, wenn er sich auf Grund der Umstände oder den Spielen der Einbildungskraft nicht unter dem Aspekt des Unglücks darstellt. Man kann dem Unglück nur dann aufmerksam aus nächster Nähe ins Auge sehen, wenn man aus Liebe zur Wahrheit den Tod der Seele hinnimmt. Von diesem Tod der Seele spricht Platon, wenn er sagt, dass »Philosophieren bedeutet, sterben zu lernen«.[60] Er ist in den Einweihungen in die antiken Mysterien symbolisiert und in der Taufe dargestellt. Es handelt sich in Wirklichkeit für die Seele nicht darum, zu sterben, sondern einfach darum, die Wahrheit anzuerkennen, dass sie ein totes Ding ist, ein der Materie analoges Ding. Sie hat nicht Wasser zu werden; sie ist schon Wasser; was wir für unser Ich halten, ist ein ebenso fluchtiges und automatisches Ergebnis äußerer Umstände wie die Form einer Welle im Meer.

Man muss nur dies wissen, es in seinem tiefsten Inneren wissen. Aber Gott allein kennt den Menschen, und hienieden die von oben Geborenen. Denn man kann diesen Tod der Seele nicht hinnehmen, wenn man nicht über dieses illusorische Leben der Seele hinaus ein anderes Leben hat; wenn man nicht seinen Schatz und sein Herz außerhalb von sich hat; nicht nur außerhalb seiner Person, sondern außerhalb all seiner Gedanken, außerhalb all seiner Gefühle, jenseits all dessen, was erkennbar ist, in den Händen unseres Vaters, der im Verborgenen ist.[61] Von denen, die so sind, kann man sagen, dass sie aus dem Wasser und dem Geist geboren sind. Denn sie sind nichts anderes mehr als ein doppelter Gehorsam, einerseits gegenüber der mechanischen Notwendigkeit, in die sie durch ihre irdische Beschaffenheit verstrickt sind, und anderseits gegenüber der göttlichen Inspiration. In ihnen ist nichts mehr, was man ihren eigenen Willen, ihre Person, ihr Ich nennen könnte. Sie sind nichts anderes mehr als ein bestimmter Schnittpunkt zwischen Natur und Gott. Dieser Schnittpunkt ist der Name, den Gott ihnen von aller Ewigkeit an gegeben hat, er ist ihre Berufung. Bei der alten Taufe durch Untertauchen ins Wasser verschwand der Mensch im Wasser; dadurch verneinte er sich selbst, bekannte, dass er nur ein Bruchstück der leblosen Materie ist, aus der die Schöpfung besteht. Er tauchte nur aufgehoben von einer aufstrebenden Bewegung wieder auf, die stärker als die Schwerkraft ist, das Abbild der göttlichen Liebe im Menschen. Das Symbol, das die Taufe in sich schließt, ist der Zustand der Vollkommenheit. Das mit der Taufe verbundene Versprechen besteht darin, diesen Zustand zu ersehnen und von Gott zu erbitten, und zwar beständig, unablässig, so lange er nicht erreicht ist, wie ein hungriges Kind nicht müde wird, seinen Vater um Brot zu bitten. Aber wozu ein solches Versprechen verpflichtet, kann man nicht wissen, solange man nicht vor dem schrecklichen Antlitz des Unglücks gestanden ist. Nur dort, von Angesicht zu Angesicht mit dem Unglück, kann die wahre Verpflichtung eingegangen werden, durch eine Berührung, die noch geheimer, noch rätselhafter, noch wunderbarer ist als ein Sakrament.

So wie die Erkenntnis des Unglücks ebenso denjenigen von Natur aus unmöglich ist, die es erfahren haben, wie denjenigen, die es nicht erfahren haben, so ist sie beiden durch übernatürliche Gnade ebenso möglich. Sonst hätte Christus demjenigen das Unglück nicht erspart, den er über alles liebte,[62] nachdem er ihm versprochen hatte, ihn von seinem Kelch trinken zu lassen.[63] In beiden Fällen ist die Erkenntnis des Unglücks eine viel wunderbarere Sache, als auf dem Wasser zu gehen.

Christus erkennt diejenigen als seine Wohltäter an, deren Mitleid auf der Kenntnis des Unglücks beruhte. Die anderen geben willkürlich, unregelmäßig oder umgekehrt zu regelmäßig auf Grund von durch Erziehung eingeprägten Gewohnheiten oder aus Überheblichkeit oder aus fleischlichem Mitgefühl, oder aus dem Wunsch, ein gutes Gewissen zu haben, kurzum, aus Beweggründen, die sie selbst betreffen. Sie sind hochmütig oder geben sich beschützend oder bringen ein aufdringliches Mitgefühl zum Ausdruck oder lassen den Unglücklichen spüren, dass er in ihren Augen nur ein Exemplar einer bestimmten Art von Unglück ist. In jedem Fall ist ihre Gabe eine Verletzung. Und sie haben ihren Lohn auf Erden, denn ihre linke Hand weiß, was ihre rechte gegeben hat.[64] Ihr Umgang mit den Unglücklichen kann nur in der Lüge stattfinden, denn die wahre Erkenntnis der Unglücklichen erfordert die Erkenntnis des Unglücks. Diejenigen, die dem Unglück nicht ins Auge geblickt haben oder nicht bereit sind, dies zu tun, können sich den Unglücklichen nur nähern, wenn sie durch den Schleier der Lüge oder der Illusion geschützt sind. Wenn durch Zufall im Gesicht eines Unglücklichen plötzlich das Antlitz des Unglücks erscheint, flüchten sie.

Der Wohltäter Christi spürt in Anwesenheit eines Unglücklichen keinen Abstand zwischen jenem und sich selbst; er legt sein ganzes Wesen in den anderen; die Regung, ihm zu essen zu bringen, ist dann ebenso instinkthaft, ebenso unmittelbar wie die Regung, selbst zu essen, wenn man hungrig ist. Und sie wird fast ebenso schnell vergessen, wie die Mahlzeiten vergangener Tage vergessen werden. Einem solchen Menschen käme es nicht in den Sinn, zu sagen, er sorge um des Herrn willen für die Unglücklichen. Das würde ihm ebenso absurd erscheinen, wie zu sagen, er esse um des Herrn willen. Man isst, weil man nicht anders kann. Christus wird denen danken, die geben, so wie sie essen.

Sie geben viel mehr als Nahrung, Kleidung oder Zuwendung. Indem sie ihr ganzes Sein in das Sein desjenigen legen, dem sie zu Hilfe kommen, geben sie ihm für einen Augenblick jene eigene Existenz, die ihm das Unglück geraubt hat. Das Unglück ist wesentlich die Zerstörung der Persönlichkeit, das Eingehen in die Namenlosigkeit. Wie Christus sich aus Liebe seiner Göttlichkeit entleert hat, so wird der Unglückliche durch sein übles Schicksal seiner Menschlichkeit entleert. Er hat keine andere Existenz mehr als dieses üble Schicksal selbst. In den Augen der anderen und in seinen eigenen Augen ist er vollständig durch seine Beziehung zum Unglück bestimmt. Etwas in ihm, das existieren will, wird immer wieder ins Nichts zurückgeworfen, so als ob man einem Ertrinkenden umso heftiger noch auf den Kopf schlagen würde. Er ist ein Armer, ein Flüchtling, ein Schwarzer, ein Kranker, ein Vorbestrafter oder dergleichen. Die Misshandlungen oder die Wohltaten, die ihm getan werden, sind gleicherweise gegen das Unglück gerichtet, für das er, unter vielen anderen, selbst ein Beispiel ist. Die Misshandlungen und Wohltaten haben somit die gleiche Wirkung, ihn mit Gewalt in der Namenlosigkeit zu halten, und sind zwei Gestalten derselben Kränkung.

Wer einen Unglücklichen sieht und sich ganz in ihn hineinversetzt, lässt in ihm durch die Liebe wenigstens für einen Augenblick eine Existenz entstehen, die unabhängig vom Unglück ist. Das Unglück ist zwar der Anlass für diesen übernatürlichen Vorgang, es ist aber nicht seine Ursache. Die Ursache ist die Selbigkeit der Menschen über alle offenbaren Abstände hinweg, die der Zufall und das Schicksal zwischen ihnen aufreißen.

Sich in einen Unglücklichen zu versetzen, bedeutet, für einen Augenblick sein Unglück zu übernehmen, freiwillig etwas auf sich zu nehmen, dessen Wesen gerade darin besteht, unter Zwang und wider Willen auferlegt zu werden. Das ist eine Unmöglichkeit. Nur Christus hat das getan. Nur Christus kann es tun, und der Mensch, dessen ganze Seele von Christus erfüllt wird. Indem er sein ganzes Sein in den Unglücklichen legt, dem er zu Hilfe kommt, legt er in Wirklichkeit nicht sein eigenes Sein in ihn, denn er hat kein eigenes mehr, sondern Christus selbst.

Das so dargebrachte Almosen ist ein Sakrament, ein übernatürlicher Vorgang, durch den ein von Christus bewohnter Mensch Christus wirklich in die Seele eines Unglücklichen versetzt. Das derart dargereichte Brot, wenn es sich um Brot handelt, gleicht einer Hostie. Das ist kein Symbol, keine Spekulation, sondern eine wörtliche Übersetzung der Worte Christi selbst. Denn er sagt: »Das habt ihr mir getan.«[65] Er ist also im hungernden oder nackten Unglücklichen. Aber nicht durch die Wirkung des Hungers oder der Nacktheit, denn das Unglück birgt an sich keine Gabe von oben. Das geschieht nur durch die Gabe selbst. Dass Christus in dem ist, der auf völlig reine Weise gibt, ist offensichtlich; wer könnte der Wohltäter Christi sein, wenn nicht er selbst? Es ist übrigens leicht einzusehen, dass nur die Anwesenheit Christi in einer Seele das wahre Mitleiden in sie hineinlegen kann. Aber das Evangelium offenbart uns außerdem, dass derjenige, der aus wahrem Mitleid gibt, Christus selbst gibt. Der Unglückliche, der diese wunderbare Gabe empfängt, hat die Wahl, sie anzunehmen oder nicht.

Ein Unglücklicher, dessen Unglück vollständig ist, ist aller menschlichen Beziehungen beraubt. Es gibt für ihn nur zwei mögliche Arten von Beziehungen zu den Menschen, entweder Beziehungen, in denen er nur als ein Ding vorkommt und die ebenso mechanisch sind wie die Beziehung zwischen zwei benachbarten Wassertropfen, oder die rein übernatürliche Liebe. Der Zwischenbereich ist ihm verwehrt. In seinem Leben ist nur Platz für das Wasser und für den Geist. Das gewährte, angenommene, geliebte Unglück ist wirklich eine Taufe.

Weil nur Christus des Mitleids fähig ist, hat er während seines Aufenthalts auf Erden keines empfangen. Da er fleischlich hienieden war, wohnte er in keiner Seele derer, die ihn umgaben. So konnte niemand Mitgefühl mit ihm haben. Der Schmerz zwang ihn, um Mitleid zu bitten, und seine engsten Freunde verweigerten es ihm. Sie ließen ihn allein leiden. Sogar Johannes schlief.[66] Petrus war fähig, auf dem Wasser zu gehen,[67] aber er war unfähig, Mitleid mit seinem ins Unglück gestürzten Herrn zu haben. Sie flüchteten in den Schlaf, um ihn nicht mehr zu sehen. Wenn die Barmherzigkeit selbst zum Unglück wird, wo fände sie Hilfe? Es hätte eines zweiten Christus bedurft, um mit dem unglücklichen Christus mitzuleiden. Jahrhundertelang war das Mitleiden mit dem Unglück Christi eines der Zeichen der Heiligkeit.

Der übernatürliche Vorgang des Almosens erfordert im Gegensatz zu dem der Kommunion zum Beispiel kein vollständiges Wissen. Denn die, denen Christus dankt, antworten: »Herr, wann …?«[68] Sie wussten nicht, wem sie zu essen gegeben haben. Überhaupt weist nichts darauf hin, dass sie irgendeine Kenntnis von Christus hatten. Sie mögen ihn gekannt haben oder nicht. Das Wesentliche ist, dass sie gerecht waren. So hat Christus sich in ihnen selbst in Gestalt des Almosens gegeben. Glücklich die Bettler, denn sie haben die Möglichkeit, vielleicht ein oder zwei Mal in ihrem Leben ein solches Almosen zu erhalten.

Das Unglück ist wirklich der Mittelpunkt des Christentums. Die Erfüllung des einzigen und doppelten Gebots »Liebe Gott« und »Liebe deinen Nächsten«[69] verläuft über das Unglück. Denn hinsichtlich des ersten hat Christus gesagt: »Niemand kommt zum Vater außer durch mich.«[70] Er hat auch gesagt: »Und wie Mose die Schlange in der Wüste erhöht hat, so muss der Menschensohn erhöht werden, damit jeder, der glaubt, in ihm ewiges Leben hat.«[71] Die Schlange ist die eherne Schlange, die man nur anzusehen brauchte, um vor der Wirkung des Giftes geschützt zu sein. Man kann also Gott nur lieben, wenn man das Kreuz ansieht. Und in Bezug auf den Nächsten hat Christus gesagt, wer der Nächste ist, den zu lieben geboten ist. Es ist der nackte, blutende und hilflose Körper, den man auf der Straße liegen sieht. Es ist uns vor allem geboten, das Unglück zu lieben, das Unglück des Menschen, das Unglück Gottes.

Dem Christentum wird oft ein morbider Gefallen am Leiden, am Schmerz vorgeworfen. Das ist ein Irrtum. Im Christentum geht es nicht um Schmerz und Leiden, die Empfindungen, Gemütszustände sind, in denen man immer ein perverses Vergnügen suchen kann. Es handelt sich um etwas ganz anderes. Es geht um das Unglück. Das Unglück ist kein Gemütszustand. Es ist das Zermalmen der Seele durch die mechanische Brutalität der Umstände. Die Verwandlung eines Menschen in seinen eigenen Augen vom menschlichen Zustand in den Zustand eines halb zertretenen Wurms, der sich auf dem Boden windet, ist ein Vorgang, an dem nicht einmal ein Perverser Gefallen finden kann. Auch ein Weiser, ein Held, ein Heiliger wird daran keinen Gefallen finden. Das Unglück ist etwas, was dem Menschen gegen seinen Willen aufgezwungen wird. Sein Wesen und seine Definition ist der Widerwille, die Auflehnung des Wesens desjenigen, dessen es sich bemächtigt. Gerade dem muss man kraft der übernatürlichen Liebe zustimmen.

Der Existenz des Weltalls zuzustimmen ist unsere Aufgabe auf Erden. Es genügt Gott nicht, seine Schöpfung gut zu finden. Er will auch, dass sie selbst sich gut findet. Dazu dienen die Seelen, die mit winzig kleinen Bruchstücken dieser Welt verbunden sind. Die Bestimmung des Unglücks ist es, uns zu ermöglichen, zu verstehen, dass Gottes Schöpfung gut ist. Denn solange die Umstände um uns herum so sind, dass sie unser Dasein halbwegs intakt lassen oder es nur halb angegriffen haben, glauben wir mehr oder minder, dass unser Wille die Welt geschaffen hat und regiert. Das Unglück lehrt uns mit einem Schlag und zu unserer großen Überraschung, dass dem nicht so ist. Wenn wir dann preisen, dann loben wir wirklich Gottes Schöpfung. Und wo liegt die Schwierigkeit? Wir wissen doch, dass unser Unglück die göttliche Herrlichkeit in keiner Weise schmälert. Es hindert uns also keineswegs daran, Gott für seine große Herrlichkeit zu preisen.

Das Unglück ist also das sicherste Zeichen dafür, dass Gott von uns geliebt werden will. Es ist das kostbarste Zeugnis seiner zärtlichen Liebe. Es ist etwas ganz anderes als eine väterliche Strafe. Es wäre richtiger, es mit den zärtlichen Auseinandersetzungen zu vergleichen, in denen sich junge Verlobte der Tiefe ihrer Liebe versichern. Man hat nicht den Mut, dem Unglück ins Gesicht zu blicken, aber nach einer gewissen Zeit würde man sehen, dass es das Gesicht der Liebe ist. So wie Maria von Magdala erkannte, dass der, den sie für einen Gärtner hielt, ein anderer war.[72]

Die Christen, die die zentrale Stelle erkennen, die das Unglück in ihrem Glauben einnimmt, müssten ahnen, dass das Unglück in gewisser Weise das Wesen der Schöpfung selbst ist. Geschöpf zu sein bedeutet nicht notwendig, unglücklich zu sein, aber es bedeutet notwendigerweise, dem Unglück ausgesetzt zu sein. Nur das Ungeschaffene ist unzerstörbar. Man fragt sich, warum Gott das Unglück zulässt, aber man könnte ebenso gut fragen, warum Gott geschaffen hat. Das kann man sich in der Tat fragen. Warum hat Gott geschaffen? Es scheint dermaßen offensichtlich, dass Gott viel größer ist als Gott und die Schöpfung zusammen. Zumindest erscheint das als offensichtlich, wenn man Gott als Sein denkt. Aber so darf man ihn nicht denken. Sobald man Gott als Liebe denkt, spürt man das Wunder der Liebe, die den Sohn und den Vater zugleich in der ewigen Einheit des einen Gottes und über die Trennung von Raum, Zeit und Kreuz hinweg vereint.

Gott ist Liebe und die Natur ist Notwendigkeit, aber diese Notwendigkeit ist durch den Gehorsam der Spiegel der Liebe. Ebenso ist Gott Freude und die Schöpfung ist Unglück, aber es ist ein Unglück, das vom Licht der Freude durchstrahlt wird. Das Unglück birgt die Wahrheit unseres Zustands. Nur wer es vorzieht, die Wahrheit zu erkennen und zu sterben, anstatt ein langes und glückliches Leben in der Illusion zu führen, wird Gott schauen. Man muss zur Wirklichkeit gehen wollen. Dann wird man, wenn man glaubt, einen Leichnam vorzufinden, einem Engel begegnen, der sagt: »Er ist auferstanden.«[73]

Die einzige Quelle der Klarheit, die hell genug ist, um das Unglück zu beleuchten, ist das Kreuz Christi. Zu jeder Zeit, in jedem Land, überall, wo es Unglück gibt, ist das Kreuz Christi seine Wahrheit. Jeder Mensch, der die Wahrheit so sehr liebt, dass er nicht in die Tiefen der Lüge hinabsteigt, um dem Antlitz des Unglücks zu entfliehen, hat Anteil am Kreuz Christi, gleichgültig, welchen Glaubens er ist. Hätte Gott es zugelassen, dass die Menschen eines bestimmten Landes und einer bestimmten Zeit Christus entbehren, so würden wir das an einem sicheren Zeichen erkennen, nämlich daran, dass es unter ihnen kein Unglück gäbe. Uns ist nichts dergleichen in der Geschichte bekannt. Überall, wo es Unglück gibt, ist das Kreuz, verborgen zwar, aber doch gegenwärtig für jeden, der die Wahrheit statt der Lüge und die Liebe statt des Hasses wählt. Das Unglück ohne das Kreuz ist die Hölle, und Gott hat nicht die Hölle auf Erden geschaffen.

Und umgekehrt haben die so zahlreichen Christen, die nicht die Kraft haben, in jedem Unglück das selige Kreuz zu erkennen und anzubeten, keinen Anteil an Christus. Nichts zeigt die Schwäche des Glaubens deutlicher als die Leichtigkeit, mit der man unter Christen, sobald vom Unglück die Rede ist, am Problem vorbeigeht. Was auch immer man über die Erbsünde sagen mag, über den Willen Gottes, über die Vorsehung und ihre geheimnisvollen Pläne, die man doch zu erraten können glaubt, über die künftigen Belohnungen aller Art in dieser und in der anderen Welt, all das verschleiert entweder die Wirklichkeit des Unglücks oder bleibt ohne Wirkung. Man kann dem wahren Unglück nur durch eines zustimmen, nämlich durch die Kontemplation des Kreuzes Christi. Nichts anderes, und das genügt.

Eine Mutter, eine Gattin, eine Verlobte, die weiß, dass der Geliebte in Not ist, und die ihm weder helfen noch sich ihm anschließen kann, will wenigstens die gleichen Leiden wie er erfahren, um weniger von ihm getrennt zu sein, um von der so schweren Last des ohnmächtigen Mitleids erleichtert zu werden. Wer Christus liebt und sich ihn am Kreuz vorstellt, muss eine ähnliche Erleichterung im Erreichen des Unglücks empfinden.

Auf Grund der wesentlichen Verbindung zwischen dem Kreuz und dem Unglück hat ein Staat nur unter der absurden Voraussetzung, dass es ihm gelungen wäre, das Unglück abzuschaffen, das Recht, sich von jeder Religion zu trennen. Umso weniger hat er das Recht dazu, wenn er selbst Unglückliche hervorbringt. Das von jeder Verbindung mit Gott abgeschnittene Strafrecht ist wahrhaft höllisch. Nicht wegen Justizirrtümern oder übertriebener Strenge, sondern unabhängig davon und an sich. Es wird durch die Berührung mit den Befleckungen schmutzig, und da es nichts hat, das es reinigen könnte, wird es selbst so befleckt, dass sogar die schlimmsten Verbrecher von ihm herabgewürdigt werden. Mit ihm in Berührung zu kommen ist grauenhaft für jeden, der etwas Ganzes und Gesundes in sich hat. Die Verfaulten finden in den Strafen, die es verhängt, eine Art von Ruhe, die noch schrecklicher ist. Nichts ist rein genug, um Reinheit in die Orte zu bringen, die für die Verbrechen und Strafen bestimmt sind, außer Christus, der wie ein gewöhnlicher Verbrecher verurteilt wurde.

Aber weil nur das Kreuz für die Staaten notwendig ist und nicht die Schwierigkeiten des Dogmas, ist es verheerend, dass Kreuz und Dogma durch ein so festes Band verbunden sind. Dieses Band hat Christus für seine Brüder, die Verbrecher, gelöst.

Der Begriff der Notwendigkeit als gemeinsamer Stoff von Kunst, Wissenschaft und jeder Art von Arbeit, ist das Tor, durch das das Christentum ins weltliche Leben eingehen und es durch und durch durchdringen kann. Denn das Kreuz ist gerade die Notwendigkeit, die mit dem Niedrigsten und dem Höchsten in uns in Berührung kommt, mit dem fleischlichen Empfinden durch die Vergegenwärtigung des körperlichen Leidens, mit der übernatürlichen Liebe durch die Gegenwart Gottes. In der Folge werden alle möglichen Berührungen, die die Zwischenglieder unseres Seins mit der Notwendigkeit haben können, mit einbezogen.

Es gibt keine menschliche Tätigkeit, in welchem Bereich auch immer, deren höchste und geheime Wahrheit nicht das Kreuz Christi wäre, und kann es auch keine geben. Keine kann vom Kreuz Christi getrennt werden, ohne zu verderben und zu verdorren wie eine abgeschnittene Weinrebe. Wir sehen das heute vor unseren Augen, ohne es zu verstehen, und wir fragen uns, wo unser Übel liegt. Die Christen verstehen sogar noch weniger als die anderen. Denn weil diese Tätigkeiten Christus geschichtlich weit vorausgehen, können sie nicht begreifen, dass der christliche Glaube ihr Lebenssaft ist.

Wenn wir verstehen würden, dass der christliche Glaube unter den Schleiern, die die Helligkeit durchscheinen lassen, Blüten und Früchte zu allen Zeiten und an allen Orten trägt, wo es Menschen gibt, die das Licht nicht hassen, dann würde uns diese Schwierigkeit nicht aufhalten.

Seit Anbeginn der geschichtlichen Zeit ist Christus, abgesehen von einer bestimmten Zeit des Römischen Reiches, nie so abwesend gewesen wie heute. Die Alten hätten diese Trennung von Religion und gesellschaftlichem Leben, die heute von der Mehrheit der Christen als selbstverständlich angesehen wird, als abscheulich empfunden.

Das Christentum muss seinen Lebenssaft überall in das gesellschaftliche Leben einfließen lassen. Aber es ist dennoch dazu bestimmt, allein zu sein. Der Vater ist im Verborgenen und es gibt kein unantastbareres Geheimnis als das Unglück.

Es gibt eine Frage, die absolut sinnlos ist und auf die es selbstverständlich keine Antwort gibt, die wir uns gewöhnlich nie stellen, aber die die Seele im Unglück nicht umhin kann, eintönig und fortdauernd wie ein Stöhnen hinauszuschreien. Diese Frage lautet: Warum? Warum sind die Dinge so? Der Unglückliche stellt diese Frage naiv an die Menschen, an die Dinge, an Gott, auch wenn er nicht an ihn glaubt, an irgendetwas. Warum muss es sein, dass er nichts zu essen hat, oder dass er vor Müdigkeit und brutaler Behandlung erschöpft ist, oder dass er bald erschossen wird, oder dass er krank ist, oder dass er im Gefängnis ist? Wenn man ihm die Ursachen der Situation erklärt, in der er sich befindet, was im Übrigen selten möglich ist, weil die Mechanismen, die im Spiel sind, zu kompliziert sind, dann wäre das für ihn keine Antwort. Denn seine Frage, das Warum, bedeutet nicht: aus welchem Grund, sondern: zu welchem Zweck? Und natürlich kann man ihm keine Zwecke nennen. Es sei denn, man fabriziert erfundene Zwecke, aber diese Fabrikation ist nichts Gutes.

Das Eigenartige ist, dass das Unglück des anderen, außer manchmal, aber nicht immer, nämlich das Unglück sehr Nahestehender, diese Frage nicht hervorruft. Allenfalls stellt man sie sich einmal geistesabwesend. Aber wer ins Unglück gerät, bei dem setzt sich diese Frage fest und hört nicht auf zu schreien. Warum. Warum. Warum. Sogar Christus hat sie gestellt: »Warum hast du mich verlassen?«[74]

Das Warum des Unglücklichen bleibt unbeantwortet, weil wir in der Welt der Notwendigkeit leben und nicht in der Welt der Zwecke. Wenn es in dieser Welt Zwecke gäbe, dann wäre der Ort des Guten nicht die andere Welt. Jedesmal, wenn wir von der Welt Zwecke verlangen, verweigert sie diese. Aber um zu wissen, dass sie sie verweigert, muss man nach ihnen verlangen.

Nur das Unglück zwingt uns, danach zu fragen, und auch die Schönheit, denn das Schöne gibt uns so lebhaft das Gefühl der Anwesenheit eines Guten, dass wir einen Zweck suchen, ohne je einen zu finden. Das Schöne zwingt uns auch, uns zu fragen: Warum? Warum ist das schön? Aber nur sehr wenige Menschen sind fähig, dieses Warum mehrere Stunden lang in sich selbst auszusprechen. Das Warum des Unglücks dauert Stunden, Tage, Jahre. Es endet nur durch Erschöpfung.

Wer nicht nur schreien, sondern auch lauschen kann, hört die Antwort. Diese Antwort ist das Schweigen. Es ist dieses ewige Schweigen, das Vigny Gott so bitterlich vorgeworfen hat. Aber er hatte nicht das Recht zu sagen, was die Antwort des Gerechten auf dieses Schweigen ist, denn er war kein Gerechter. Der Gerechte liebt. Wer nicht nur lauschen, sondern auch lieben kann, hört dieses Schweigen als Wort Gottes.

Die Geschöpfe sprechen mit Lauten. Das Wort Gottes ist Schweigen. Das geheime Liebeswort Gottes kann nur Schweigen sein. Christus ist das Schweigen Gottes.

Es gibt keinen anderen Baum als das Kreuz, es gibt auch keine andere Harmonie als das Schweigen Gottes. Die Pythagoräer fassten diese Harmonie im unergründlichen Schweigen, das die Sterne ewig umgibt. Die Notwendigkeit hienieden ist die Vibration von Gottes Schweigen.

Unsere Seele lärmt andauernd, aber es gibt in ihr eine Stelle, die Stille ist, die wir nie hören. Wenn das Schweigen Gottes in unsere Seele eindringt, sie durchdringt und auf diese Stille trifft, die insgeheim in uns ist, dann haben wir von da an unseren Schatz und unser Herz in Gott. Und der Raum öffnet sich vor uns wie eine Frucht, die sich in zwei Hälften teilt, weil wir das Weltall von einem Punkt aus sehen, der außerhalb des Raums liegt.

Es gibt für diesen Vorgang nur zwei mögliche Wege, die alle anderen ausschließen. Es gibt nur zwei Spitzen, die auf diese Weise in unsere Seele dringen können, und das sind das Unglück und die Schönheit.

Man ist oft versucht, Bluttränen zu weinen, wenn man daran denkt, wie sehr das Unglück die Unglücklichen erdrückt, die unfähig sind, es zu nutzen. Aber wenn man die Dinge mit kühlem Blick betrachtet, dann ist das keine erbärmlichere Verschwendung als die der Schönheit der Welt. Wie oft bietet sich die Klarheit der Sterne, das Rauschen der Meereswellen oder die Stille der Stunde vor dem Sonnenaufgang nicht umsonst der Aufmerksamkeit der Menschen an? Der Schönheit der Welt keine Aufmerksamkeit zu schenken ist vielleicht ein so großes Verbrechen des Undanks, dass es die Strafe des Unglücks verdient. Nicht immer wird es bestraft, aber in diesem Fall wird es mit einem bedeutungslosen Leben bestraft, und worin ist ein bedeutungsloses Leben dem Unglück vorzuziehen? Selbst im Falle großer Missgeschicke ist das Leben solcher Menschen wahrscheinlich immer bedeutungslos. Sofern man Vermutungen über die Empfindsamkeit anstellen kann, scheint es, dass das Übel, das in einem Menschen ist, für ihn ein Schutz gegen das Übel ist, das ihn von außen in Gestalt des Schmerzes bedrängt. Es ist zu hoffen, dass dem so ist, und dass Gott in seiner Barmherzigkeit beim bösen Schächer das dermaßen nutzlose Leiden auf ein geringes beschränkt hat. So ist es tatsächlich und darin liegt sogar die große Versuchung, die das Unglück in sich birgt, denn der Unglückliche hat immer die Möglichkeit, weniger zu leiden, wenn er einwilligt, böse zu werden.

Nur wer die reine Freude gekannt hat, und sei es auch eine Minute lang, und in der Folge den Geschmack der Schönheit der Welt, denn das ist dasselbe, nur für den ist das Unglück etwas Zerreißendes. Und zugleich ist er der Einzige, der diese Strafe nicht verdient hat. Aber für ihn ist es auch keine Strafe, sondern Gott selbst, der ihm die Hand reicht und sie ein wenig fest drückt. Denn wenn er treu bleibt, dann wird er in der Tiefe seiner eigenen Schreie die Perle des Schweigens Gottes finden.

Formen der impliziten Gottesliebe

Das Gebot: »Liebe Gott«[75] gibt durch seine Befehlsform zu erkennen, dass es sich nicht nur um jene Zustimmung handelt, die die Seele gewähren oder verweigern kann, wenn Gott persönlich kommt, die Hand seiner künftigen Braut zu ergreifen, sondern auch um eine Liebe, die diesem Besuch voraufgeht. Denn es handelt sich um eine immerwährende Verpflichtung.

Die voraufgehende Liebe kann nicht Gott zum Gegenstand haben, weil Gott nicht gegenwärtig ist und es bis dahin noch niemals war. Sie hat also einen anderen Gegenstand. Dennoch ist sie bestimmt, Liebe zu Gott zu werden. Man kann sie indirekte oder implizite Gottesliebe nennen.

Diese Benennung trifft sogar dann zu, wenn der Gegenstand dieser Liebe den Namen Gottes trägt. Denn dann wird man entweder sagen dürfen, dass dieser Name ihm auf uneigentliche Weise beigelegt wird oder dass dessen Verwendung nur auf Grund der künftig zu erwartenden Entwicklung berechtigt ist.

Die implizite Gottesliebe kann nur drei unmittelbaren Gegenständen gelten, den drei hienieden einzigen Gegebenheiten, in denen Gott wirklich, obgleich auf verborgene Weise, gegenwärtig ist. Diese drei Gegebenheiten sind die religiösen Gebräuche, die Schönheit der Welt und der Nächste. Hieraus ergeben sich drei Formen der Liebe.

Diesen drei Formen der Liebe darf man vielleicht noch die Freundschaft hinzufügen; zwischen ihr und der Nächstenliebe besteht ein Unterschied.

Von diesen Formen der indirekten Liebe ist jede den beiden anderen auf das strengste gleichwertig an Kraft und Vermögen. Je nach den Umständen, der Veranlagung oder Berufung wird diese oder jene als Erste in eine Seele eintreten; diese oder jene wird während der Zeit der Vorbereitung vorherrschend sein. Und es muss während der ganzen Dauer dieser Zeit vielleicht nicht notwendig immer die Gleiche sein.

Es ist jedoch wahrscheinlich, dass in der Mehrzahl der Fälle diese Vorbereitungszeit sich erst dann ihrem Ende nähert und die Seele erst dann bereit ist, den persönlichen Besuch ihres Herrn zu empfangen, wenn die indirekte Liebe unter all ihren Formen in der Seele einen gewissen Grad der Vollkommenheit erreicht hat.

In ihrer Gesamtheit stellen diese Arten der Liebe die Gottesliebe in jener Gestalt dar, wie sie der Zeit der Vorbereitung angemessen ist: in verhüllter Gestalt.

Sie verschwinden auch nicht, wenn die eigentliche Gottesliebe in der Seele aufgeht; vielmehr werden sie unendlich viel kräftiger und bilden alle zusammen nur eine einzige Liebe.

Aber die verhüllte Gestalt der Liebe geht notwendigerweise voraus, und oft herrscht sie während einer sehr langen Zeit allein in der Seele; bei vielen vielleicht bis zum Tode. Diese verhüllte Liebe kann sehr hohe Grade der Reinheit und Stärke erreichen.

Jede der Gestalten, die diese Liebe in dem Augenblick, da sie die Seele berührt, annehmen kann, hat die Kraft eines Sakramentes.

Die Nächstenliebe

Christus hat dies für die Nächstenliebe deutlich genug angezeigt. Er hat gesagt, dass er eines Tages seinen Wohltätern mit den Worten danken werde: »Ich hungerte, und ihr habt mich gespeist.«[76] Wer aber kann der Wohltäter Christi sein, wenn nicht Christus selbst? Wie kann ein Mensch Christus speisen, wenn er nicht, zumindest auf einen Augenblick, in jenen Zustand erhoben wird, von dem der heilige Paulus spricht, wo nicht mehr er selbst in ihm selber lebt, sondern wo nur Christus in ihm lebt?[77]

In dem Text des Evangeliums ist nur von der Gegenwart Christi in dem Unglücklichen die Rede. Dennoch scheint es, dass die geistliche Würdigkeit des Empfängers gänzlich außer Betracht bleibt. Man wird also annehmen müssen, dass es der Wohltäter selbst ist, der, als Träger und Bringer Christi, mit dem Brot, das er dem hungernden Unglücklichen reicht, Christus in ihn eintreten lässt. Der andere kann dieser Gegenwart zustimmen oder nicht, ebenso wie der, welcher die Kommunion empfängt. Wird die Gabe recht gegeben und recht empfangen, so ist das Geben und Nehmen eines Stückes Brot zwischen zwei Menschen etwas wie eine wahre Kommunion.

Christus nennt seine Wohltäter weder Liebende noch Erbarmende. Er nennt sie die Gerechten. Das Evangelium macht keinerlei Unterschied zwischen der Nächstenliebe und der Gerechtigkeit. Auch in den Augen der Griechen war die Ehrfurcht vor dem bittflehenden Zeus[78] die erste Pflicht der Gerechtigkeit. Wir haben die Unterscheidung zwischen der Gerechtigkeit und der Nächstenliebe erfunden. Und man begreift auch leicht, warum. Unser Begriff der Gerechtigkeit entbindet den Besitzenden von der Verpflichtung, zu geben. Gibt er trotzdem, so glaubt er berechtigten Anlass zur Selbstzufriedenheit zu haben. Er meint, ein gutes Werk getan zu haben. Und je nach der Auffassung, die der Empfänger von diesem Begriff hat, fühlt er sich entweder jeder Erkenntlichkeit enthoben oder zu niedrigen Dankesbezeugungen genötigt.

Einzig die unbedingte Gleichsetzung der Gerechtigkeit mit der Liebe ermöglicht zugleich sowohl das Mitleid und die Dankbarkeit wie auch die Ehrfurcht vor der Würde des Unglücks in dem Unglücklichen bei ihm selbst und bei den anderen.

Man soll überzeugt sein, dass keine Güte bei Strafe, andernfalls unter einem falschen Anschein der Güte in Wahrheit ein Vergehen darzustellen, je über die Gerechtigkeit hinausgehen kann. Doch man soll dem Gerechten danken, dass er gerecht ist, weil die Gerechtigkeit etwas so Schönes ist, wie wir Gott um seiner großen Herrlichkeit willen danken. Jede andere Dankbarkeit ist knechtisch und sogar tierisch.

Der einzige Unterschied zwischen dem, der einem Akt der Gerechtigkeit beiwohnt, und dem, der den materiellen Vorteil davon empfängt, besteht darin, dass hierbei die Schönheit der Gerechtigkeit für den ersten nur ein Schauspiel ist, für den zweiten jedoch der Gegenstand einer Berührung und sogar wie eine Nahrung. Daher soll auch das Gefühl, das bei jenem bloße Bewunderung ist, bei diesem durch die Glut der Dankbarkeit sich zu einem sehr viel stärkeren Gefühl steigern.

Ohne Dankbarkeit sein, wenn einem unter Umständen, wo die Ungerechtigkeit leicht möglich gewesen wäre, eine gerechte Behandlung zuteilwurde, heißt, sich der übernatürlichen, sakramentalen Kraft berauben, die in jedem reinen Akt der Gerechtigkeit beschlossen liegt.

Nichts lässt diese Kraft besser begreifen als die Lehre von der natürlichen Gerechtigkeit, wie man sie mit einer unvergleichlichen geistigen Redlichkeit in einigen wunderbaren Sätzen des Thukydides dargelegt findet.[79]

Als die Athener sich mit Sparta im Kriege befanden, wollten sie die Bewohner der kleinen Insel Melos, die seit alters den Spartanern verbündet und bis dahin neutral geblieben waren, auf ihre Seite zwingen. Vergeblich beschworen die Melier angesichts des athenischen Ultimatums die Gerechtigkeit, vergeblich flehten sie um Erbarmen mit dem Alter ihrer Stadt. Da sie nicht nachgeben wollten, schleiften die Athener die Stadt, brachten alle Männer zum Tode und verkauften alle Weiber und Kinder in die Sklaverei.

Die hier in Betracht kommenden Sätze werden von Thukydides diesen Athenern in den Mund gelegt. Als Erstes erklären sie, sie wollten nicht zu beweisen versuchen, dass ihr Ultimatum gerecht sei:

»Lasst uns vielmehr von dem reden, was möglich und tunlich sein wird... Ihr wisst wie wir, dass man, so wie der menschliche Geist nun einmal beschaffen ist, das, was gerecht ist, nur dann zu untersuchen pflegt, wenn für beide Teile gleiche Nötigung dazu besteht. Handelt es sich aber um einen Mächtigeren und einen Schwächeren, so befiehlt jener das Mögliche, und der Schwächere muss sich darein fügen.«

Die Melier entgegneten, sie seien zuversichtlich überzeugt, dass ihnen im Falle der Schlacht die Götter beistehen würden, weil ihre Sache gerecht sei. Hierauf erwiderten die Athener, sie sähen keinen Grund, dies anzunehmen.

»In Ansehung der Götter sind wir des Glaubens, und in Ansehung der Menschen haben wir die Gewissheit, dass, einer natürlichen Notwendigkeit zufolge, immer jeder überall dort gebietet, wo er die Macht dazu hat. Wir haben dieses Gesetz weder aufgestellt, noch haben wir es zum ersten Mal in Anwendung gebracht; wir haben es bereits vorgefunden, und wir bewahren es, als sollte es ewig dauern; und darum richten wir uns nach diesem Gesetz. Wir wissen wohl, dass auch ihr, wie jeder andere, sobald ihr erst einmal in den Besitz der gleichen Macht gelangt wäret, ebenso handeln würdet.«

Diese Klarheit der Einsicht im Erfassen der Ungerechtigkeit ist jenes Licht, das unmittelbar unterhalb des Lichtes der Nächstenliebe leuchtet. Es ist jene Helle, die dort, wo die Nächstenliebe vorhanden war, aber erloschen ist, noch eine Weile fortdauert. Unterhalb ihrer liegt die Finsternis, wo der Starke aufrichtig glaubt, dass seine Sache gerechter ist als die des Schwachen. Dies war der Fall der Römer und Hebräer.

Möglichkeit, Notwendigkeit sind in diesen Sätzen das, was der Gerechtigkeit entgegengesetzt wird. Möglich ist alles, was ein Starker einem Schwachen auferlegen kann. Es ist vernünftig, zu prüfen, wie weit diese Möglichkeit geht. Nimmt man dies als bekannt an, so ist es gewiss, dass der Starke seinen Willen bis zur äußersten Grenze des Möglichen durchsetzen wird. Das ist eine mechanische Notwendigkeit. Andernfalls wäre es, als wollte er und wollte gleichzeitig nicht. Also unterliegen hier beide, der Starke wie der Schwache, der Notwendigkeit.

Wenn zwei menschliche Wesen miteinander zu tun haben und keines von ihnen die Macht hat, dem andern etwas aufzuzwingen, so müssen sie sich ins Benehmen setzen. Dann prüft man die Gerechtigkeit, denn einzig die Gerechtigkeit ist imstande, einen Willen mit einem anderen zur Übereinstimmung zu bringen. Sie ist das Bild jener Liebe, die in Gott den Vater und den Sohn vereinigt, die der gemeinsame Gedanke zweier getrennter Denkender ist.[80] Handelt es sich aber um einen Starken und einen Schwachen, so besteht kein Bedürfnis, beider Willen zu vereinigen. Dann gibt es nur einen Willen: den des Starken. Der Schwache gehorcht. Alles geschieht, wie wenn ein Mensch einen Stoff handhabt. Da gibt es nicht zweierlei Wollen, das zur Übereinstimmung gebracht werden müsste. Der Mensch will, und der Stoff erleidet diesen Willen. Der Schwache ist wie eine Sache. Es macht keinen Unterschied, ob man einen Stein schleudert, um einen lästigen Hund zu verjagen, oder ob man einem Sklaven sagt: »Jage diesen Hund fort!«

Dort, wo die Kräfteverhältnisse zwischen den Menschen ungleich sind, gerät der Unterlegene, von einem bestimmten Grade der Ungleichheit ab, in den Zustand von etwas Stofflichem und geht seiner Persönlichkeit verlustig. Die Alten sagten: »An dem Tage, wo ein Mensch zum Sklaven wird, verliert er die Hälfte seiner Seele.«[81]

Die im Gleichgewicht schwebende Waage, das Bild des ausgeglichenen Kräfteverhältnisses, war im ganzen Altertum, und vor allem in Ägypten, von jeher das Symbol der Gerechtigkeit. Vielleicht sogar war sie, noch bevor sie im Handel Verwendung fand, bereits ein religiöser Gegenstand. Ihre Verwendung im Handel ist das Gleichnis jener wechselseitigen Zustimmung, des Inbegriffs der Gerechtigkeit, der bei jedem Austausch zum Richtmaß dienen soll. Die Definition der Gerechtigkeit als einer wechselseitigen Zustimmung, die sich in der spartanischen Gesetzgebung fand, war gewiss ägäisch-kretischen Ursprungs.

Ist man bei ungleichem Kräfteverhältnis der Überlegene, so besteht die übernatürliche Tugend der Gerechtigkeit darin, dass man sich genau so verhält, als wären die Kräfte gleichmäßig verteilt. Und zwar genau so in jeder Hinsicht, bis in die geringsten Einzelheiten des Tonfalls und der Haltung, denn eine Kleinigkeit kann genügen, den Unterlegenen in den Zustand der Materie zurückzustoßen, der ihm in dieser Lage natürlich ist, wie die geringste Erschütterung das unter null Grad flüssig gebliebene Wasser zum Gefrieren bringt.

Für den derart behandelten Unterlegenen besteht diese Tugend darin, nicht zu glauben, dass die Kräfte wirklich gleichmäßig verteilt seien, und anzuerkennen, dass die Großmut des anderen der einzige Grund dieser Behandlung ist. Das ist es, was man Erkenntlichkeit nennt. Für den anders behandelten Unterlegenen besteht die übernatürliche Tugend der Gerechtigkeit darin, zu erkennen, dass die Behandlung, die er erleidet, einerseits von der Gerechtigkeit verschieden ist, dass sie jedoch anderseits mit der Notwendigkeit und dem Mechanismus der menschlichen Natur in Übereinstimmung steht. Er soll sich weder unterwerfen noch auflehnen.

Wer diejenigen, die das Kräfteverhältnis weit unter ihn stellt, als seinesgleichen behandelt, macht ihnen wahrhaft das Menschsein, dessen das Schicksal sie beraubte, zum Geschenk. Soweit dies einem Geschöpf möglich ist, wiederholt er hinsichtlich ihrer die zeugende Großmut des Schöpfers.

Diese Tugend ist die christliche Tugend *katexochen*[82]. Es ist die gleiche Tugend, die sich in dem Ägyptischen Totenbuch mit ebenso erhabenen Worten wie denen des Evangeliums selber ausgesprochen findet: »Ich habe niemanden zum Weinen gebracht. Ich habe niemals meine Stimme herrisch gemacht. Ich habe niemals jemandem Furcht eingejagt. Ich habe mich niemals taub gestellt gegen gerechte und wahre Worte.«[83]

Die Erkenntlichkeit auf Seiten des Unglücklichen, wenn sie rein ist, ist nur eine Teilhabe an dieser nämlichen Tugend, denn nur der kann sie erkennen, der ihrer fähig ist. Die anderen empfinden ihre Wirkungen, ohne sie zu erkennen.

Eine solche Tugend ist identisch mit dem tathaft wirklichen Glauben an den wahren Gott. Die Athener des Thukydides waren der Meinung, die Gottheit befehle, wie der Mensch im Naturzustand, bis an die äußerste Grenze des Möglichen. Der wahre Gott ist der als allmächtig gedachte Gott, der aber nicht überall befiehlt, wo er die Macht dazu hat; denn er befindet sich nur in den Himmeln oder aber hienieden im Verborgenen.

Diejenigen Athener, welche die Melier niedermetzelten, hatten von einem solchen Gott auch nicht mehr die mindeste Vorstellung.

Dass sie sich im Irrtum befanden, wird schon dadurch bewiesen, dass es, entgegen ihrer Behauptung, wenn auch äußerst selten, vorkommt, dass ein Mensch sich dort, wo er die Macht dazu hat, aus reiner Großmut des Befehlens enthält. Was dem Menschen möglich ist, ist Gott möglich.

Man kann die Beispiele bestreiten. Gewiss aber würde, wenn man bei diesem oder jenem Beispiel beweisen könnte, dass es sich nur um reine Großmut handelt, diese Großmut allgemein bewundert werden. Alles, was der Mensch zu bewundern fähig ist, ist Gott möglich.

Das Schauspiel dieser Welt ist ein noch sicherer Beweis. Das reine Gute findet sich nirgends in ihr. Entweder also ist Gott nicht allmächtig, oder er ist nicht unbedingt gut, oder aber er befiehlt nicht überall, wo er die Macht dazu hat.

So ist das Vorhandensein des Übels hienieden, weit entfernt, ein Beweis gegen die Wirklichkeit Gottes zu sein, dasjenige, was uns diese Wirklichkeit in ihrer Wahrheit enthüllt.

Von Seiten Gottes ist die Schöpfung nicht ein Akt der Selbstausdehnung, sondern des Zurückweichens, des Verzichtes. Gott und alle Geschöpfe, das ist weniger als Gott allein. Gott hat in diese Minderung eingewilligt. Er hat einen Teil des Seins seiner entleert. Schon in diesem Akt hat er sich seiner Gottheit entleert; darum sagt der Apostel Johannes, dass das Lamm erwürgt worden ist seit der Grundlegung der Welt.[84]

Gott hat anderen Dingen, die nicht er sind und die unendlich geringeren Wertes als er sind, erlaubt, dass sie ein Dasein hätten. Er hat durch den Schöpfungsakt sich selbst verleugnet, wie Christus uns geheißen hat, uns selbst zu verleugnen. Gott hat sich zu unseren Gunsten verleugnet, um uns Gelegenheit zu geben, uns für ihn zu verleugnen. Diese Antwort, dieses Echo, das wir ihm vorenthalten können, ist die einzig mögliche Rechtfertigung der liebenden Torheit des Schöpfungsaktes.[85]

Die Religionen, die diesen Verzicht begriffen haben, diesen freiwilligen Abstand, dieses freiwillige Verschwinden Gottes, seine scheinbare Abwesenheit und seine verborgene Anwesenheit hienieden, – diese Religionen sind die wahre Religion, die Übersetzung der großen Offenbarung in unterschiedliche Sprachen. Die Religionen, welche die Gottheit als überall dort, wo sie die Macht dazu hat, befehlend darstellen, sind falsch. Selbst wenn sie monotheistisch sind, sind sie Götzendienst.

Wer, nachdem ihn das Unglück in den Zustand einer leblosen und passiven Sache versetzt hat, durch die Großmut eines anderen zumindest für eine Weile in den menschlichen Zustand zurückkehrt, der wird, wenn er das wahre Wesen dieser Großmut aufzunehmen und zu empfinden fähig ist, in diesem Augenblick eine Seele empfangen, die ausschließlich aus der Liebe geboren ist. Er wird von oben gezeugt aus Wasser und Geist.[86]

(Das Wort des Evangeliums *anothen* bedeutet häufiger »aus der Höhe« als »von neuem«.) Den unglücklichen Nächsten mit Liebe behandeln heißt, ihm gleichsam die Taufe spenden.

Der, von dem dieser Akt der Großmut ausgeht, kann nur handeln, wie er tut, wenn er sich in Gedanken in den andern versetzt hat. Auch er ist in diesem Augenblick nur aus Wasser und Geist zusammengesetzt.

Die Großmut und das Mitleiden sind untrennbar und haben beide ihr Vorbild in Gott, nämlich in der Schöpfung und in der Passion.

Christus hat uns gelehrt, dass die übernatürliche Nächstenliebe der Austausch des Mitleidens und der Dankbarkeit ist, der wie ein Blitz stattfindet zwischen zwei Wesen, von denen eines mit dem menschlichen Personsein ausgestattet und das andere dessen beraubt ist. Einer von beiden ist nur ein wenig nacktes Fleisch, leblos und blutig an einem Straßengraben, ein Namenloser, von dem niemand etwas weiß. Die an diesem Etwas vorübergehen, bemerken es kaum und haben einige Augenblicke später schon vergessen, dass sie es überhaupt bemerkten. Ein Einziger hält inne und wendet ihm seine Aufmerksamkeit zu. Was hierauf an Handlungen erfolgt, ist nur die automatische Wirkung dieses Augenblickes der Aufmerksamkeit. Diese Aufmerksamkeit ist schöpferisch. Doch in dem Augenblick, da sie geschieht, ist sie Verzicht. Zumindest wenn sie rein ist. Der Mensch willigt in eine Minderung ein, indem er sich für einen Kraftaufwand sammelt, der seine Macht nicht erweitern wird, der nur ein von ihm unterschiedenes, von ihm unabhängiges Wesen im Dasein erhält. Mehr noch, das Dasein des anderen wollen heißt, sich aus Mitgefühl in ihn hineinversetzen und also teilhaben an dem Zustand des leblosen Stoffes, in dem er sich befindet.

Ein solches Verhalten ist gleichermaßen wider die Natur bei einem Menschen, der das Unglück nicht erfahren hat und nicht weiß, was das ist, als auch bei einem Menschen, der das Unglück erfahren oder seine Nähe gewittert hat und dem es davor graut.

Es ist nicht weiter erstaunlich, dass ein Mensch, der Brot hat, einem Hungrigen ein Stück davon abgibt. Erstaunlich aber ist es, dass er dessen mit einer Gebärde fähig ist, die sich von der des Kaufens unterscheidet. Wenn das Almosen nicht übernatürlich ist, so gleicht es einem Kaufhandel. Es kauft den Unglücklichen.

Was ein Mensch auch wollen mag, im Verbrechen wie in der höchsten Tugend, bei seinen geringfügigsten Absichten wie bei seinen großen Plänen, immer hat sein Wollen diesen wesentlichen Inhalt, dass er vor allem in Freiheit wollen will. Das Vorhandensein dieses Vermögens zur freiwilligen Zustimmung bei einem anderen Menschen wollen, der seiner durch das Unglück beraubt wurde, heißt, sich in den anderen hineinversetzen, heißt, selber in das Unglück und also in die Selbstzerstörung einwilligen. Heißt, sich selbst verneinen. Wenn man sich selbst verneint, erwirbt man nach Gott die Fähigkeit, einen anderen durch eine schöpferische Bejahung zu bejahen. Man gibt sich für den anderen als Lösegeld hin. Dies ist ein erlösender Akt.

Die Sympathie des Schwachen für den Starken ist natürlich, denn indem der Schwache sich in den anderen versetzt, erwirbt er eine eingebildete Stärke. Die Sympathie des Starken für den Schwachen, als die entgegengesetzte Operation, ist wider die Natur.

Darum ist die Sympathie des Schwachen für den Starken nur dann rein, wenn ihr einziger Gegenstand das Mitgefühl des anderen mit ihm ist, falls dieser wirklich großmütig ist. Dies ist dann die übernatürliche Dankbarkeit, die darin besteht, dass man glücklich ist, der Gegenstand eines übernatürlichen Mitleidens zu sein. Sie lässt den Stolz völlig unangetastet. Die Bewahrung des echten Stolzes im Unglück ist auch etwas Übernatürliches. Die reine Dankbarkeit wie das reine Mitleid ist wesentlich Einwilligung in das Unglück. Der Unglückliche und sein Wohltäter, zwischen die der Unterschied des Schicksals einen unendlichen Abstand setzt, sind eins in dieser Einwilligung. Es herrscht Freundschaft zwischen ihnen im Sinne der Pythagoreer, eine wunderbare Harmonie und Gleichheit.

Beide anerkennen zu gleicher Zeit von ganzer Seele, dass es besser ist, nicht überall dort zu befehlen, wo man die Macht dazu hat. Wenn dieser Gedanke die ganze Seele erfüllt und die Einbildung, welche die Quelle des Tuns ist, beherrscht, so stellt er den wahren Glauben dar. Denn er verlegt das Gute aus dieser Welt hinaus, in welcher alle Quellen der Macht sind; er erkennt das Gute als das Vorbild des verborgenen Punktes, der sich im Zentrum der menschlichen Person befindet und aus dem der Verzicht entspringt.

Sogar in Kunst und Wissenschaft, wo jede zweitrangige Hervorbringung, ob glänzend oder mittelmäßig, Selbstausdehnung ist, ist die Hervorbringung allerersten Ranges, die Schöpfung, Verzicht auf sich selbst. Diese Wahrheit wird oft nicht erkannt, weil der Ruhm die Hervorbringung ersten Ranges und die glänzendsten zweitrangigen vermischt und unterschiedslos mit seinem Schimmer schmückt, ja sehr oft sogar den Letzteren den Vorzug gibt.

Da die Nächstenliebe auf der schöpferischen Aufmerksamkeit beruht, so gleicht sie dem Genie.

Die schöpferische Aufmerksamkeit besteht darin, dass man wirklich aufmerksam ist auf das, was nicht existiert. Die Menschheit existiert nicht in diesem leblosen anonymen Fleisch am Rande der Straße. Der Samariter,[87] der innehält und schaut, wendet dennoch dieser abwesenden Menschheit seine Aufmerksamkeit zu, und die daraus folgenden Handlungen sind ein Zeugnis, dass es sich um wirkliche Aufmerksamkeit handelt.

Der Glaube, sagt der heilige Paulus, ist das Schauen dessen, was wir nicht sehen.[88] In diesem Augenblick der Aufmerksamkeit ist der Glaube ebenso gegenwärtig wie die Liebe.

Auch ein Mensch, der gänzlich von einem anderen abhängig ist, existiert nicht. Ein Sklave existiert nicht, weder in den Augen des Herrn noch in seinen eigenen. Wenn die amerikanischen Negersklaven sich durch einen Unfall die Hand oder den Fuß verletzten, sagten sie: »Das macht nichts, es ist die Hand des Herrn, der Fuß des Herrn.« Wer völlig jener Güter, gleichviel welcher Art, beraubt ist, in denen sich die gesellschaftliche Achtung kristallisiert hat, der existiert nicht. Ein spanisches Volkslied sagt in Worten von wundervoller Wahrheit: »Wenn einer sich unsichtbar machen will, so gibt es kein sichereres Mittel, als arm zu werden.«[89] Die Liebe sieht das Unsichtbare.

Gott hat das gedacht, was nicht war, und durch sein Denken hat er es ins Sein gebracht. In jedem Augenblick existieren wir nur, weil Gott einwilligt, unsere Existenz zu denken, obwohl wir in Wahrheit nicht existieren. Zumindest stellen wir uns die Schöpfung so vor, auf eine menschliche und also unangemessene Weise, aber es liegt etwas Wahres in dieser bildlichen Vorstellung. Gott allein hat dieses Vermögen, das wirklich zu denken, was nicht ist. Einzig der in uns gegenwärtige Gott kann wirklich das Menschsein in den Unglücklichen denken, sie wirklich mit einem anderen Blick betrachten als dem, den man einer Sache gönnt, wirklich ihre Stimme hören, wie man ein Wort hört. Dann bemerken sie ihrerseits, dass sie eine Stimme haben; anders hätten sie keine Gelegenheit, sich davon zu überzeugen.

So schwierig es ist, einen Unglücklichen wirklich zu hören, ebenso schwierig ist es für ihn, zu wissen, ob man ihn nur aus Mitleid hört.

Die Nächstenliebe ist die Liebe, die von Gott zu dem Menschen herabsteigt. Sie geht jener Liebe voraus, die von dem Menschen zu Gott emporsteigt. Gott drängt es, zu den Unglücklichen herabzusteigen. Sobald eine Seele zur Einwilligung bereit ist, und sei es die allerletzte, die allererbärmlichste und verunstaltetste, alsbald stürzt Gott sich in sie hinab, um durch sie hindurch die Unglücklichen sehen und hören zu können. Diese Gegenwart kommt ihr erst allmählich zum Bewusstsein. Aber wüsste sie ihr auch keinen Namen zu geben, so ist doch Gott überall dort gegenwärtig, wo die Unglücklichen um ihrer selbst willen geliebt werden.

Gott ist nicht gegenwärtig, selbst wenn er angerufen wird, dort, wo die Unglücklichen nur ein Anlass sind, das Gute zu tun, sogar wenn sie dieserhalb geliebt werden. Denn dann sind sie in ihrer natürlichen Rolle, in ihrer Rolle als Materie, als Sache. Sie werden unpersönlich geliebt. Und man soll ihnen, in ihrem leblosen, anonymen Zustand, eine persönliche Liebe entgegenbringen.

Darum sind solche Ausdrücke wie »den Nächsten in Gott, um Gottes willen lieben« irreführend und zweideutig. Die ganze Aufmerksamkeit, deren ein Mensch fähig ist, reicht gerade hin, dieses leblose Stück Fleisch ohne Kleider am Rande der Straße anzusehen. Das ist nicht der Augenblick, seine Gedanken auf Gott zu richten. Wie es Augenblicke gibt, in denen man nur an Gott denken und alle Geschöpfe ausnahmslos vergessen soll, ebenso gibt es Augenblicke, in denen man im Schauen auf die Geschöpfe nicht ausdrücklich an den Schöpfer zu denken braucht. In diesen Augenblicken hat die Gegenwart Gottes in uns eine so tiefe Verborgenheit zur Voraussetzung, dass sie sogar für uns selbst ein Geheimnis bleibt. Es gibt Augenblicke, in denen der Gedanke an Gott uns von ihm trennt. Die Scham ist die Vorbedingung der hochzeitlichen Vereinigung.

In der wahren Liebe lieben nicht wir die Unglücklichen in Gott, sondern Gott in uns liebt die Unglücklichen. Und befinden wir selber uns im Unglück, so liebt Gott in uns die, welche uns wohlwollen. Das

Mitleid und die Dankbarkeit steigen von Gott herab, und wenn sie in einem Blick ausgetauscht werden, so ist Gott an jenem Punkte gegenwärtig, wo die Blicke sich begegnen. Der Unglückliche und der andere lieben sich von Gott her, durch Gott hindurch, aber nicht aus Liebe zu Gott; sie lieben sich aus Liebe zu einander. Dies ist etwas Unmögliches. Darum geschieht dies nur durch Gott.

Wer einem hungernden Unglücklichen Brot reicht aus Liebe zu Gott, dem wird Christus nicht danken. Er hat seinen Lohn schon in diesem einen Gedanken empfangen. Christus dankt denen, die nicht wussten, wem sie zu essen gaben.

Im Übrigen ist die Gabe nur eine der beiden möglichen Formen der Liebe zu den Unglücklichen. Die Macht ist immer Macht, wohl- und wehzutun. Bei einem sehr ungleichen Kräfteverhältnis kann der Überlegene im Hinblick auf den Unterlegenen gerecht sein, sei es, indem er ihm eine gerechte Wohltat erweist, sei es, indem er ihm ein gerechtes Weh zufügt. Im ersten Falle handelt es sich um ein Almosen, im zweiten um eine Züchtigung.

In der gerechten Strafe wie in dem gerechten Almosen ist Gott wirklich gegenwärtig, und darum sind beide eine Art Sakrament. Auch hierauf findet sich ein deutlicher Hinweis im Evangelium. Dies wird durch die Worte ausgedrückt: »Wer ohne Sünde ist, der werfe den ersten Stein auf sie.«[90] Nur Christus allein ist ohne Sünde.

Christus hat die Ehebrecherin verschont. Das Amt des Strafens stand jenem Erdendasein nicht an, das am Kreuz sein Ende finden sollte. Aber er hat nicht geboten, die Strafgerichtsbarkeit abzuschaffen. Er hat erlaubt, dass man weiterhin Steine werfe. Überall, wo dies im Geiste der Gerechtigkeit geschieht, ist also er es, der den ersten Stein wirft. Und wie er in dem hungernden Unglücklichen wohnt, den ein Gerechter speist, so wohnt er auch in dem verurteilten Unglücklichen, den ein Gerechter bestraft. Er hat es nicht gesagt, aber er hat es deutlich genug zu erkennen gegeben, indem er selber wie ein verurteilter Verbrecher starb. Er ist das göttliche Vorbild der Sträflinge. Wie die jungen Arbeiter der *Jeunesse Ouvrière Chrétienne*[91] sich an der Vorstellung berauschen, dass Christus einer der Ihren war, so wären die Sträflinge berechtigt, den gleichen Rausch zu kosten. Man brauchte es ihnen nur zu sagen, wie man es den Arbeitern sagt. In einem Sinne ist Christus ihnen näher als den Märtyrern.

Der tötende Stein, das nährende Stück Brot haben genau dieselbe Kraft, wenn Christus an dem Punkt ihrer Herkunft und ihrer Ankunft gegenwärtig ist. Die Gabe des Lebens, die Gabe des Todes sind gleichwertig.

Nach der indischen Überlieferung sah sich der König Rama, eine Inkarnation der zweiten Person der Dreifaltigkeit, um dem Ärgernis in seinem Volke abzuhelfen, zu seinem größten Bedauern genötigt, einen Mann von niederer Kaste zu töten, weil dieser sich, entgegen dem Gesetz, religiösen Bußübungen hingab. Er suchte ihn selber auf und tötete ihn mit einem Schwertstreich. Unmittelbar darauf erschien ihm die Seele des Toten, fiel ihm zu Füßen und dankte ihm für den Grad der Herrlichkeit, den die Berührung dieses glückseligen Schwertes ihr verliehen hatte. So hatte diese Hinrichtung, obgleich in einem Sinne gänzlich ungerecht, weil sie jedoch nach dem Gesetz und durch Gottes eigene Hand vollstreckt worden war, die volle Kraft eines Sakramentes gehabt.[92]

Die Gesetzlichkeit einer Strafe ist ohne wahre Bedeutung, wenn sie ihr nicht etwas Religiöses verleiht, wenn sie die Strafe nicht zu etwas Ähnlichem wie einem Sakrament macht; und folglich sollten alle Ämter der Strafgerichtsbarkeit, von dem des Richters bis zu dem des Henkers und Gefängniswärters, auf irgendeine Weise an der Würde des Priestertums teilhaben.

Die Definition der Gerechtigkeit erfolgt in der Strafe auf die nämliche Weise wie in dem Almosen. Sie besteht darin, dass die Aufmerksamkeit dem Unglücklichen als einem Wesen und nicht als einer Sache gilt, dass man das Vermögen der freien Zustimmung in ihm zu erhalten begehrt.

Die Menschen glauben, das Verbrechen zu verachten, und in Wirklichkeit verachten sie die Schwäche des Unglücks. Ein Wesen, in dem beides zusammentrifft, erlaubt ihnen, sich der Verachtung des

Unglücks zu überlassen, unter dem Vorwand, dass sie das Verbrechen verachteten. So ist dieses Wesen der Gegenstand der größten Verachtung. Die Verachtung ist das Gegenteil der Aufmerksamkeit. Eine Ausnahme findet nur statt, wenn es sich um ein Verbrechen handelt, das aus irgendeinem Grunde mit einem gewissen Prestige verbunden ist – wie dies häufig beim Mord der Fall ist, wegen der flüchtigen Macht, die dazu gehört – oder das bei den Richtern kaum die Vorstellung der Schuldhaftigkeit wachruft. Der Diebstahl ist das von jedem Prestige am meisten entblößte Verbrechen, das die größte Entrüstung erregt, weil das Eigentum das allgemeinste und mächtigste Band ist, das den Menschen fesselt. Das zeigt sich sogar im Strafgesetzbuch.

Nichts steht so tief wie ein menschliches Wesen, auf dem die Anklage einer wahren oder falschen Schuld lastet und das gänzlich dem Belieben einiger Menschen überantwortet ist, die mit einigen Worten über sein Schicksal entscheiden werden. Diese Menschen schenken ihm keinerlei Aufmerksamkeit. Im Übrigen ist ein Mensch von dem Augenblick an, wo er in die Hände des Strafapparates fällt, bis zu dem Augenblick, wo er seine Freiheit wiedererlangt – und die, welche man die rückfälligen Sträflinge nennt, wie übrigens auch die Prostituierten, entrinnen ihm fast niemals bis zu ihrem Tode –, niemals ein Gegenstand der Aufmerksamkeit. Alles, bis in die geringfügigsten Kleinigkeiten, bis in den Tonfall, mit dem man ihn anredet, ist darauf abgestimmt, ihn in aller Augen und in seinen eigenen zu etwas Niedrigem, einem Auswurf zu stempeln. Die Brutalität und die Leichtfertigkeit, die Ausdrücke der Verachtung und die Scherzworte, die Art des Sprechens, die Art des Hörens und des Nichthörens, alles wirkt in die gleiche Richtung.

Darin liegt keinerlei absichtliche Bosheit. Es ist die automatische Wirkung eines Berufslebens, das sich mit dem Verbrechen beschäftigt, welches unter der Gestalt des Unglücks wahrgenommen wird, das heißt unter der Gestalt, in der das Grauen der Befleckung bloßliegt. Eine derartige Berührung muss, da sie ununterbrochen stattfindet, notwendig ansteckend wirken, und die Form dieser Ansteckung ist die Verachtung. Diese Verachtung schlägt jedem Angeklagten entgegen. Der Strafapparat ist gleichsam ein Transmissionsapparat, dessen Tätigkeit darin besteht, dass er auf jeden Angeklagten die gesamte Menge an Besudelung überträgt, welche die Gesamtheit der Orte einschließt, wo das unglückliche Verbrechen zu Hause ist. Schon die bloße Berührung mit dem Strafapparat ruft eine Art Entsetzen hervor, dessen Stärke dem Grad der Unschuld, der Unberührtheit der Seele genau entspricht. Die, welche gänzlich verfault sind, nehmen hierbei keinerlei Schaden und leiden auch nicht darunter.

Das kann gar nicht anders sein, wenn es nicht zwischen dem Strafapparat und dem Verbrechen etwas gibt, das die Besudelungen läutert. Dieses Etwas kann nur Gott sein. Nur die unendliche Reinheit wird durch die Berührung mit dem Bösen nicht angesteckt. Jede endliche Reinheit wird durch diese lang andauernde Berührung selber Besudelung. Soviel man auch die Gesetzbücher ändert und verbessert, die Strafe kann nicht menschlich sein, wenn sie nicht durch Christus hindurchgeht.

Nicht die Strenge der Strafen ist hierbei das eigentlich Entscheidende. Unter den gegenwärtigen Verhältnissen darf man einen Verurteilten, obwohl er schuldig und seine Strafe in Ansehung seines Vergehens vergleichsweise milde ist, dennoch in den meisten Fällen mit Recht als das Opfer einer grausamen Ungerechtigkeit betrachten. Das Entscheidende ist, dass die Strafe zu Recht verhängt wird, das heißt, dass sie unmittelbar von dem Gesetz ausgeht; dass das Gesetz als etwas Göttliches anerkannt wird, nicht seines Inhaltes wegen, sondern in seiner Eigenschaft als Gesetz; dass alle Einrichtungen der Strafgerichtsbarkeit derart beschaffen sind, dass sie bei den Justizbeamten und ihren Helfern jene Aufmerksamkeit und jenen Respekt vor dem Angeklagten bewirken, welche jeder Mensch jedem beliebigen anderen schuldet, der in seine Gewalt gegeben ist, und dass sie bei dem Angeklagten die Einwilligung in die verhängte Strafe bewirken, jene Einwilligung, deren vollkommenes Vorbild der unschuldige Christus aufgestellt hat.

Ein auf solche Weise verhängtes Todesurteil, sei es auch um eines geringfügigen Vergehens willen, wäre weniger schrecklich als heutzutage eine Verurteilung zu sechs Monaten Gefängnis. Nichts ist entsetzlicher als der so häufige Anblick eines Angeklagten, der in der Lage, darin er sich befindet, auf der ganzen Welt kein anderes Hilfsmittel zur Verfügung hat als das Wort; auf Grund seiner sozialen Herkunft aber und weil ihm die nötige Bildung fehlt, weiß er das Wort nicht zu handhaben und steht nun, unter der niederdrückenden Last seines Schuldgefühls, seines Unglücks und seiner Furcht, stammelnd vor den Richtern, die ihn nicht einmal anhören und ihn fortwährend unterbrechen, wobei sie sich ersichtlich einer gewählten Ausdrucksweise befleißigen.

Solange es Unglück innerhalb des sozialen Lebens gibt, solange staatliche Unterstützungen oder private Almosen, solange Strafen unvermeidlich sind, so lange wird auch die Trennung der bürgerlichen Einrichtungen und des religiösen Lebens ein Verbrechen bleiben. Der Laizismus an sich genommen ist völlig falsch. Er hat nur eine gewisse Berechtigung als Reaktion gegen eine totalitäre Religion. In dieser Hinsicht allerdings muss man zugeben, dass er teilweise zu Recht besteht.

Um, wie es sein soll, überall gegenwärtig zu sein, darf die Religion nicht nur nicht totalitär sein, sondern sie muss sich selber in aller Strenge auf den Bereich der übernatürlichen Liebe beschränken, der ihr allein gemäß ist. In der Bibel heißt es: »Die Weisheit dringt überall hin, kraft ihrer vollkommenen Reinheit.«[93]

Weil Christus in ihnen abwesend ist, sind der Bettelstand im weitesten Sinne und das Strafwesen vielleicht die beiden entsetzlichsten Dinge, die es auf dieser Erde gibt, zwei beinahe höllische Dinge. Sie haben das Aussehen der Hölle selbst. Man kann noch die Prostitution hinzufügen, die sich zu der wahren Ehe verhält, wie Almosen und Strafe ohne Nächstenliebe sich zu dem gerechten Almosen und der gerechten Strafe verhalten.

Der Mensch hat die Macht empfangen, nicht nur dem Körper seines Mitmenschen wohl- und wehzutun, sondern auch der Seele: der ganzen Seele bei denen, in welchen Gott nicht gegenwärtig ist, und dem ganzen nicht von Gott bewohnten Teil der Seele bei den anderen. Wenn ein Mensch, in dem Gott oder die Macht des Bösen wohnt oder in dem einfach der Mechanismus der fleischlichen Triebe sich auswirkt, gibt oder straft, so dringt das, was er in sich trägt, über das Brot oder den Stahl des Schwertes in die Seele des anderen ein. Der Stoff des Brotes und der Stahl sind jungfräulich, leer von Gutem und Bösem, ohne Unterschied geeignet, eines wie das andere zu übertragen. Wen das Unglück zwingt, das Brot anzunehmen, den Streich zu erleiden, dessen Seele ist gleichzeitig dem Guten wie dem Bösen nackt und wehrlos ausgesetzt.

Es gibt ein einziges Mittel, immer nur Gutes zu empfangen. Dieses nämlich: nicht nur auf abstrakte Weise, sondern mit ganzer Seele zu wissen, dass die Menschen, deren Tun nicht aus reiner Liebe entspringt, nur Räder im Triebwerk der Weltordnung sind nach Art der trägen Materie. Dann kommt alles unmittelbar von Gott, sei es durch die Liebe eines Menschen, sei es durch die Trägheit der betastbaren oder psychischen Materie hindurch; durch den Geist oder durch das Wasser. Alles, was die Lebenskraft in uns steigert, ist wie das Brot, für welches Christus den Gerechten dankt; alle Schläge, alle Verletzungen und Verstümmelungen sind wie ein Stein, der von Christi eigener Hand auf uns geworfen wird. Brot und Stein kommen von Christus, und indem sie in unser Inneres eindringen, lassen sie Christus in uns eintreten. Brot und Stein sind Liebe. Wir sollen das Brot essen und uns dem Stein derart darbieten, dass er möglichst tief in unser Fleisch eindringt. Und wenn wir eine Rüstung besitzen, die imstande ist, unsere Seele vor den Steinen, die Christus auf uns wirft, zu schützen, so sollen wir sie abtun und fortwerfen.

Liebe zur Ordnung der Welt

Also ist die Liebe zur Weltordnung, zu der Schönheit der Welt, die Ergänzung der Nächstenliebe.

Sie entspringt dem gleichen Verzicht, der ein Bild des schöpferischen Verzichtes Gottes ist. Gott erhält dieses Universum im Dasein, indem er einwilligt, es nicht, obwohl dies in seiner Macht stünde, durch seine Befehle zu lenken, sondern an seiner Stelle die Herrschaft einerseits der mit der Materie, auch der psychischen Materie der Seele, verbundenen mechanischen Notwendigkeit zu überlassen, und anderseits der den denkenden Personen wesentlichen Autonomie.

In der Nächstenliebe ahmen wir die göttliche Liebe nach, die uns selbst wie alle unsere Mitmenschen erschaffen hat. In der Liebe zur Weltordnung ahmen wir die göttliche Liebe nach, die dieses Weltall erschaffen hat, von dem wir ein Teil sind.

Der Mensch braucht nicht darauf zu verzichten, die Materie und die Seelen durch seine Befehle zu lenken, denn er hat nicht die Macht dazu. Gott hat ihm aber ein imaginäres Abbild dieser Macht, eine imaginäre Göttlichkeit verliehen, damit auch er seinerseits, obgleich nur ein Geschöpf, sich seiner Göttlichkeit entäußern könne.

Wie Gott, der außerhalb der Welt steht, zugleich ihr Mittelpunkt ist, ebenso hat jeder Mensch einen eingebildeten Stand im Mittelpunkt der Welt. Die Täuschung der Perspektive stellt ihn in die Mitte des Raumes; eine ähnliche Täuschung fälscht sein Zeitempfinden; und noch eine andere ähnliche Täuschung ordnet die ganze Hierarchie der Werte um ihn herum. Diese Täuschung erstreckt sich sogar auf das Daseinsgefühl, auf Grund der innigen Verbindung, die in uns zwischen dem Wertgefühl und dem Seinsgefühl besteht; das Sein erscheint uns von immer geringerer Dichte, je weiter es von uns entfernt ist.

Die räumliche Form dieser Täuschung führen wir auf das zurück, was sie ist: ein Trug unserer Einbildungskraft. Wir sind gezwungen, sie aufzulösen; denn anders nähmen wir keinen einzigen Gegenstand wirklich wahr, wir wären nicht einmal imstande, uns genügend zurechtzufinden, um auch nur einen einzigen bewussten Schritt tun zu können. Hierin gibt Gott uns ein Muster des Verhaltens, nach welchem wir unsere ganze Seele umbilden sollen. Wie wir schon als kleine Kinder lernen, diese Täuschung unseres Raumgefühls aufzulösen und auszuschalten, so sollen wir ein Gleiches im Hinblick auf unser Zeitgefühl, unser Wertgefühl und unser Seinsgefühl leisten. Andernfalls sind wir außerstande, in jeder anderen Hinsicht als der des Raumes einen einzigen Gegenstand zu unterscheiden, einen einzigen Schritt zu lenken.

Wir befinden uns im Irrealen, im Traum. Auf unsere imaginäre Stellung im Mittelpunkt verzichten, nicht nur durch unsere Erkenntniskräfte darauf verzichten, sondern auch im Bereich unserer Einbildungskraft, heißt, zum Wirklichen, zum Ewigen erwachen, das wahre Licht schauen, das wahre Schweigen vernehmen. Dann findet eine Umwandlung an der Wurzel unseres Empfindungsvermögens selbst statt, in der Art und Weise unseres unmittelbaren Erfassens sinnlicher und psychologischer Eindrücke. Eine ähnliche Umwandlung, wie sie eintritt, wenn wir abends an der Straße, dort, wo wir zuerst einen zusammengekauerten Menschen wahrzunehmen glaubten, plötzlich einen Baum erkennen; oder wenn wir das, was wir für ein Flüstern von Stimmen hielten, als ein Rascheln des Laubes erkennen. Man sieht die nämlichen Farben, man hört die nämlichen Geräusche, doch nicht auf die nämliche Weise.

Sich seiner falschen Göttlichkeit entleeren, sich selbst verneinen, darauf Verzicht tun, sich in seiner Einbildung für den Mittelpunkt der Welt zu halten, alle Punkte der Welt als ebenso viele gleichberechtigte Mittelpunkte und den wahren Mittelpunkt als außerhalb der Welt gelegen erkennen, das heißt, im Bereich des Stoffes der Herrschaft der mechanischen Notwendigkeit und im Mittelpunkt jeder Seele der Freiheit der Entscheidung zustimmen. Diese Zustimmung ist Liebe. Das Antlitz dieser Liebe, das den denkenden Wesen zugekehrt ist, ist Nächstenliebe; das Antlitz, das dem Stofflichen zugekehrt ist, ist Liebe zur Weltordnung oder, was das Gleiche ist, Liebe zur Schönheit der Welt.

Im Altertum nahm die Liebe zur Schönheit der Welt einen sehr großen Raum in den Gedanken ein und umgab das ganze Leben mit einer wunderbaren Poesie. Dies war bei allen Völkern der Fall, in China, in Indien, in Griechenland. Die griechische Stoa, die etwas Wunderbares war und der das Urchristentum, vor allem der Geist des heiligen Johannes, unendlich nahe stand, war beinahe ausschließlich Liebe zur Schönheit der Welt. Was Israel betrifft, so enthalten gewisse Stellen des Alten Testaments, in den Psalmen, des Buches Hiob, bei Isaias, in den Weisheitsbüchern, einen unvergleichlichen Ausdruck der Schönheit der Welt.

Das Beispiel des heiligen Franziskus zeigt, welchen Raum die Schönheit der Welt in einem christlichen Geiste einnehmen kann. Nicht nur ist sein Gedicht[94] vollkommene Poesie, sondern sein ganzes Leben war vollkommene tätige Poesie. So war zum Beispiel seine Wahl der Gegenden für die Einsiedlerklausen oder für die Gründung von Klöstern schon durch sich selbst die schönste Poesie des Tuns. Die Landstreicherei, die Armut waren Poesie bei ihm; er entblößte sich, um unmittelbar die Schönheit der Welt zu berühren.

Auch bei dem heiligen Johannes vom Kreuz finden sich einige schöne Verse über die Schönheit der Welt.[95] Aber ganz im Allgemeinen, mit dem gebotenen Vorbehalt bezüglich der unbekannten oder kaum bekannten oder vielleicht vergrabenen Schätze unter den vergessenen Dingen des Mittelalters, wird man doch sagen dürfen, dass die Schönheit der Welt in der christlichen Überlieferung fast keine Rolle spielt. Das ist seltsam. Der Grund ist schwer zu begreifen. Dies ist eine schreckliche Lücke. Wie hätte das Christentum ein Recht, sich katholisch zu nennen, wenn das Universum selber in ihm ausgelassen ist?

Allerdings ist im Evangelium von der Schönheit der Welt nur selten die Rede. Aber die Jünger haben es gewiss für überflüssig erachtet, in diesem kurzen Text, der, wie der heilige Johannes sagt, bei weitem nicht alle Lehren Christi enthält,[96] das eigens aufzunehmen, was ein so allgemein verbreitetes Gefühl betraf.

Dennoch ist zweimal die Rede davon. Einmal gibt Christus die Vorschrift, die Lilien und die Vögel zu betrachten und nachzuahmen wegen ihrer Unbekümmertheit um die Zukunft, wegen ihrer Fügsamkeit gegen das Schicksal;[97] ein andermal, die unterschiedslose Austeilung von Regen und Sonnenschein[98] zu betrachten und nachzuahmen.

Die Renaissance glaubte, die geistigen Bande mit der Antike über das Christentum hinweg wieder anzuknüpfen, aber sie hat von der Antike höchstens die zweitrangigen Erzeugnisse ihrer Inspiration übernommen: Kunst und Wissenschaft und die Neugier für das Menschliche; von dem eigentlichen Geist der Antike hat sie kaum einen Hauch verspürt. Sie hat die Berührung mit der Schönheit der Welt nicht wiedergefunden.

Im elften und zwölften Jahrhundert hat es den Ansatz zu einer Renaissance gegeben, welche die wahre gewesen wäre, wenn sie ihre Früchte hätte zeitigen können; ihre ersten Knospen brachen vor allem in der Provence auf. Gewisse Verse der Trobadors über den Frühling lassen vermuten, dass in diesem Falle der christliche Geist und die Liebe zur Schönheit der Welt vielleicht nicht getrennt geblieben wären. Im Übrigen hat der okzitanische Geist seinen Stempel auch Italien aufgeprägt, und es besteht vielleicht eine Verwandtschaft zwischen ihm und dem franziskanischen Geiste. Aber, sei es nun Zufall, sei es, sehr viel wahrscheinlicher, Zusammenhang von Ursache und Wirkung, diese Knospen überlebten nirgends die Albigenserkriege; nur hie und da lässt sich ihre Spur noch erkennen.

Heutzutage möchte man glauben, die weiße Rasse habe das Empfinden für die Schönheit der Welt fast gänzlich eingebüßt, und sie habe sich die Aufgabe gesetzt, es in allen Erdteilen, wohin sie ihre Waffen, ihren Handel und ihre Religion gebracht hat, zum Verschwinden zu bringen. Wie Christus zu den Pharisäern sprach: »Wehe euch! ihr habt den Schlüssel der Erkenntnis geraubt; ihr tretet nicht ein und lasst auch die andern nicht eintreten.«[99]

Und dennoch ist heutzutage in den Ländern weißer Rasse die Schönheit der Welt beinahe der einzige Weg, über den man Gott noch eindringen lassen kann. Denn von den beiden anderen Wegen sind wir noch sehr viel weiter entfernt. Dass man den religiösen Bräuchen wahre Liebe und Ehrfurcht entgegenbringt, ist sogar bei denen selten, die ihnen obliegen, und bei den anderen finden sie sich so gut wie überhaupt nicht. Die Mehrzahl begreift nicht einmal, wie das möglich sein sollte. Und was den übernatürlichen Gebrauch des Unglücks betrifft, so sind Mitleid und Dankbarkeit nicht nur selten anzutreffen, sondern sie sind heute für fast alle nahezu unverständlich geworden. Ihr Begriff selber ist fast verschwunden; selbst die Bedeutung dieser Worte ist niedrig geworden.

Das Gefühl des Schönen indessen, obgleich verstümmelt, entstellt und besudelt, bleibt als eine mächtige Bewegkraft unausrottbar lebendig im Herzen des Menschen. Es ist in allen Bemühungen des weltlichen Lebens gegenwärtig. Ließe es sich in seiner Echtheit und Reinheit wiederherstellen, es trüge das ganze weltliche Leben in seiner Gesamtheit vor die Füße Gottes hinauf, es ermöglichte die völlige Inkarnation des Glaubens.

Im Übrigen ist die Schönheit der Welt ganz allgemein der gewöhnlichste, der leichteste und natürlichste Weg.

Wie Gott sich in jede Seele herniederstürzt, sobald sie sich auftut, um durch sie hindurch die Unglücklichen zu lieben und ihnen zu dienen, so auch stürzt er in sie hernieder, um durch sie hindurch die sinnliche Schönheit seiner eigenen Schöpfung zu lieben und zu bewundern.

Aber das Gegenteil ist noch sehr viel wahrer. Der natürliche Hang der Seele, die Schönheit zu lieben, ist die Falle, deren sich Gott am häufigsten bedient, um die Seele dem Hauch aus der Höhe zu öffnen.[100]

Dies war die Falle, in der Kore gefangen wurde. Von dem Duft der Narzisse ergoss ein Lächeln sich über den ganzen Himmel droben und die ganze Erde rings und die ganze schwellende Weite des Meeres. Kaum hatte das arme Mädchen die Hand ausgestreckt, da war sie auch schon in die Falle gegangen. Sie war in die Hände des lebendigen Gottes gefallen. Als sie wieder daraus hervorging, hatte sie den Granatkern gegessen, der sie auf ewig band. Sie war keine Jungfrau mehr; sie war die Vermählte Gottes.

Die Schönheit der Welt ist die Pforte des Labyrinthes. Der Unvorsichtige, der, einmal eingetreten, einige Schritte getan hat, ist nach kurzer Zeit außerstande, den Ausgang wiederzufinden. Erschöpft, ohne Speise und Trank, im Finstern irrend, fern von seinen Angehörigen, fern von allem, was er liebt und kennt, wandert er ohne Bewusstsein, ohne Hoffnung, unfähig sogar, sich Rechenschaft zu geben, ob er wirklich fortschreitet oder ob er auf der Stelle kreist. Doch dieses Unglück ist nichts im Vergleich mit der Gefahr, die ihm droht. Denn wenn er den Mut nicht sinken lässt, wenn er seine Wanderung fortsetzt, so ist er völlig gewiss, dass er zuletzt die Mitte des Labyrinthes erreichen wird. Und dort erwartet ihn Gott, um ihn zu verschlingen. Später wird er wieder herauskommen, doch als ein Verwandelter, als jemand, der ein anderer geworden ist, da er von Gott verschlungen und verdaut wurde. Dann wird er nahe dem Eingang sich aufhalten, um die Herankommenden sanft hineinzustoßen.

Die Schönheit der Welt ist keine Eigenschaft der Materie als solcher. Sie ist eine Beziehung der Welt auf unser Empfindungsvermögen, dieses Empfindungsvermögen, das mit der Struktur unseres Körpers und unserer Seele gegeben ist. Voltaires Micromégas[101] oder ein vernunftbegabtes Aufgusstierchen hätte keinerlei Zugang zu der Schönheit, von der wir uns im Universum ernähren. Sollten derartige Wesen existieren, so muss man glauben, dass die Welt auch für sie schön wäre; aber es wäre eine andere Schönheit. Jedenfalls muss man glauben, dass die Welt für alle Seinsstufen schön ist; und noch allgemeiner, dass sie in Bezug auf die leibliche und seelische Struktur jedes der tatsächlich existierenden und aller möglichen vernunftbegabten Wesen die Fülle der Schönheit besitzt. Eben auf dieser Übereinstimmung einer Unendlichkeit von vollkommenen Schönheiten beruht ja der transzendentale Charakter der Schönheit der Welt. Nichtsdestoweniger ist das, was wir von dieser Schönheit wahrnehmen, für unser menschliches Empfindungsvermögen bestimmt.

Die Schönheit der Welt ist die Mitwirkung der göttlichen Weisheit bei der Schöpfung. »Zeus hat alle Dinge erschaffen«, sagt ein orphischer Vers, »und Bacchus hat sie vollendet.«[102] Die Vollendung, das ist die Erschaffung der Schönheit. Gott hat das Weltall erschaffen, und sein Sohn, unser erstgeborener Bruder, hat für uns dessen Schönheit erschaffen. Die Schönheit der Welt ist Christi zärtliches Lächeln für uns durch den Stoff hindurch. Er ist wirklich gegenwärtig in der Schönheit des Alls. Die Liebe zu dieser Schönheit entspringt dem in unsere Seele herniedergestiegenen Gott und geht auf den im Weltall gegenwärtigen Gott. Auch sie ist etwas wie ein Sakrament.

Dies gilt nur von der Schönheit des Alls. Aber Gott ausgenommen, kann allein das Universum in seiner Gesamtheit mit einer völligen Angemessenheit des Wortes schön genannt werden. Alles innerhalb des Universums, was geringer als dieses ist, kann nur schön genannt werden, indem man über die strenge Bedeutung dieses Wortes hinausgeht und es auf Dinge anwendet, die nur mittelbar an der Schönheit teilhaben, die Nachahmungen der Schönheit sind.

Alle diese sekundären Schönheiten sind von unendlichem Wert, insofern sie auf die allgemeine Schönheit hinführen. Macht man jedoch bei ihnen halt, so sind sie im Gegenteil eine Decke vor unseren Blicken; und dann ist ihre Wirkung verderblich. In allen liegt mehr oder minder eine solche Versuchung, doch in sehr verschiedenen Graden.

Darüber hinaus gibt es eine größere Anzahl von Faktoren der Verführung, die mit der Schönheit nicht das Geringste gemein haben, deretwegen man jedoch aus Mangel an Unterscheidung die Dinge, denen sie anhaften, als schön bezeichnet. Denn sie erschleichen sich die Liebe durch Betrug, und alle Menschen nennen alles, was sie lieben, schön. Alle Menschen, selbst die unwissendsten, selbst die niedrigsten, wissen, dass einzig das Schöne ein Anrecht auf unsere Liebe hat. Die Größten und Reinsten wissen es ebenfalls. Kein Mensch ist unterhalb oder oberhalb der Schönheit. Die Worte, die das Schöne bezeichnen, kommen allen auf die Lippen, sobald sie den Gegenstand ihrer Liebe preisen wollen. Nur ihr Unterscheidungsvermögen für das Schöne ist stärker oder schwächer.

Die Schönheit ist die einzige irdische Zweckhaftigkeit. Dies ist, wie Kant bemerkt, eine Zweckhaftigkeit, die keinen Zweck in sich schließt.[103] Etwas Schönes enthält kein anderes Gut außer sich selbst, in seiner Gesamtheit, so wie es uns erscheint. Wir streben ihm zu, ohne zu wissen, was wir von ihm fordern sollen. Es bietet uns sein eigenes Dasein dar. Wir begehren nichts anderes, dieses besitzen wir, und dennoch begehren wir noch etwas darüber hinaus. Was, ist uns gänzlich unbekannt. Wir möchten hinter die Schönheit gelangen, aber sie ist nur Oberfläche. Sie ist gleich einem Spiegel, der uns unser eigenes Verlangen nach dem Guten zurückwirft. Sie ist eine Sphinx, ein Rätsel, ein schmerzlich quälendes Geheimnis. Wir möchten uns von ihr nähren, doch sie ist nur ein Gegenstand des Schauens, sie erscheint nur in einem gewissen Abstand. Dies ist der große Schmerz des menschlichen Lebens, dass Schauen und Essen zwei verschiedene Tätigkeiten sind. Nur auf der anderen Seite des Himmels, in dem Lande, da Gott wohnt, ist beides ein und dasselbe Tun. Schon die Kinder, wenn sie lange Zeit ein Stück Kuchen betrachten und es schließlich fast mit Bedauern nehmen, um es zu essen, ohne sich dessen doch enthalten zu können, empfinden diesen Schmerz. Vielleicht sind die Laster, Verderbtheiten und Verbrechen ihrem eigentlichen Wesen nach fast immer oder sogar immer Versuche, das Schöne zu essen, das zu essen, was man nur betrachten soll. Eva hat den Anfang gemacht. Wenn sie die Menschheit durch das Essen einer Frucht zugrunde gerichtet hat, so muss die Rettung in dem umgekehrten Verhalten liegen: eine Frucht zu betrachten, ohne sie zu essen. »Zwei geflügelte Gefährten«, heißt es in einer Upaniṣad, »zwei Vögel sind auf dem Zweig eines Baumes. Der eine isst die Früchte, der andere betrachtet sie.«[104] Diese beiden Vögel sind die beiden Hälften unserer Seele.

Eben weil die Schönheit keinen Zweck in sich schließt, stellt sie hienieden die einzige Zweckhaftigkeit dar. Denn hienieden gibt es durchaus keine Zwecke. Alle jene Dinge, die wir für Zwecke halten, sind Mittel. Das ist eine offenkundige Wahrheit. Das Geld ist ein Mittel, um etwas kaufen, die Macht ist ein Mittel, um anderen befehlen zu können. Und so verhält es sich, mehr oder minder sichtbar, mit allem, was in unseren Augen ein Gut ist.

Einzig das Schöne ist kein Mittel zu etwas anderem. Nur die Schönheit ist in sich selber gut, doch ohne dass wir darin irgendein Gut fänden. Sie scheint selbst ein Versprechen zu sein und kein Gut. Aber sie gibt nur sich selbst, und niemals gibt sie etwas anderes.

Da sie jedoch die einzige Zweckhaftigkeit ist, so ist sie in allem enthalten, was der Mensch erstrebt. Obwohl jeder nur Mitteln nachjagt – denn alles, was hienieden existiert, ist nur Mittel –, fällt doch ein Glanz des Schönen darauf, der ihnen einen Anstrich von Zweckhaftigkeit verleiht. Andernfalls gäbe es weder ein Verlangen danach noch infolgedessen eine Kraft des Strebens.

Für einen Geizigen, wie er uns in Harpagon[105] geschildert wird, liegt alle Schönheit der Welt im Gold beschlossen. Und in der Tat hat das Gold, ein reiner und schimmernder Stoff, etwas Schönes. Das Verschwinden des Goldes als Münze scheint auch diese Art Geiz zum Verschwinden gebracht zu haben. Die heute ansammeln, ohne auszugeben, streben nach Macht.

Die Mehrzahl derer, die nach Reichtum trachten, verbinden damit die Vorstellung des Luxus. Der Luxus ist der Zweck des Reichtums. Und für eine ganze Gattung von Menschen ist der Luxus die Schönheit selbst. Er stellt die Umgebung dar, in der allein sie einer undeutlichen Empfindung von der Schönheit der Welt fähig sind; ebenso wie der heilige Franziskus, um die Schönheit der Welt zu empfinden, seines unsteten Bettlerlebens bedurfte. Das eine wie das andere Mittel besäßen die gleiche Berechtigung, wenn die Schönheit der Welt in beiden Fällen mit der gleichen Unmittelbarkeit, in der gleichen Reinheit und Fülle empfunden würde; zum Glück aber hat Gott nicht gewollt, dass dem so sei. Die Armut besitzt ein Vorrecht. Dies ist eine Einrichtung der Vorsehung, ohne welche die Liebe zu der Schönheit der Welt leicht mit der Nächstenliebe in Widerspruch stünde. Nichtsdestoweniger ist das Grauen vor der Armut – und jede Minderung des Reichtums oder sogar seine Nicht-Vermehrung kann als Armut empfunden werden – wesentlich das Grauen vor dem Hässlichen. Die Seele, welche die Umstände verhindern, etwas von der Schönheit der Welt, sei es auch nur undeutlich oder selbst durch die Lüge hindurch, zu spüren, wird bis ins Innerste von einer Art Entsetzen ergriffen.

Die Liebe zur Macht läuft auf das Verlangen hinaus, innerhalb eines weiten oder engen Bereichs eine Ordnung unter den Menschen und Dingen rings um einen zu schaffen, und diese Ordnung ist begehrenswert, weil sie das Gefühl des Schönen hervorruft. In diesem Fall wie im Falle des Luxus handelt es sich darum, in einem bestimmten begrenzten Umkreis, den man jedoch beständig zu erweitern strebt, eine Ordnung herzustellen, die einen ähnlichen Eindruck wie die Schönheit des Alls hervorruft. Das Ungenügen, das Verlangen nach Vermehrung, hat eben darin seinen Grund, dass man die Berührung mit der Schönheit des Weltalls begehrt, während der Bereich, den man ausgestaltet, nicht das Weltall ist. Er ist nicht das Universum, und er verstellt uns die Aussicht darauf. Das Universum rings um ihn wird nur als eine Art Kulisse wahrgenommen.

In einem »Sémiramis«[106] überschriebenen Gedicht lässt uns Paul Valéry sehr deutlich empfinden, wie eng das Band ist, das die Ausübung der Tyrannei mit der Liebe zum Schönen verknüpft. Außer für den Krieg, dieses Werkzeug der Machtvermehrung, hatte Ludwig XIV. für nichts anderes Interesse als für Feste und Baukunst. Und übrigens übt auch der Krieg, vor allem in seiner ehemaligen Gestalt, eine lebhafte und heftige Wirkung auf unser Schönheitsempfinden aus.

Die Kunst ist ein Versuch, auf eine beschränkte Menge von Menschenhand geformten Stoffes ein Abbild der unendlichen Schönheit des ganzen Universums zu übertragen. Ist der Versuch gelungen, so darf dieses stoffliche Gebilde das Universum nicht verbergen, sondern es muss uns vielmehr dessen ganze Wirklichkeit ringsum enthüllen.

Die Kunstwerke, die kein unverfälschter und reiner Abglanz der Schönheit der Welt sind und keinen unmittelbaren Durchblick auf sie eröffnen, sind nicht im eigentlichen Verstande schön; sie sind nicht ersten Ranges; ihre Verfertiger mögen sehr begabt sein, aber echtes Genie besitzen sie nicht. Dies gilt von sehr vielen Kunstwerken, die zu den berühmtesten und meistgepriesenen gehören. Bei jedem wahren

Künstler hat eine wirkliche, direkte, unmittelbare Berührung mit der Schönheit der Welt stattgefunden, jene Berührung, die gleichsam eine Art Sakrament ist. Jedes Kunstwerk ersten Ranges ist von Gott inspiriert, sein Gegenstand mag noch so weltlich sein; alle Übrigen sind nicht von ihm inspiriert. Hingegen könnte der Glanz der Schönheit, der auf einigen dieser Übrigen liegt, wohl ein teuflischer Glanz sein.

Der Gegenstand der Wissenschaft ist das Studium und die theoretische Rekonstruktion der Weltordnung: der Weltordnung im Verhältnis zur geistigen, seelischen und körperlichen Struktur des Menschen; denn entgegen dem einfältigen Wahn gewisser Gelehrter erlauben uns weder die Verwendung der Teleskope und Mikroskope, noch die Benutzung der seltsamsten algebraischen Formeln, noch selbst die Missachtung des Satzes vom Widerspruch die Schranken dieser Struktur zu überschreiten. Dies ist im Übrigen auch nicht einmal wünschenswert. Der Gegenstand der Wissenschaft ist die im Universum anwesende Weisheit, deren Brüder wir sind, die Gegenwart des Christus durch die Materie hindurch, aus der die Welt besteht.

Wir rekonstruieren selber die Weltordnung in einem Bilde, wobei wir von beschränkten, abzählbaren, streng bestimmten Gegebenheiten ausgehen. Zwischen diesen abstrakten und deshalb für uns handlichen Teileinheiten stellen wir selber Verbindungen her durch ein begriffliches Erfassen von Verhältnissen. So können wir in einem Bilde – einem Bilde, dessen Dasein selbst von dem Akt unserer Aufmerksamkeit abhängt – die Notwendigkeit betrachten, die die eigentliche Substanz des Universums ist, die sich uns als solche aber nur durch Schlag und Stoß offenbart.

Zur Betrachtung gehört immer etwas Liebe. Die Betrachtung dieses Bildes der Weltordnung stellt eine gewisse Berührung mit der Schönheit der Welt dar. Die Schönheit der Welt ist die Weltordnung, insofern sie geliebt wird.

Die körperliche Arbeit stellt eine besondere Berührung mit der Schönheit der Welt dar und in den besten Augenblicken sogar eine Berührung von solcher Fülle, dass sich nirgends etwas Gleichwertiges dafür finden lässt. Der Künstler, der Gelehrte, der Denker, der kontemplative Geist sollten das Universum wirklich bewundern und jenen dünnen Schleier der Unwirklichkeit zerreißen, der es verbirgt und für fast alle Menschen in fast allen Augenblicken ihres Lebens zu einem Traum oder einer Theaterdekoration macht. Sie sollten, aber meist können sie es nicht. Der Mensch, dessen Glieder wie zerschlagen sind von der Mühsal eines Arbeitstages, das heißt eines Tages, an dem er der Materie unterworfen war, trägt die Wirklichkeit des Universums in seinem Fleisch wie einen Dorn. Das Schwierige für ihn ist: zu schauen und zu lieben; gelingt es ihm, dann liebt er das Wirkliche.

Dies ist das ungeheure Vorrecht, das Gott seinen Armen vorbehalten hat. Aber sie wissen es fast niemals. Man sagt es ihnen nicht. Das Übermaß der Erschöpfung, die unablässig nagende Sorge um das Geld und der Mangel an wahrer Bildung hindern sie, seiner gewahr zu werden. Es genügte, ihre Lebensbedingungen nur ein wenig zu ändern, um ihnen den Zugang zu einem Schatz zu erschließen. Es zerreißt einem das Herz, wenn man sieht, wie leicht die Menschen in sehr vielen Fällen ihresgleichen einen Schatz verschaffen könnten und wie sie Jahrhunderte hingehen lassen, ohne sich darum zu bemühen.

Zu der Zeit, als es noch eine Kultur des Volkes gab, deren Überreste wir heute unter dem Namen Volkskunst als Museumsstücke sammeln, besaß das Volk gewiss noch einen Zugang zu diesem Schatz. Auch die Mythologie, die der Volkskunst und dem Volksmärchen so nah verwandt ist, bezeugt dies, wenn man ihre Poesie entziffert.

Der Gegenstand der fleischlichen Liebe in allen ihren Gestalten, von der höchsten, der wahren Ehe oder platonischen Liebe, bis zur niedrigsten, bis hinab zur Ausschweifung, ist die Schönheit der Welt. Die Liebe, die dem Schauspiel des Himmels, der Ebenen, des Meeres, der Gebirge gilt, die Liebe zu der schweigenden Natur, die mit tausend leisen Geräuschen zu uns spricht, zu Windeswehen und Sonnenwärme, diese Liebe, die jeden Menschen einmal, wenn auch nur auf einen flüchtigen Augenblick, mit ihrer Ahnung streift, ist eine unvollständige, schmerzliche Liebe, weil sie Dingen gilt, die keiner Antwort fähig sind, weil sie nur Stofflichem gilt. Es verlangt den Menschen, diese nämliche Liebe auf ein Wesen zu übertragen, das seinesgleichen ist, das fähig ist, die Liebe zu erwidern, Ja zu sagen, sich hinzugeben. Das zuweilen mit dem Anblick eines menschlichen Wesens verbundene Gefühl der Schönheit ermöglicht diese Übertragung, wenigstens auf eine trügerische Weise. Aber das Ziel des Verlangens ist dennoch die Schönheit der Welt, das allumfassende Schöne.

Diese Art von Übertragung ist der Inhalt aller Literatur, die sich mit der Liebe befasst, von den ältesten, abgebrauchtesten Metaphern und Gleichnissen der Poesie bis zu den subtilen Analysen Marcel Prousts.

Das Verlangen danach, in einem Menschenwesen die Schönheit der Welt zu lieben, ist wesentlich das Verlangen nach der Inkarnation. Es irrt, wenn es etwas anderes zu sein glaubt. Einzig die Inkarnation kann dieses Verlangen stillen. Und sehr zu Unrecht macht man den Mystikern bisweilen einen Vorwurf daraus, dass sie sich der Sprache der Liebenden bedienen. Sie nämlich sind die ermächtigten Eigentümer dieser Sprache. Alle anderen sind nur berechtigt, sie von ihnen zu entlehnen.

Wenn die fleischliche Liebe aller Höhen und Tiefen mehr oder minder der Schönheit gilt – und die

Ausnahmen sind vielleicht nur scheinbare – so rührt dies daher, dass die Schönheit in einem menschlichen Wesen dieses für die Einbildungskraft zu einer Art Äquivalent der Weltordnung werden lässt.

Darum sind die Sünden in diesem Bereich so schwere Verfehlungen. Sie stellen deshalb eine Beleidigung Gottes dar, weil die Seele unbewusst auf der Suche nach Gott ist. Im Übrigen lassen sie sich alle auf eine einzige Sünde zurückführen, die darin besteht, dass man mehr oder minder ohne die Zustimmung des anderen auskommen möchte. Gänzlich ohne sie auskommen zu wollen, ist unter allen menschlichen Verbrechen bei weitem das schrecklichste. Was könnte entsetzlicher sein, als die Zustimmung eines Wesens für nichts zu achten, in dem man, ob auch unwissend, ein Äquivalent Gottes sucht?

Es ist immer noch ein Verbrechen, obwohl ein minder schweres, wenn man sich mit einer Zustimmung zufrieden gibt, die von einer niedrigen oder oberflächlichen Region der Seele ausgeht. Ob die fleischliche Vereinigung stattfindet oder nicht, der Liebesaustausch ist wider das Gesetz, wenn die Zustimmung nicht bei beiden Teilen von jenem Mittelpunkt der Seele ausgeht, wo das Ja nicht anders als ewig sein kann. Die bindende Verpflichtung der Ehe, die man heutzutage so oft als eine bloße gesellschaftliche Konvention betrachtet, ist auf Grund der Verwandtschaft zwischen der fleischlichen Liebe und der Schönheit in die Natur des menschlichen Geistes selber eingeschrieben. Alles, was in einem Bezug zur Schönheit steht, muss dem Hingang der Zeit entzogen sein. Die Schönheit ist hienieden die Ewigkeit.

Es ist nicht verwunderlich, dass der Mensch in der Versuchung so oft die Empfindung eines Absoluten hat, das ihn unendlich übersteigt, dem man keinen Widerstand leisten kann. Das Absolute ist wohl vorhanden. Nur irrt man, wenn man glaubt, es liege in der Lust.

Der Irrtum ist die Wirkung jener Übertragung durch die Einbildungskraft, welche den vorherrschenden Mechanismus des menschlichen Geistes darstellt. Der Sklave, von dem Hiob spricht, der erst im Tode aufhören wird, die Stimme seines Herrn zu hören, glaubt, diese Stimme tue ihm weh.[107] Das ist nur allzu wahr. Diese Stimme tut ihm nur allzu weh. Und dennoch irrt er. Die Stimme an sich selbst ist nicht schmerzhaft. Wäre er kein Sklave, sie verursachte ihm nicht die geringste Pein. Weil er aber Sklave ist, dringt der Schmerz und die Rohheit der Geißelhiebe mit der Stimme durch das Gehör bis auf den Grund seiner Seele. Er kann dies nicht hindern. Das Unglück hat diese Verbindung hergestellt.

Ebenso wird der Mensch, der glaubt, dass ihn die Lust überwältigt, in Wirklichkeit von dem Absoluten überwältigt, das er in die Lust gesetzt hat. Dieses Absolute verhält sich zu der Lust wie die Geißelhiebe zu der Stimme des Herrn; aber die Verknüpfung ist hier nicht eine Folge des Unglücks, sondern sie ist die

Folge eines ursprünglichen Verbrechens, eines Verbrechens der Abgötterei. Der heilige Paulus hat die Verwandtschaft zwischen Laster und Götzendienst hervorgehoben.[108]

Wer das Absolute in die Lust gesetzt hat, kann nicht anders als von ihr überwältigt werden. Der Mensch streitet nicht wider das Absolute. Wer es verstanden hat, das Absolute außer der Lust zu setzen, besitzt die Vollkommenheit der Mäßigkeit.

Die verschiedenen Arten von Lastern, der Gebrauch von Rauschmitteln im wörtlichen oder im übertragenen Sinne des Wortes, alles dieses ist das Streben nach einem Zustand, in dem die Schönheit der Welt uns fühlbar wird. Der Irrtum beruht eben darin, dass man einen besonderen Zustand erstrebt. Die falsche Mystik ist auch eine Form dieses Irrtums. Hat der Irrtum in der Seele tief genug Wurzeln geschlagen, so ist es dem Menschen unmöglich, ihm nicht zu erliegen.

Ganz allgemein stehen alle Neigungen der Menschen, von den schuldhaftesten bis zu den unschuldigsten, von den gewöhnlichsten bis zu den absonderlichsten, in Beziehung zu einer Gesamtheit von Umständen, zu einer Umgebung, wo sich ihnen, wie sie meinen, ein Zugang zu der Schönheit der Welt eröffnet. Dass diese oder jene Gesamtheit von Umständen bevorzugt wird, rührt von dem Temperament her, von Spuren des vergangenen Lebens, von meist unerkennbaren Ursachen.

Es gibt nur einen, übrigens häufigen Fall, wo das, was den Menschen in der Sinnenlust lockt, nicht die Berührung mit der Schönheit ist: dann nämlich, wenn im Gegenteil die Lust eine Zuflucht vor dieser Berührung bietet.

Die Seele erstrebt nichts anderes als die Berührung mit der Schönheit der Welt oder, auf einer noch höheren Stufe, mit Gott; gleichzeitig aber flieht sie diese Berührung. Wenn die Seele flieht, flieht sie immer entweder das Grauen der Hässlichkeit oder die Berührung mit dem, was wahrhaft rein ist. Denn alles Mittelmäßige flieht das Licht;[109] und in allen Seelen, mit Ausnahme derer, die der Vollkommenheit nahe sind, gibt es einen großen Teil des Mittelmäßigen. Dieser Teil wird jedes Mal von Entsetzen gepackt, wenn sich auch nur eine Spur des reinen Schönen, des reinen Guten zeigt; er verbirgt sich hinter dem Fleisch und benutzt es als eine Hülle. Wie ein kriegslüsternes Volk, um seine Eroberungszüge zu einem erfolgreichen Ende zu bringen, ein wirkliches Bedürfnis hat, seinen Angriff mit irgendeinem Vorwand zu bemänteln, wobei die Art des Vorwandes im Übrigen völlig gleichgültig ist, ebenso bedarf der mittelmäßige Teil der Seele nur eines kleinen Vorwandes, um das Licht zu fliehen. Der Anreiz der Lust, die Furcht vor Schmerzen liefern diesen Vorwand. Auch hier ist es nicht die Lust, sondern das Absolute, das sich der Seele bemächtigt, aber als etwas, das den Menschen abstößt, und nicht mehr als etwas, das ihn anzieht. Sehr häufig ist auch der Fall, dass dort, wo die fleischliche Lust gesucht wird, diese beiden Bewegungen – das Streben nach der reinen Schönheit und das Verlangen, ihr zu entfliehen – ununterscheidbar ineinander verstrickt sind.

Jedenfalls gibt es keine wie immer geartete Beschäftigung des Menschen, in welcher das Trachten nach der Schönheit der Welt fehlte, mag sie auch jeweils unter mehr oder minder entstellten oder befleckten Bildern wahrgenommen werden. Folglich gibt es im Menschenleben keinen Bereich, in dem die Natur Alleinherrscherin wäre. Die Übernatur ist allenthalben insgeheim anwesend: unter tausend verschiedenen Gestalten sind die Gnade und die Todsünde überall.

Das Einzige, was zwischen Gott und diesen Formen eines unvollständigen, unbewussten und bisweilen verbrecherischen Strebens nach dem Schönen vermittelt, ist die Schönheit der Welt. Das Christentum wird sich nicht inkarnieren, solange es nicht den Geist der Stoa in sich aufgenommen hat: die Gesinnung der kindlich frommen Liebe zu der irdischen Heimat, zu unserem Vaterland hienieden, welches das Universum ist. An dem Tage, an dem, infolge eines heute nur schwer begreiflichen Missverständnisses, das Christentum sich von dem Stoizismus getrennt hat, hat es sich zu einem abstrakten und abgespaltenen Sonderdasein verurteilt.

Selbst die erhabensten Leistungen des Schönheitsstrebens, zum Beispiel in der Kunst oder in der

Wissenschaft, sind nicht wirklich schön. Die einzige wirkliche Schönheit, die einzige Schönheit, die wirkliche Gegenwart Gottes ist, ist die Schönheit des Universums. Nichts, was kleiner ist als das Universum, ist schön.

Das Universum ist schön, wie ein vollkommenes Kunstwerk schön wäre, wenn es eines, das diese Bezeichnung verdiente, geben könnte. Es enthält auch nichts, was einen Endzweck oder ein Gut darstellen könnte. Es enthält keinerlei Zweckhaftigkeit, außer der allgemeinen Schönheit selbst; dies ist die wesentliche Wahrheit, die es hinsichtlich des Universums zu erkennen gilt: dass es völlig leer ist von jeder Zweckhaftigkeit. Nur Lüge oder Irrtum können irgendein Zweckverhältnis in es hineindeuten.

Fragt man bei einem Gedicht, warum dieses Wort gerade an dieser Stelle stehe, und lässt sich hierauf eine Antwort geben, so ist entweder das Gedicht nicht ersten Ranges, oder der Leser hat nichts begriffen. Kann man mit wirklicher Berechtigung behaupten, dieses Wort befinde sich dort, wo es steht, um den oder jenen Gedanken auszudrücken, oder der grammatischen Verknüpfung, des Reimes, einer Alliteration, einer gewissen Färbung wegen, oder um den Vers zu füllen, oder auch aus mehreren dieser Gründe zugleich, so hatte der Verfasser des Gedichtes es auf einen Effekt abgesehen, und die wahre Inspiration war nicht vorhanden. Ein wirklich schönes Gedicht duldet nur die eine Antwort, dass das Wort da steht, weil es angemessen war, dass es dort stehe. Der Beweis dieser Angemessenheit ist eben die Tatsache, dass es dort steht und dass das Gedicht schön ist. Das Gedicht ist schön, das heißt: der Leser wünscht nicht, dass es anders sei.

So ahmt die Kunst die Schönheit der Welt nach. Die Angemessenheit der Dinge, der Wesen, der Geschehnisse besteht einzig darin, dass sie existieren und dass wir nicht wünschen dürfen, sie existierten nicht oder sie wären anders gewesen. Ein solcher Wunsch ist ein Frevel an unserem allgemeinen Vaterland, ein Vergehen gegen die stoische Liebe zum Weltganzen. Wir sind derart beschaffen, dass diese Liebe tatsächlich möglich ist; und der Name dieser Möglichkeit ist: die Schönheit der Welt.

Die Frage Beaumarchais': »Warum diese Dinge und nicht andere?«[110] findet niemals eine Antwort, weil das Universum von jeder Zweckhaftigkeit leer ist. Das Fehlen eines Endzweckes ist die Herrschaft der Notwendigkeit. Die Dinge haben Ursachen und keine Endzwecke. Die, welche besondere Absichten der Vorsehung zu erkennen glauben, gleichen den Professoren, die sich auf Kosten eines schönen Gedichtes dem widmen, was sie Texterklärung nennen.

Dieser Herrschaft der Notwendigkeit entspricht in der Kunst der Widerstand des Materials und die Willkür der Regeln. Der Reim zwingt den Dichter bei der Wahl seiner Worte in eine Richtung, die zu seinem Gedanken in keiner Beziehung steht. Er hat in der Poesie vielleicht eine ähnliche Funktion wie das Unglück im Leben. Das Unglück zwingt uns, mit ganzer Seele das Fehlen jeglicher Zweckhaftigkeit zu empfinden.

Je mehr man, wenn die Richtung der Seele die Liebe ist, die Notwendigkeit betrachtet, je mehr man ihre metallische Härte und Kälte an sich presst, unmittelbar gegen das Fleisch, desto näher kommt man der Schönheit der Welt. Das war die Erfahrung, die Hiob machte. Weil er sein Leiden so redlich ausgelitten, weil er keinen Gedanken in sich aufkommen ließ, der die Wahrheit hätte entstellen können, darum stieg Gott zu ihm hernieder, um ihm die Schönheit der Welt zu offenbaren.[111]

Weil das Fehlen jeder Zweckhaftigkeit, das Fehlen jeder Absicht das Wesen der Schönheit der Welt ist, darum hat Christus uns das Gebot gegeben, zu betrachten, wie Regen und Sonnenschein unterschiedslos über Gerechte und Ungerechte herabkommen.[112] Das erinnert an den letzten Schrei des Prometheus bei Aischylos: »O Äther, du, der das allschenkende Licht umschwingt.«[113] Christus heißt uns dieser Schönheit nacheifern. Plato, im *Timaios*,[114] rät uns ebenfalls, uns durch anhaltende Betrachtung die Schönheit der Welt zum Vorbild zu nehmen, ihr ähnlich zu werden, ähnlich der Harmonie der kreisenden Bahnen, nach deren Umlauf die Tage und Nächte, die Monate, die Jahreszeiten, die Jahre in Wiederkehr einander folgen. Auch in diesen kreisförmigen Bahnen, in ihrem

Zusammenspiel ist das Fehlen jeglicher Absicht und Zweckhaftigkeit offenkundig; und die reine Schönheit erstrahlt in ihnen.

Weil wir es lieben können, weil es schön ist, darum ist das Universum ein Vaterland. Es ist unser einziges Vaterland hienieden. Dieser Gedanke ist der Inbegriff der Weisheit der Stoa. Wir haben ein himmlisches Vaterland. Aber es ist gewissermaßen zu schwierig zu lieben, denn wir kennen es nicht; vor allem ist es gewissermaßen zu leicht zu lieben, weil wir es uns nach unserer Einbildung ausmalen können. Wir laufen Gefahr, unter seinem Namen etwas Erdichtetes zu lieben. Wenn die Liebe zu dieser Erdichtung stark genug ist, macht sie jede Tugend leicht, aber auch ohne sonderlichen Wert. Lasst uns darum das hiesige Vaterland lieben! Es ist wirklich; es widersetzt sich der Liebe. Aber eben dieses hat Gott uns gegeben, damit wir es lieben. Es war sein Wille, dass diese Liebe schwierig und dennoch möglich sei.

Wir fühlen uns hienieden als Fremde, Entwurzelte, Verbannte. Unsere Lage ist die des Odysseus, der, nachdem ihn die Schiffer im Schlummer über das Meer gebracht hatten, in einem fremden Lande erwachte und mit einer Sehnsucht, die ihm die Seele zerriss, nach Ithaka heimverlangte.[115] Plötzlich öffnete ihm Athene die Augen, und er erkannte, dass er in Ithaka war. Ebenso geht es jedem Menschen, der unermüdlich nach seinem Vaterland verlangt, den weder die Sirenen noch Kalypso von seinem Verlangen abbringen: eines Tages plötzlich erkennt er, dass er in seinem Vaterland ist.

Die Nachahmung der Schönheit der Welt, die Antwort auf das Fehlen der Zweckhaftigkeit, der Absicht, der Unterscheidung ist das Fehlen jeder Absicht in uns, ist der Verzicht auf den Eigenwillen. Vollkommen gehorsam sein, das heißt vollkommen sein, wie unser himmlischer Vater vollkommen ist.[116]

Unter Menschen wird ein Sklave seinem Herrn nicht dadurch gleich, dass er ihm gehorcht. Im Gegenteil, je unterwürfiger er ist, desto größer ist der Abstand zwischen ihm und dem, der befiehlt.

Anders verhält es sich von Mensch zu Gott. Ein vernunftbegabtes Geschöpf wird, soweit es ihm zusteht, das vollkommene Bild des Allmächtigen, wenn es ihm unbedingt gehorcht.

Im Menschen ist das Gottesbild selber etwas, das in uns mit unserem Personsein verknüpft, aber nicht dieses Personsein selber ist. Es ist das Vermögen, auf die Person zu verzichten. Es ist der Gehorsam.

Jedes Mal, wenn ein Mensch sich zu einer solchen Stufe der Vortrefflichkeit erhebt, dass er durch Teilhabe ein göttliches Wesen wird, tritt etwas Unpersönliches, Anonymes an ihm hervor. Seine Stimme hüllt sich in Schweigen. Das offenbart sich in allen großen Werken der Kunst und des Denkens, in den großen Taten der Heiligen und in ihren Worten.

Es ist also in einem Sinne wahr, dass man Gott als unpersönlich auffassen soll, insofern nämlich, als er das göttliche Vorbild einer Person ist, die durch Selbstverzicht über sich hinausgeht. Fasst man ihn als eine allmächtige Person oder auch, unter Christi Namen, als eine menschliche Person, so schließt man sich damit von der wahren Gottesliebe aus. Darum soll man die Vollkommenheit des himmlischen Vaters in der unterschiedslosen Austeilung von Regen und Sonnenschein[117] lieben. Das göttliche, das absolute Vorbild dieses Verzichtes in uns, der der Gehorsam ist – das ist der schöpferische Quellgrund, die anordnende Urkraft des Universums, das ist die Fülle des Seins.

Weil der Verzicht auf das Personsein den Menschen zu einem Abglanz Gottes macht, darum ist es so entsetzlich, wenn man die Menschen dadurch, dass man sie ins Unglück stürzt, in den Zustand wehrlos gefügiger Materie versetzt. Mit ihrer menschlichen Persönlichkeit beraubt man sie der Möglichkeit, auf diese Verzicht zu leisten, ausgenommen jene, die schon genügend vorbereitet sind. Wie Gott uns autonom erschaffen hat, um uns die Möglichkeit zu geben, aus Liebe auf diese Autonomie zu verzichten, so sollen wir aus demselben Grunde danach streben, die Autonomie bei unseresgleichen zu erhalten. Wer vollkommen gehorsam ist, dem gilt das Vermögen zur freien Entscheidung in den Menschen als etwas überaus Kostbares.

Ebenso besteht zwischen der Liebe zur Schönheit der Welt und dem Mitleid keinerlei Widerspruch.

Diese Liebe hindert uns nicht, für uns selbst zu leiden, wenn wir unglücklich sind. Sie hindert uns ebensowenig, zu leiden, weil andere unglücklich sind. Sie liegt auf einer anderen Ebene als das Leiden.

Die Liebe zur Schönheit der Welt zieht, trotz ihrer Allgemeinheit, als eine zweite und ihr untergeordnete Liebe die Liebe zu allen wahrhaft kostbaren Dingen nach sich, die ein Missgeschick zerstören kann. Wahrhaft kostbar sind die Dinge, auf denen wir als auf Sprossen zu der Schönheit der Welt aufsteigen, die uns einen Ausblick auf diese Schönheit eröffnen. Wer über sie bis zu der Schönheit der Welt selbst hinausgelangt ist, liebt sie darum nicht minder, sondern mit einer sehr viel stärkeren Liebe als vorher.

Zu diesen Dingen zählen alle reinen und echten Leistungen der Kunst und Wissenschaft. In einem sehr viel allgemeineren Sinne alles, was, durch alle sozialen Schichten hindurch, das menschliche Leben mit einem Schimmer von Poesie umgibt. Jeder Mensch ist hienieden durch eine gewisse irdische Poesie verwurzelt, die, als ein Abglanz des göttlichen Lichtes, das mehr oder minder undeutlich empfundene Band darstellt, das ihn mit seinem universellen Vaterlande verknüpft. Das Unglück ist die Entwurzelung.

Vor allem die menschlichen Gemeinwesen, jedes mehr oder weniger, je nach dem Grade seiner Vollkommenheit, umgeben das Leben ihrer Angehörigen mit Poesie. Jedes ist ein Bild und ein Abglanz des Vaterlandes der Welt. Je mehr sie im Übrigen die Gestalt einer Nation haben, je mehr sie selber Anspruch darauf erheben, Vaterland zu sein, ein desto verzerrteres und befleckteres Bild des wahren Vaterlandes sind sie. Aber diese Gemeinwesen materiell oder moralisch zu zerstören oder menschliche Wesen aus ihnen auszuschließen, indem man sie zu dem gesellschaftlichen Abfall hinunterstößt, heißt jedes Band der Poesie und Liebe zwischen den menschlichen Seelen und dem Universum zerschneiden. Heißt, sie mit Gewalt in das Grauen der Hässlichkeit untertauchen. Es gibt kaum ein größeres Verbrechen. Wir alle haben durch Mitwisserschaft und Mittäterschaft an einer beinahe unzählbaren Menge solcher Verbrechen teil. Wir alle müssten, wenn wir es nur zu begreifen vermöchten, blutige Tränen darüber vergießen.

Liebe zu den religiösen Gebräuchen

Die Liebe zu der eingesetzten Religion, obwohl der Name Gottes hier notwendigerweise gegenwärtig ist, ist dennoch durch sich selbst nicht explizite, sondern implizite Gottesliebe. Denn sie begreift keine direkte, unmittelbare Berührung mit Gott in sich. Gott ist in den religiösen Gebräuchen, wenn sie rein sind, auf die nämliche Weise gegenwärtig wie in dem Nächsten und in der Schönheit der Welt, und nicht mehr.

Die Liebe zur Religion kann in der Seele je nach den Lebensumständen die unterschiedlichsten Formen annehmen. Gewisse Umstände verhindern, dass diese Liebe überhaupt entsteht, oder töten sie gar, noch ehe sie recht zu Kräften gekommen ist. Gewisse Menschen geraten durch das Unglück unwillkürlich in Hass und Verachtung gegen die Religion, weil sie unter der Grausamkeit, dem Hochmut oder der Verderbtheit gewisser ihrer Vertreter zu leiden gehabt haben. Andere sind von Kindheit an in einer Umgebung aufgewachsen, die von einer solchen Gesinnung gegen die Religion beseelt war. In dergleichen Fällen darf man wohl annehmen, dass durch Gottes Barmherzigkeit die Nächstenliebe und die Liebe zur Schönheit der Welt, wenn sie stark und rein genug sind, hinreichen, um die Seele in jede mögliche Höhe hinaufzuführen.

Die Liebe zu der eingesetzten Religion gilt in der Regel der herrschenden Religion des Landes oder der Umgebung, darin man aufgezogen wurde. An sie in erster Linie denkt jeder Mensch, infolge einer mit dem Leben selbst in die Seele eingedrungenen Gewohnheit, jedes Mal, wenn er an einen Gottesdienst denkt.

Was die Kraft der religiösen Gebräuche betrifft, so darf man sich völlig jener Auffassung anschließen, die uns der Buddhismus über die Anrufung des Herrn bei seinem Namen überliefert hat. Es heißt, der Buddha habe ein Gelübde getan, jedes Wesen, das seinen Namen mit dem Verlangen ausspräche, von ihm gerettet zu werden, zu sich in das Land der Reinheit zu erheben; und auf Grund dieses Gelübdes habe der Name des Herrn wirklich die Kraft, die Seele zu verwandeln.[118]

Die Religion ist nichts anderes als diese Verheißung Gottes. Jeder religiöse Brauch, jeder Ritus, jede Liturgie ist eine Form, den Namen des Herrn auszusprechen, und muss im Prinzip wirklich eine Macht haben; die Macht, jeden zu retten, der ihnen mit dem Verlangen nach Errettung obliegt. Alle Religionen sprechen in ihrer Sprache den Namen des Herrn aus. Meistens ist es für einen Menschen besser, Gott in seiner Muttersprache zu nennen, als in einer fremden Sprache. Von Ausnahmefällen abgesehen, ist die Seele einer völligen Hingabe nicht fähig, sobald sie sich auch nur die leiseste Anstrengung auferlegen muss, um die Worte einer fremden Sprache zu suchen, selbst wenn ihr diese recht geläufig ist.

Ein Schriftsteller, dessen Muttersprache ärmlich ungelenk und in der Welt nur wenig verbreitet ist, kann leicht in Versuchung geraten, sich eine andere Sprache zu wählen. Es gibt zwar einige Fälle des großartigen Gelingens, wie bei Joseph Conrad, aber sie sind sehr selten. Von diesen wenigen Ausnahmen abgesehen, ist ein solcher Wechsel vom Übel, er vermindert die Qualität des Stiles und schwächt die Kraft des gedanklichen Ausdrucks; der Schriftsteller bleibt mittelmäßig und fühlt sich in der übernommenen Sprache niemals recht zuhause.

Ein Wechsel der Religion bedeutet für die Seele das Gleiche wie ein Wechsel der Sprache für einen Schriftsteller. Allerdings sind nicht alle Religionen gleichermaßen geeignet, den Namen des Herrn auf die rechte Weise auszusprechen. Einige sind zweifelsohne nur sehr unvollkommene Vermittlungen. Die Religion Israels zum Beispiel muss wirklich nur eine sehr unvollkommene Vermittlung gewesen sein, da es dahin kommen konnte, dass man Christus ans Kreuz schlug. Die römische Religion verdiente vielleicht nicht einmal den Namen einer Religion.

Es ist jedoch überhaupt äußerst schwierig und nahezu, ja vielleicht gänzlich unmöglich, die Rangordnung der Religionen zu unterscheiden. Denn eine Religion lässt sich nur von innen erkennen. Die Katholiken behaupten dies vom Katholizismus, aber es trifft für jede Religion zu. Es ist schwierig, den Geschmack und den Nährwert einer Speise, die man niemals gegessen hat, mit dem bloßen Blick abzuschätzen.

Nur die wunderwirkende Kraft der Sympathie befähigt uns in einem gewissen Grade, die Religionen untereinander zu vergleichen. Man kann die Menschen bis zu einem gewissen Grade erkennen, wenn man sich, während man sie von außen beobachtet, gleichzeitig kraft der Sympathie für eine Weile mit seiner eigenen Seele in sie hineinversetzt. So führt auch das Studium der verschiedenen Religionen nur dann zu einer Erkenntnis, wenn man sich eine Zeitlang durch den Glauben in den innersten Kernpunkt der Religion versetzt, die man untersuchen will. Durch den Glauben im ausdrücklichsten Verstande des Wortes.

Und eben das geschieht fast niemals. Denn die einen haben keinerlei Glauben; die anderen glauben ausschließlich an eine Religion und gönnen den anderen nur jene Art von Aufmerksamkeit, wie man sie wohl auch wunderlich gestalteten Muscheln gönnt. Wieder andere halten sich der Unparteilichkeit für fähig, weil sie nur eine unbestimmte Religiosität besitzen, die sie unterschiedslos auf alles Beliebige hinwenden. Man muss jedoch im Gegenteil seine ganze Aufmerksamkeit, seinen vollen Glauben, all seine Liebe einer besonderen Religion zugewandt haben, um an jede andere Religion mit dem jeweils höchstmöglichen Grade der Aufmerksamkeit, des Glaubens und der Liebe denken zu können. Ebenso können auch nur die, welche der Freundschaft fähig sind, und nicht die anderen, an dem Schicksal eines Unbekannten von ganzem Herzen Anteil nehmen.

In allen Bereichen ist nur die Liebe wirklich, die auf einen besonderen Einzelgegenstand gerichtet ist; allgemeine Liebe, ohne dass sie aufhört, wirklich zu sein, wird sie einzig kraft der Analogie und der Übertragung.

Nebenbei bemerkt: die Erkenntnis dessen, was Analogie und Übertragung sind, eine Erkenntnis, auf welche die Mathematik, die verschiedenen Wissenschaften und die Philosophie vorbereiten, steht daher in einem unmittelbaren Zusammenhang mit der Liebe.

Heutzutage ist die vergleichende Erkenntnis der Religionen in Europa, und vielleicht in der Welt, so gut wie nicht vorhanden. Man hat nicht einmal einen Begriff von der Möglichkeit einer solchen Erkenntnis. Selbst ohne die Vorurteile, die uns hinderlich sind, ist es äußerst schwierig, auch nur zu ahnen, was diese Erkenntnis sein könnte. Zwischen den verschiedenen Formen des religiösen Lebens bestehen, gleichsam als Gegengewichte, die die sichtbaren Unterschiede zum Teil ausgleichen, gewisse verborgene Gleichwertigkeiten, die auch das schärfste Unterscheidungsvermögen vielleicht nur zu ahnen vermag. Jede Religion ist eine ursprüngliche Verbindung von expliziten und impliziten Wahrheiten; was bei der einen explizit ist, ist bei einer andern implizit. Die implizite Zustimmung zu einer Wahrheit kann bisweilen von ebenso großer und bisweilen sogar von sehr viel größerer Kraft und Bedeutung sein als eine explizite Zustimmung. Der das Geheimnis der Herzen kennt, ist der Einzige, der auch das Geheimnis der verschiedenen Formen des Glaubens kennt. Er hat uns dieses Geheimnis nicht offenbart, was man auch sagen mag.

Ist man innerhalb einer Religion geboren, die nicht allzu ungeeignet ist, den Namen des Herrn auszusprechen, und liebt man diese Religion seiner Väter mit einer recht gerichteten und reinen Liebe, so ist es nur schwer vorstellbar, was einen Menschen mit Fug und Recht veranlassen könnte, sie aufzugeben, ehe nicht eine unmittelbare Berührung mit Gott die Seele dem göttlichen Willen selber unterwirft. Jenseits dieser Schwelle ist der Wechsel nur dann berechtigt, wenn er aus Gehorsam erfolgt. Die Geschichte zeigt uns, dass dieser Fall tatsächlich nur selten eintritt. Meistens, vielleicht sogar immer, wird die Seele, die die höchsten geistlichen Bezirke erreicht hat, in der Liebe zu der Tradition, die ihr als Leiter gedient hat, gefestigt.

Ist die Unvollkommenheit der Religion, in der man geboren ist, zu groß, oder tritt sie innerhalb des Geburtsmilieus in einer allzu verderbten Gestalt auf, oder haben gar die Umstände die Liebe zu dieser Religion an der Entstehung verhindert oder sie getötet, dann ist die Annahme einer fremden Religion berechtigt. Berechtigt und notwendig für manche; gewiss nicht für alle. Das Nämliche gilt für die, welche ohne jede Religionsübung aufgezogen worden sind.

In allen anderen Fällen ist der Übertritt zu einer anderen Religion eine äußerst bedenkliche Entscheidung, und nichts ist bedenklicher, als einen anderen dazu zu veranlassen. Unendlich viel bedenklicher aber ist es, in diesem Sinne einen offiziellen Druck in eroberten Ländern auszuüben.

Hingegen wird man, trotz der religiösen Verschiedenheiten innerhalb der Gebiete Europas und

Amerikas, wohl sagen dürfen, dass die katholische Religion von Rechts wegen mittelbar oder unmittelbar, im Nahen oder Weiten die geistliche Heimatstätte aller Menschen weißer Rasse ist.

Die Kraft der religiösen Gebräuche liegt darin, dass die Berührung mit der vollkommenen Reinheit die Wirkung besitzt, das Übel zu zerstören. Nichts hienieden ist vollkommen rein, außer der Schönheit des Universums in ihrer Fülle, die unmittelbar zu empfinden nicht in unserer Macht steht, bevor wir nicht größere Fortschritte in der Vervollkommnung gemacht haben. Diese Schönheit in ihrer Fülle liegt übrigens in nichts Sinnlichem beschlossen, wenn sie auch gewissermaßen sinnlich wahrnehmbar ist.

Die religiösen Dinge sind sinnliche Einzeldinge, die ein irdisches Dasein haben und dennoch vollkommen rein sind. Nicht auf Grund ihres besonderen Eigenseins. Mag die Kirche schmutzig sein, der Gesang falsch, der Priester verderbt und die Gläubigen zerstreut – in einer Hinsicht ist das bedeutungslos. Ebenso wie es bedeutungslos ist, wenn ein Mathematiker, um eine korrekte Beweisführung zu veranschaulichen, eine Figur mit krummen Geraden und länglichen Kreisen zeichnet. Die religiösen Dinge sind rein *de jure*, der Theorie, der Hypothese, der Definition, der Vereinbarung nach. Derart ist ihre Reinheit an keine Bedingungen geknüpft. Sie kann durch nichts befleckt werden. Darum ist sie vollkommen. Doch nicht vollkommen nach Art von Rolands Stute, die bei all ihren möglichen Vortrefflichkeiten das einzig Missliche hatte, dass es sie nicht gab. Die menschlichen Vereinbarungen sind wirkungslos, wenn nicht Beweggründe hinzutreten, die die Menschen zu ihrer Einhaltung veranlassen. In sich selbst sind sie bloße Abstraktionen; sie sind unwirklich und bewirken nichts. Die Vereinbarung jedoch, nach welcher die religiösen Dinge rein sind, ist von Gott selber ratifiziert worden. Daher ist sie eine wirksame Vereinbarung, eine Übereinkunft, in der eine Kraft liegt, die aus sich selbst heraus eine Wirkung tut. Diese Reinheit ist bedingungslos und vollkommen und gleichzeitig wirklich.

Das ist eine faktische Wahrheit, die folglich keines Beweises fähig ist. Sie kann als wahr nur erfahren werden.

Tatsächlich tritt die Reinheit der religiösen Dinge fast überall in der Gestalt der Schönheit zutage, wenn der Glaube und die Liebe nicht fehlen. So sind die Worte der Liturgie von einer wunderbaren Schönheit; und vor allem das Gebet, das für uns aus Christi eigenem Munde kam, ist vollkommen. Ebenso sind die romanische Baukunst, der gregorianische Gesang von wunderbarer Schönheit.

Zu allerinnerst aber liegt etwas, das gänzlich jeder Schönheit enträt, wo nichts die Reinheit offenkundig macht, etwas, das ausschließlich Übereinkunft ist. Das soll so sein. Die Baukunst, die Gesänge, die Sprache, sogar dann, wenn Christus selbst die Worte zusammengefügt hat, alles dieses ist etwas anderes als die absolute Reinheit. Die unseren irdischen Sinnen hienieden als ein Besonderes gegenwärtige absolute Reinheit kann nichts anderes als eine Übereinkunft, eine Konvention sein, die nur Konvention ist und nichts außerdem. Diese in den Mittelpunkt gestellte Konvention ist die Eucharistie.

Ihre Kraft beruht auf der Widersinnigkeit des Dogmas von der wirklichen Gegenwart. Außer dem so ergreifenden Symbolismus der Nahrung ist an einem Stück Brot nichts, woran der auf Gott gerichtete Sinn sich halten könnte. Es ist also augenscheinlich, dass es sich bei der göttlichen Gegenwart um eine Konvention handelt. Christus kann in einem solchen Gegenstand nur auf Grund einer Übereinkunft gegenwärtig sein. Eben deshalb kann er dort vollkommen gegenwärtig sein. Gott kann hienieden nur im Verborgenen gegenwärtig sein. Seine Gegenwart in der Eucharistie ist wahrhaft verborgen, weil unser Geist mit keinem Teil zu dieser Verborgenheit Zutritt hat. Daher ist sie vollkommen.

Niemandem kommt es in den Sinn, sich zu verwundern, dass Überlegungen, die sich auf vollkommene Gerade und vollkommene Kreise beziehen, wie sie in der Wirklichkeit niemals anzutreffen sind, in der Technik eine wirksame Anwendung gestatten. Trotzdem ist das unbegreiflich. Die Wirklichkeit der göttlichen Gegenwart in der Eucharistie ist sehr viel wunderbarer, doch nicht unbegreiflicher.

Man könnte in einem gewissen Sinne, *per analogiam*, sagen, Christus sei in der konsekrierten Hostie hypothetisch gegenwärtig, ebenso wie ein Mathematiker sagt, dass ein bestimmtes Dreieck der Hypothese nach zwei gleiche Winkel enthält.

Weil es sich hier um eine Konvention handelt, ist die Form der Konsekration allein von Wichtigkeit, nicht die geistige Verfassung des Konsekrierenden.

Wäre dies etwas anderes als eine Konvention, so wäre es etwas wenigstens teilweise Menschliches und nicht gänzlich Göttliches. Eine wirkliche Konvention ist eine übernatürliche Harmonie, wenn man das Wort Harmonie im Sinne der Pythagoreer nimmt.

Einzig eine Konvention kann hienieden die Vollkommenheit der Reinheit sein, denn jede nicht konventionelle Reinheit ist mehr oder minder unvollkommen. Dass eine Konvention wirklich sein könne, dies ist ein Wunder der göttlichen Barmherzigkeit.

Die buddhistische Auffassung von dem Sprechen des Namens des Herrn besagt das Gleiche, denn auch ein Name ist eine Konvention. Doch die Gewohnheit, in unserem Denken die Dinge mit ihrem Namen zu verwechseln, lässt uns dies leicht vergessen. Die Eucharistie ist in einem noch höheren Grade eine Konvention.

Sogar die menschliche Gegenwart Christi in einem fleischlichen Leibe war etwas anderes als die vollkommene Reinheit; denn er hat den getadelt, der ihn gut nannte; denn er hat gesagt: »Es ist gut für euch, dass ich fortgehe.«[119] Er ist also wahrscheinlich völliger gegenwärtig in einem konsekrierten Stück Brot. Seine Gegenwart ist umso vollständiger, je verborgener sie ist.

Dennoch war diese Gegenwart in seinem fleischlichen Leibe gewiss noch vollständiger und ebenso noch verborgener, als die Polizei diesen Leib ergriff wie den eines alten Sträflings. Aber damals wurde er auch von allen verlassen. Er war zu gegenwärtig. Mehr, als Menschen ertragen konnten.

Die Konvention der Eucharistie oder jede ihr analoge ist dem Menschen unentbehrlich; die Gegenwart der vollkommenen Reinheit ist ihm unentbehrlich. Denn der Mensch kann die Fülle seiner Aufmerksamkeit nur auf einen sinnlichen Gegenstand richten. Und er hat mitunter das Bedürfnis, seine Aufmerksamkeit auf die vollkommene Reinheit zu richten. Dies ist das einzige Tun, das ihm gestattet, einen Teil des Übels, das in ihm ist, durch einen Akt der Übertragung zu zerstören. Darum ist die Hostie wirklich das Lamm Gottes, das die Sünden hinwegnimmt.[120]

Alle Welt fühlt das Übel in sich, verabscheut es und möchte sich seiner entledigen. Außer uns nehmen wir das Übel unter zwei verschiedenen Gestalten wahr: als Leiden und als Sünde. Aber in dem Gefühl, mit dem wir uns selbst empfinden, tritt diese Unterscheidung nicht auf, oder höchstens in abstrakter Weise und auf dem Umwege über die Reflexion.

Wir fühlen etwas in uns, das weder Leiden noch Sünde ist, das beides zugleich ist, die gemeinsame Wurzel beider, ein ununterscheidbares Gemisch aus beiden, gleichzeitig Befleckung und Schmerz. Dies ist das Übel in uns. Dies ist die Hässlichkeit in uns. Soweit wir sie empfinden, verabscheuen wir sie. Die Seele wirft sie von sich, wie man sich erbricht. Sie verlegt sie durch eine Operation der Übertragung in die Dinge unserer Umgebung. Aber da die Dinge auf diese Weise in unseren Augen hässlich und besudelt werden, senden sie uns das Übel, das wir in sie hineinverlegt haben, wieder zurück. Sie senden es uns vermehrt zurück. Bei diesem Austausch wächst das Übel, das in uns ist. Dann kommt es uns vor, als ob die Orte selbst, wo wir uns aufhalten, die Umgebung selbst, in der wir leben, uns im Übel wie in einem Kerker gefangen hielten und uns von Tag zu Tag enger darin einschlössen. Dies ist ein grauenhaft beklemmendes Gefühl. Wenn die Seele, von diesem Grauen erschöpft, es nicht einmal mehr empfindet, dann besteht nur noch geringe Hoffnung auf das Heil für sie.

So werden einem Kranken sein Zimmer und seine Umgebung verhasst und widerwärtig, einem Verurteilten sein Gefängnis und allzu oft einem Arbeiter seine Fabrik.

Es hilft nichts, denen, die so sind, schöne Dinge zu verschaffen. Denn es gibt nichts, das nicht mit der Zeit durch diese Operation der Übertragung besudelt würde, so dass es zuletzt nur noch Grauen einflößt.

Nur die vollkommene Reinheit kann nicht besudelt werden. Wenn in dem Augenblick, da das Übel die Seele überflutet, die Aufmerksamkeit sich auf etwas vollkommen Reines richtet, während sie einen Teil dieses Übels darauf überträgt, so bleibt dieses Reine doch unentstellt. Und es sendet das Übel nicht zurück. Daher wird durch jede Minute einer solchen Aufmerksamkeit wirklich ein wenig des Übels zerstört.

Was die Hebräer mit Hilfe einer Art von Magie in ihrem Ritus des Sündenbocks[121] zu erreichen versuchten, das kann hienieden nur durch die vollkommene Reinheit bewirkt werden. Der wahre Sündenbock ist das Lamm.

An dem Tage, wo ein vollkommen reines Wesen hienieden unter menschlicher Gestalt auftritt, muss sich automatisch die größtmögliche Menge des in seinem Umkreis verbreiteten Übels in Gestalt des Leidens auf dieses Wesen versammeln. Das größte Unglück und das größte Verbrechen der Menschen im Römischen Reiche war zu jener Zeit die Sklaverei. Darum erlitt es die Marter, in welcher das Unglück der Sklaverei seinen höchsten Grad erreichte. In dieser Übertragung liegt geheimnisvollerweise die Erlösung beschlossen.

Das Gleiche geschieht, wenn ein menschliches Wesen seinen Blick und seine Aufmerksamkeit auf das Lamm Gottes richtet, das in dem konsekrierten Brot gegenwärtig ist: ein Teil des Übels, das es in sich enthält, wird auf die vollkommene Reinheit übertragen und dort zerstört.

Vielmehr, es wird nicht eigentlich zerstört, sondern verwandelt. Die Berührung mit der vollkommenen Reinheit trennt die unauflösliche Vermischung des Leidens mit der Sünde. Der Teil des in der Seele enthaltenen Bösen, der im Feuer dieser Berührung verbrannt worden ist, wird reines Leiden, ein Leiden, das von Liebe durchdrungen ist.

Ebenso wurde all jenes im Römischen Reich verbreitete Böse, das sich auf Christus versammelte, in ihm zu reinem Leiden.

Gäbe es hienieden keine vollkommene und unendliche Reinheit, gäbe es nur endliche Reinheit, die die Berührung mit dem Bösen allmählich verzehrt, so könnten wir niemals errettet werden.

Die Strafgerichtsbarkeit liefert uns eine entsetzliche Bestätigung dieser Wahrheit. Im Prinzip ist sie etwas Reines, dessen Gegenstand das Gute ist. Aber es ist eine unvollkommene, eine endliche, eine menschliche Reinheit. Daher wird diese Reinheit auch schließlich durch die ununterbrochene Berührung mit jener Mischung aus Verbrechen und Unglück verzehrt, und an ihre Stelle tritt eine Besudelung, die beinahe der Gesamtheit des Verbrechens gleichkommt, eine Besudelung, die weit über die eines einzelnen Verbrechers hinausgeht.

Die Menschen versäumen es, an der Quelle der Reinheit zu trinken. Aber die Schöpfung wäre ein

Akt der Grausamkeit, wenn diese Quelle nicht überall dort ihr Labsal spendete, wo es Verbrechen und Unglück gibt. Wenn es in den Zeiten, die über zwei Jahrtausende hinter uns zurückliegen, in den Ländern, die von den Missionen unberührt blieben, keine Verbrechen und kein Unglück gäbe, so könnte man glauben, die Kirche besitze das Monopol Christi und der Sakramente. Wie kann man, ohne Gott anzuklagen, den Gedanken an einen einzigen, vor zwei Jahrhunderten gekreuzigten Sklaven ertragen, wenn man der Meinung ist, dass Christus damals abwesend und jede Art des Sakramentes unbekannt war? Freilich denkt man nur selten an die Sklaven, die vor zwei Jahrtausenden gekreuzigt wurden.

Hat man gelernt, sein Auge auf die vollkommene Reinheit zu richten, so ist die Endlichkeit des menschlichen Lebens das Einzige, was die Gewissheit verhindert, dass sich, wenn man nicht zum Verräter wird, die Vollkommenheit schon hienieden erreichen lässt. Denn wir sind endliche Wesen; auch das Böse in uns ist endlich. Die Reinheit, die sich unseren Augen darbietet, ist unendlich. Wie wenig Böses wir auch mit jedem Blick zerstören, es wäre, wenn nicht die Zeit uns eine Schranke setzte, gewiss, dass bei genügend häufiger Wiederholung dieses Werkes alles Böse eines Tages zerstört wäre. Dann wären wir bis an das Ende des Bösen gegangen, nach dem herrlichen Ausdruck der *Bhagavadgītā*. Wir hätten das Böse für den Herrn der Wahrheit zerstört, und wir brächten ihm die Wahrheit dar, wie es in dem Ägyptischen Totenbuch heißt.

Es ist eine heute von allen gründlich verkannte Hauptwahrheit des Christentums, dass das, was uns rettet, der Blick ist. Die eherne Schlange wurde aufgerichtet, damit die Menschen, die verstümmelt am Grunde der Entwürdigung liegen, sie anblickten und gerettet würden.[122]

Gerade in jenen Augenblicken, wo man, wie man sagt, schlecht aufgelegt ist, wo man sich der seelischen Erhebung, die dem Heiligen geziemt, unfähig fühlt, – gerade da ist die Wirksamkeit des auf die vollkommene Reinheit gerichteten Blickes am größten. Denn gerade da steigt das Böse, oder vielmehr die Mittelmäßigkeit, an die Oberfläche der Seele, in der günstigsten Lage, um durch die Berührung mit dem Feuer verbrannt zu werden.

Aber gerade dann ist auch der Akt des Hinblickens fast unmöglich. Alles Mittelmäßige der Seele, das vor dem Tode mit einer heftigeren Furcht zurückscheut, als selbst die Nähe des leiblichen Todes sie hervorruft, bäumt sich auf und ruft Lügen herbei, um sich zu schirmen.

Dann bedarf es der heftigsten Anstrengung, um nicht auf diese Lügen zu hören, obwohl man sich nicht erwehren kann, ihnen Glauben zu schenken, der heftigsten Anstrengung, um auf die Reinheit hinzublicken; und dennoch ist dies etwas gänzlich anderes als alles, was man gemeinhin Anstrengung, Selbstbezwingung, Willensakt nennt. Es bedürfte anderer Worte, um davon zu reden, aber die Sprache besitzt sie nicht.

Die Anstrengung, durch welche die Seele sich rettet, gleicht der Anstrengung des Schauens, des Lauschens, der Anstrengung, mit welcher eine Braut ihr Jawort ausspricht. Es ist ein Akt der Aufmerksamkeit und der Zustimmung. Was die Sprache Willen nennt, ist hingegen etwas, das der Muskelanstrengung gleicht.

Der Wille befindet sich auf gleicher Stufe wie der natürliche Teil der Seele. Die rechte Übung des Willens ist ohne Zweifel eine unerlässliche Vorbedingung des Heiles, doch eine entfernte, niedere, sehr untergeordnete, rein negative. Die Muskelanstrengung des Landmanns jätet das Unkraut aus, aber nur die Sonne und das Wasser lassen das Getreide wachsen. Der Wille wirkt keinerlei Gutes in der Seele.

Die Willensanstrengungen sind nur zur Erfüllung der strikten Verpflichtungen angebracht. Überall dort, wo keine strenge Verpflichtung vorliegt, soll man entweder der natürlichen Neigung oder der Berufung, das heißt dem Gebot Gottes, folgen. Die Handlungen, die wir aus Neigung verrichten, sind offensichtlich keine Willensanstrengungen. Und bei den Akten des Gehorsams gegen Gott verhält man sich passiv; sie mögen von noch so großen Mühen begleitet sein, man mag noch so viel scheinbare Tätigkeit dabei entfalten, dennoch geschieht in der Seele nichts, das der Muskelanstrengung gliche; da ist nur Warten, Aufmerksamkeit, Schweigen, Stillhalten durch Leiden und Freuden hindurch. Der Kreuzestod Christi ist das Vorbild aller Akte des Gehorsams.

Diese Art leidenden Tuns, die höchste aller Tätigkeiten, findet sich vollkommen beschrieben in der *Bhagavadgītā* und bei Lao-Tse.[123] Auch hier handelt es sich um eine übernatürliche Vereinigung der Gegensätze, eine Harmonie im Sinne der Pythagoreer.

Die Willensanstrengung auf das Gute hin ist eine der Lügen, die die Mittelmäßigkeit in uns absondert in ihrer Angst vor der Zerstörung. Diese Anstrengung bedroht sie keineswegs, verringert nicht einmal ihr Behagen, und zwar selbst dann nicht, wenn große Erschöpfung und großes Leiden sie begleiten. Denn der mittelmäßige Teil unserer selbst fürchtet nicht die Erschöpfung und das Leiden, er fürchtet das, was ihm den Tod bringen könnte.

Es gibt Menschen, die ihre Seele zu erheben versuchen, wie etwa ein Mensch unablässig mit geschlossenen Füßen springen könnte in der Hoffnung, weil er alle Tage ein wenig höher springt, werde er eines Tages nicht mehr auf die Füße zurückfallen, sondern bis in den Himmel aufsteigen. Während er damit beschäftigt ist, findet er keine Gelegenheit, den Himmel zu betrachten. Wir können auch nicht einen einzigen Schritt gegen den Himmel hinauftun. Die senkrechte Richtung ist uns versagt. Aber wenn wir lange Zeit den Himmel betrachten, steigt Gott hernieder und hebt uns empor. Er hebt uns mit Leichtigkeit empor. Wie Aischylos sagt: »Das Göttliche ist mühelos.«[124] Es liegt in dem Heil eine Leichtigkeit, die für uns schwieriger ist als all unsere Anstrengungen.

In einem Märchen der Brüder Grimm treten ein Riese und ein Schneiderlein miteinander in Wettstreit, wer der Stärkere sei.[125] Der Riese schleudert einen Stein so hoch, dass es geraume Zeit dauert, bis er wieder auf die Erde zurückfällt. Das Schneiderlein lässt einen Vogel aufsteigen, der nicht zurückfällt. Was keine Flügel hat, wird zuletzt immer wieder zurückfallen.

Weil der Wille ohnmächtig ist, das Heil zu bewirken, darum ist der Begriff einer weltlichen Moral widersinnig. Denn was man Moral nennt wendet sich nur an den Willen, und zwar an das, worin er am meisten der Muskelkraft ähnlich ist. Die Religion hingegen entspricht dem Begehren, und es ist das Begehren, das uns rettet.

Das römische Zerrbild des Stoizismus wendet sich ebenfalls an den Muskelwillen. Der wahre Stoizismus jedoch, die griechische Stoa, von welcher der heilige Johannes, oder vielleicht Christus, die Ausdrücke *logos*[126] und *pneuma*[127] übernommen hat, ist einzig Begehren, Frömmigkeit und Liebe. Er ist voller Demut.

In diesem Punkte wie in vielen anderen ist das heutige Christentum der Ansteckung durch seine Widersacher erlegen. Die Metapher von der Suche nach

Gott lässt an die Anstrengungen des Muskelwillens denken. Es ist nicht zu bestreiten, dass Pascal zu der Beliebtheit dieser Metapher beigetragen hat. Er hat verschiedene Irrtümer begangen, vor allem den, dass er in einem gewissen Ausmaß den Glauben mit der Autosuggestion verwechselt hat.

In den großen Bildern der Mythologie und des Märchens, in den Gleichnissen des Evangeliums ist es Gott, der den Menschen sucht. »*Quaerens me sedisti lassus.*«[128] Im Evangelium ist an keiner Stelle von einer Suche die Rede, die der Mensch unternimmt. Der Mensch tut keinen Schritt, außer er werde getrieben oder ausdrücklich gerufen. Die Rolle der künftigen Braut besteht darin, zu warten. Der Sklave wartet und wacht, während der Herr auf einem Fest weilt. Der Vorübergehende lädt sich nicht selber zum Hochzeitsmahl ein, er erbittet keine Einladung; er wird beinahe überraschend dorthin geführt; seine Rolle beschränkt sich darauf, ein schickliches Kleid anzulegen.[129] Der Mann, der eine Perle in einem Acker gefunden hat,[130] geht hin und verkauft all seine Güter, um diesen Acker zu erwerben; er braucht den Acker nicht erst mit dem Spaten umzubrechen, um die Perle auszugraben, es genügt ihm, all seine Güter zu verkaufen. Gott begehren und allem Übrigen entsagen, das allein rettet.

Die Haltung, die das Heil bewirkt, gleicht keiner Tätigkeit. Das griechische Wort hierfür ist *hypomene*[131], was die Übersetzung mit *patientia*[132] nur unvollkommen wiedergibt. Es ist das Warten, das aufmerksame und getreue Stillhalten, das unbegrenzt ausharrt und allen Schlägen unerschütterlich standhält. Der Sklave, der horchend an der Türe steht, um zu öffnen, sobald der Herr anpocht, ist das beste Bild hierfür. Er muss eher bereit sein, vor Hunger und Erschöpfung zu sterben, als dass er seine Haltung änderte. Seine Gefährten mögen ihn rufen, mit ihm reden, ihn schlagen, er darf nicht einmal den Kopf nach ihnen umwenden. Selbst wenn man ihm sagt, der Herr sei gestorben, selbst wenn er dies glaubt, er wird sich nicht von der Stelle rühren. Wenn man ihm sagt, der Herr sei erzürnt auf ihn und werde ihn bei seiner Rückkehr schlagen, und auch wenn er es glaubt, er wird sich nicht regen.

Das aktive Suchen ist schädlich, nicht nur für die Liebe, sondern auch für die Vernunfteinsicht, deren Gesetze denen der Liebe folgen. Man soll einfach warten, bis die Lösung eines geometrischen Problems, der Sinn eines griechischen oder lateinischen Satzes im Geiste aufgeht. Dies gilt noch mehr, wenn es sich um eine neue wissenschaftliche Wahrheit, um einen schönen Vers handelt. Das Suchen führt in die Irre und zum Irrtum. Und das gilt für jedes wahre Gut. Der Mensch soll nichts anderes tun, als das Gute erwarten und das Böse fernhalten. Eine Muskelanstrengung soll er nur leisten, um nicht von dem Bösen erschüttert zu werden. In der Verkehrung, die das menschliche Dasein darstellt, ist die echte Tugend in allen Bereichen etwas Negatives, wenigstens dem Augenschein nach. Aber diese Erwartung des Guten und der Wahrheit ist von höherer Intensität als jedes Suchen.

Der Begriff der Gnade im Gegensatz zur willentlichen Tugend, der der Inspiration im Gegensatz zur geistigen oder künstlerischen Arbeit, diese beiden Begriffe, wenn sie recht verstanden werden, bezeichnen eben diese Wirksamkeit des Wartens und des Begehrens.

Die religiösen Gebräuche bestehen völlig in der von der Begierde beseelten Aufmerksamkeit. Darum kann keine Moral sie ersetzen. Aber die Mittelmäßigkeit in unserer Seele hält in ihrer Rüstkammer sehr viele Lügen bereit, die wohl geeignet sind, sie sogar während des Gebetes und der Teilnahme an den Sakramenten zu schützen. Zwischen dem Blick und der Gegenwart der vollkommenen Reinheit spannt sie Schleier aus, denen sie, geschickt genug, Gottes Namen beilegt. Solche Schleier sind zum Beispiel gewisse seelische Zustände, Quellen der fühlbaren Freude, der Hoffnung, der Stärkung, der Tröstung oder der Beruhigung, oder auch eine Gesamtheit von Gewohnheiten, oder eines oder mehrerer menschlicher Wesen, oder auch eine soziale Umgebung.

Eine schwer zu vermeidende Falle ist die Bemühung, sich von der göttlichen Vollkommenheit, die die Religion unserer Liebe darbietet, eine Vorstellung zu bilden. Wir können uns in keinem Falle etwas vorstellen, das vollkommener wäre als wir selbst. Diese Bemühung macht das Wunder der Eucharistie vergeblich.

Es bedarf einer gewissen Schulung der Einsicht, um in der Eucharistie nur das betrachten zu können, was der Definition nach in ihr beschlossen liegt; das heißt etwas, das uns gänzlich unbekannt ist, von dem wir nur, wie Plato sagt, wissen, dass es etwas ist und dass nichts anderes jemals begehrt wird, außer durch Irrtum.[133]

Die Falle der Fallen, die fast unvermeidbare Falle ist die soziale Falle. Überall, immer, in allen Dingen verschafft das soziale Gefühl eine vollkommene, das heißt eine völlig trügerische Nachbildung des Glaubens. Diese Nachbildung hat den großen Vorteil, alle Teile der Seele zufriedenzustellen. Der Teil, der das Gute begehrt, glaubt, dass er Nahrung empfange. Der Teil, der mittelmäßig ist, entgeht der Verletzung durch das Licht. Er fühlt sich durchaus behaglich. Und so ist alle Welt einverstanden. Die Seele ist im Frieden. Aber Christus hat gesagt, er sei nicht gekommen, den Frieden zu bringen. Er hat das Schwert gebracht,[134] das trennende Schwert, wie es bei Aischylos heißt.[135]

Es ist beinahe unmöglich, den Glauben von meiner sozialen Nachbildung zu unterscheiden. Umso mehr, als in der Seele ein Teil echten Glaubens und ein Teil nachgemachten Glaubens sein kann. Es ist beinahe unmöglich, aber dennoch nicht unmöglich.

Unter den gegenwärtigen Verhältnissen ist es für den Glauben vielleicht eine Frage auf Leben und Tod, dass man die soziale Nachbildung zurückweist.

Die Notwendigkeit, dass etwas vollkommen Reines gegenwärtig sei, um die Befleckungen zu tilgen, ist nicht auf die Kirchen beschränkt. Die Leute bringen ihre Befleckungen mit in die Kirchen, und das ist völlig in der Ordnung. Aber es entspräche dem Geist des Christentums noch sehr viel mehr, wenn Christus darüber hinaus hinginge und brächte seine Gegenwart an die am meisten von Schande, Elend, Verbrechen und Unglück besudelten Orte, in die Gefängnisse, die Gerichtssäle, die Elendsquartiere. Eine Gerichtssitzung sollte mit einem gemeinsamen Gebet der Richter, der Polizei, des Angeklagten und aller Anwesenden begonnen und beschlossen werden. Christus sollte nicht abwesend sein von den Orten, an denen gearbeitet, an denen studiert wird. Alle Menschen sollten, was sie auch täten oder wer sie auch seien, die Möglichkeit haben, während der ganzen Dauer jedes Tagewerks den Blick auf die eherne Schlange gerichtet zu halten.[136]

Aber es sollte auch öffentlich, amtlich anerkannt sein, dass die Religion in nichts anderem besteht als in einem Hinblicken. Solange sie etwas anderes zu sein beansprucht, ist es unvermeidlich, dass sie entweder im Inneren der Kirchen eingeschlossen bleibt oder dass sie an jedem anderen Orte, wo sie sich befindet, alles erstickt. Die Religion soll nicht den

Anspruch erheben, in der Gesellschaft einen anderen Platz einzunehmen als den, welcher der übernatürlichen Liebe in der Seele zukommt. Freilich gibt es auch viele Leute, die die Nächstenliebe in sich selbst entwürdigen, weil sie ihr in der Seele einen allzu breiten und allzu sichtbaren Platz einräumen wollen. Unser Vater wohnt nur im Verborgenen.[137] Die Liebe ist immer von Scham begleitet. Der wahre Glaube schließt eine große Schamhaftigkeit ein, sogar sich selbst gegenüber. Er ist ein Geheimnis zwischen Gott und uns, daran wir selber kaum einen Anteil haben.

Die Nächstenliebe, die Liebe zu der Schönheit der Welt, die Liebe zur Religion sind in einem gewissen Sinne gänzlich unpersönliche Formen der Liebe. Die Liebe zur Religion könnte leicht auch persönlich sein, weil die Religion sich auf eine soziale Umwelt bezieht. Daher muss die Beschaffenheit der religiösen Gebräuche selber dem abhelfen. Im Mittelpunkt der katholischen Religion befindet sich ein wenig formlose Materie, ein wenig Brot. Die auf dieses Stück Materie gerichtete Liebe ist notwendigerweise unpersönlich. Nicht die menschliche Person Christi, so wie wir sie uns vorstellen, nicht die göttliche Person des Vaters, die ebenfalls in uns allen Irrtümern unserer Einbildung unterworfen ist, sondern dieses Teilchen Materie befindet sich im Mittelpunkt der katholischen Religion. Dies ist ihr größtes Ärgernis und eben darauf beruht ihre wunderbarste Kraft. In allen echten Formen des religiösen Lebens gibt es gleichfalls etwas, das diese Unpersönlichkeit sichert. Die Liebe zu Gott soll unpersönlich sein, solange noch keine unmittelbare und persönliche Berührung stattgefunden hat; sonst ist es eine eingebildete Liebe. Hernach soll sie zugleich persönlich und abermals in einem höheren Sinne unpersönlich sein.

Freundschaft

Aber es gibt eine Form der persönlichen Liebe zwischen Menschen, die rein ist und die eine Vorahnung und einen Abglanz der göttlichen Liebe in sich trägt. Das ist die Freundschaft, vorausgesetzt, man verwende dieses Wort nur in seinem strengsten Sinne.

Jede Vorliebe für ein menschliches Wesen ist notwendigerweise etwas anderes als die Nächstenliebe. Die Nächstenliebe macht keine Unterschiede. Wendet sie sich irgendwo einem besonderen Einzelwesen zu, so liegt die einzige Veranlassung hierzu in dem Zufall des Unglücks, das den Austausch des Mitgefühls und der Dankbarkeit hervorruft. Sie hält sich allen Menschen gleicherweise zur Verfügung, insofern als das Unglück alle zu einem solchen Austausch veranlassen kann.

Die persönliche Vorliebe für ein bestimmtes menschliches Wesen kann von zweierlei Art sein. Entweder sucht man in dem anderen ein bestimmtes Gut, oder man bedarf seiner. Ganz allgemein lassen sich alle möglichen Formen der Anhänglichkeit nach diesen beiden Gesichtspunkten unterscheiden. Man erstrebt etwas, entweder weil man ein Gut darin sucht oder weil es einem unentbehrlich ist. Mitunter treffen beide Beweggründe zusammen. Oft jedoch nicht. An sich selbst sind sie durchaus verschieden und völlig unabhängig voneinander. Man isst eine ekelerregende Speise, wenn keine andere vorhanden ist, weil man nicht anders kann. Wer ein wenig ein Leckermaul ist, isst gern gute Sachen, kann sie jedoch leicht entbehren. Wenn Luftmangel sich einstellt, erstickt man; man versucht auf alle Weise, sich Luft zu verschaffen, nicht weil man ein Gut von ihr erwartet, sondern weil man ihrer bedarf. Man geht ans Meer, um die frische Seeluft zu atmen, ohne dass irgendeine Notwendigkeit einen treibt, nur weil es einem gefällt. Häufig lässt der Lauf der Zeit den zweiten Beweggrund automatisch auf den ersten folgen. Dies ist einer der großen Schmerzen des menschlichen Daseins. Jemand raucht Opium, um sich in einen besonderen Zustand zu versetzen, den er für einen höheren hält; in der Folge gerät er dann häufig durch die Sucht nach dem Opium in einen qualvollen Zustand, den er als erniedrigend empfindet; aber er kann es nun nicht mehr entbehren. Arnolphe hat Agnès[138] ihrer Adoptivmutter abgekauft, weil er sich dünken ließ, es müsse ein Gut für ihn sein, ein kleines Mädchen bei sich zu haben, das er nach und nach zu einem guten Eheweib erziehen würde. Später bereitet sie ihm nur noch grimmige und entehrende Qualen. Aber seine Bindung an sie ist mit der Zeit zu einem Lebensnerv geworden, dessen Verletzung ihm die schrecklichen Worte entpresst:

Mais je sens là-dedans qu'il faudra que je crève ...[139]

Harpagon hat damit begonnen, dass er das Gold für ein Gut ansah. Später ist es nur noch der Gegenstand einer quälenden Besessenheit, ein Gegenstand jedoch, dessen Verlust für ihn den Tod bedeutete. Es besteht, wie Plato sagt, ein großer Unterschied zwischen dem Wesen des Notwendigen und dem des Guten.[140]

Es besteht aber kein Widerspruch zwischen dem Bestreben, bei einem menschlichen Wesen ein Gut zu finden, und dem Bestreben, ihm Gutes erweisen zu wollen. Eben darum fehlen die Vorbedingungen der Freundschaft, wenn der Beweggrund, der uns zu einem anderen Wesen treibt, nur im Streben nach einem Gut besteht. Die Freundschaft ist eine übernatürliche Harmonie, eine Vereinigung der Gegensätze.

Wenn ein menschliches Wesen einem in irgendeinem Grade notwendig ist, so kann man nicht dessen Wohl wollen, es sei denn, man höre auf, sein eigenes Wohl zu wollen. Dort, wo eine Notwendigkeit vorliegt, bestehen Zwang und Herrschaft. Was man braucht, davon ist man abhängig, außer man sei dessen Eigentümer. Das zentrale Gut für jeden Menschen ist die freie Verfügungsgewalt über sich selbst. Entweder man verzichtet auf sie, was ein Verbrechen der Abgötterei ist, denn zu einem solchen Verzicht hat man nur dann ein Recht, wenn er um Gottes willen erfolgt; oder man begehrt, dass das Wesen, dessen man bedarf, ihrer beraubt sein möchte.

Alle Arten von Mechanismen können zwischen menschlichen Wesen Bande der Zuneigung knüpfen, welche die eherne Härte der Notwendigkeit besitzen. Die Mutterliebe ist häufig von solcher Beschaffenheit; mitunter auch die Vaterliebe, wie in Balzacs *Vater Goriot*; die fleischliche Liebe in ihrer mächtigsten Gestalt, wie in Molières *Schule der Frauen* oder Racines *Phädra*; die eheliche Liebe sehr häufig, vor allem auf Grund der Gewöhnung; seltener die Kindes- oder Bruderliebe.

Es gibt überdies Grade der Notwendigkeit. Notwendig in irgendeinem Grade ist alles, dessen Verlust wirklich eine Schwächung der Lebenskraft verursacht, – eine Verminderung der vitalen Energie, in dem strengen und genauen Sinne, den dieser Ausdruck haben könnte, wenn das Studium der Lebenserscheinungen ebenso weit fortgeschritten wäre wie das der fallenden Körper. Bei dem höchsten Grade der Notwendigkeit hat die Entbehrung den Tod zur Folge. Dies ist der Fall, wenn die ganze Lebenskraft eines Wesens durch eine Verhaftung an ein anderes Wesen gebunden ist. Bei geringeren Graden hat die Entbehrung eine mehr oder minder beträchtliche

Schwächung zur Folge. So führt gänzlicher Nahrungsmangel zum Tode, während eine Unterernährung nur eine Schwächung hervorruft. Trotzdem gilt jede Nahrungsmenge als notwendig, unterhalb deren ein menschliches Wesen geschwächt wird.

Die häufigste Ursache der Notwendigkeit bei den Zuneigungen, die Menschen aneinander binden, ist eine gewisse Vereinigung von Sympathie und Gewohnheit. Wie im Falle des Geizes oder der Süchtigkeit genügt der Verfluss der Zeit, damit das, was zuerst ein Streben nach einem Gut war, sich endlich in ein Bedürfnis verwandelt. Im Unterschied aber zu Geiz, Süchtigkeit und allen Lastern können diese beiden Beweggründe, Streben nach einem Gut und Bedürfnis, bei den Bindungen der Zuneigung sehr wohl nebeneinander bestehen. Sie können auch getrennt sein. Es ist grässlich, wenn die Anhänglichkeit eines Wesens an ein anderes sich einzig und allein auf das Bedürfnis gründet. Es gibt nur wenige Dinge auf der Welt, die dem an Hässlichkeit und Grauen gleichkämen. Es haftet immer etwas Entsetzliches an allen Umständen, unter denen ein menschliches Wesen das Gute sucht und einzig die Notwendigkeit findet. Die Märchen, in denen ein geliebtes Wesen unversehens mit einem Totenschädel erscheint, sind das beste Bild dafür. Allerdings besitzt die menschliche Seele ein ganzes Arsenal von Lügen, um sich gegen diese Hässlichkeit zu schirmen und sich dort, wo nur Notwendigkeit vorliegt, in ihrer Einbildung falsche

Güter zu erzeugen. Eben deshalb ist die Hässlichkeit ein Übel, weil sie zur Lüge zwingt.

Ganz allgemein handelt es sich jedes Mal dann um ein Unglück, wenn die Notwendigkeit, gleichviel in welcher Gestalt, sich mit solcher Härte fühlbar macht, dass diese Härte bei dem, der den Schlag erleidet, über seine Kraft zur Lüge geht. Darum sind die Reinsten dem Unglück am meisten ausgesetzt. Für den, der imstande ist, die automatische Abschirmungsreaktion zu verhindern, die darauf hinausläuft, die Fähigkeit zur Lüge in der Seele zu steigern, ist das Unglück kein Übel, obwohl es stets eine Verletzung ist und in gewissem Sinne eine Erniedrigung bedeutet.

Wenn ein Mensch an einen anderen durch eine Zuneigung gebunden ist, in der ein beliebiger Grad von Notwendigkeit enthalten ist, so ist es unmöglich, dass er zugleich seine eigene Autonomie und die des anderen zu wahren wünscht. Unmöglich kraft des Mechanismus der Natur. Möglich jedoch durch die wunderbare Dazwischenkunft des Übernatürlichen. Dieses Wunder ist die Freundschaft.

»Die Freundschaft ist eine Gleichheit aus harmonischer Übereinstimmung«, sagten die Pythagoreer. Sie ist Harmonie, weil hier die übernatürliche Einheit zweier Gegensätze verwirklicht ist, nämlich der Notwendigkeit und der Freiheit, dieser beiden Gegensätze, die Gott bei Erschaffung der Welt und der Menschen miteinander verbunden hat. Und es besteht Gleichheit in der Freundschaft, weil hier jeder das Vermögen zur freien Zustimmung bei sich selbst wie bei dem anderen zu erhalten wünscht.

Wenn jemand sich einem menschlichen Wesen unterzuordnen wünscht, oder eine solche Unterordnung hinnimmt, so fehlt jede Spur von Freundschaft. In Racines Tragödie *Iphigenie* ist Pylades nicht des Orestes Freund. Die Freundschaft duldet keine Ungleichheit.

Eine gewisse Gegenseitigkeit gehört zum Wesen der Freundschaft. Fehlt es auf der einen Seite an jedem Wohlwollen, so muss der andere die Zuneigung in sich selbst unterdrücken, aus Achtung vor der Freiheit der Zustimmung, die zu beeinträchtigen er kein Verlangen tragen darf. Fehlt es auf der einen Seite an Achtung vor der Autonomie des anderen, so muss dieser das Band aus Selbstachtung zerschneiden. Ebenso kann, wer die Knechtschaft hinnimmt, keine Freundschaft erlangen. Die in der Bindung durch die Zuneigung beschlossene Notwendigkeit kann jedoch unter Umständen nur einseitig sein; dann handelt es sich auch nur um eine einseitige Freundschaft, wenn man das Wort in einem wirklich strengen und genauen Verstande nimmt.

Die Freundschaft ist besudelt, sobald die Notwendigkeit, und sei es nur auf einen Augenblick, die Oberhand gewinnt über das Verlangen, bei dem einen wie dem anderen das Vermögen zur freien Zustimmung zu erhalten. Die Notwendigkeit ist in allen menschlichen Dingen der Ursprung der Unreinheit. Unrein ist jede Freundschaft, in der sich auch nur eine Spur des Verlangens, zu gefallen, oder des umgekehrten Verlangens findet. In der vollkommenen Freundschaft sind diese beiden Begehrungen gänzlich abwesend. Die beiden Freunde willigen völlig darin ein, dass sie zwei und nicht einer sind; sie achten den Abstand, der zwischen ihnen gesetzt ist, weil sie zwei unterschiedene Geschöpfe sind. Mit Gott allein darf der Mensch nach einer unmittelbaren Einung trachten.

Die Freundschaft ist das Wunder, durch welches ein menschliches Wesen einwilligt, eben jenes andere Wesen, das ihm wie eine Nahrung unentbehrlich ist, aus der Ferne zu betrachten, ohne sich ihm zu nähern. Dies ist die Seelenstärke, die Eva nicht besaß; und doch hatte sie kein Bedürfnis nach der Frucht. Hätte sie in dem Augenblick, da sie die Frucht betrachtete, Hunger gehabt und wäre sie dennoch in dieser Betrachtung unablässig verharrt, ohne einen Schritt auf die Frucht hin zu tun, so hätte sie ein Wunder vollbracht, das dem der vollkommenen Freundschaft gleichkäme.

Kraft dieser übernatürlichen Tugend der Ehrfurcht vor der menschlichen Autonomie besitzt die Freundschaft eine große Ähnlichkeit mit den reinen Formen des Mitleids und der Dankbarkeit, wie sie das Unglück hervorruft. In beiden Fällen sind die Gegensätze, die die beiden Glieder der Harmonie bilden, die Notwendigkeit und die Freiheit oder auch die Unterordnung und die Gleichheit. Diese beiden Gegensatzpaare sind gleichwertig.

Weil die reine Freundschaft weder das Verlangen, zu gefallen, noch das umgekehrte Verlangen kennt, darum besteht in ihr gleichzeitig mit der Zuneigung so etwas wie eine völlige Gleichgültigkeit. Obwohl sie ein Band zwischen zwei Personen ist, hat sie etwas Unpersönliches. Sie verringert nicht die Unparteilichkeit. Sie hindert uns in nichts, die Vollkommenheit des himmlischen Vaters nachzuahmen, der Regen und Sonnenschein überallhin austeilt. Im Gegenteil, die Freundschaft und diese Nachahmung bedingen einander gegenseitig, wenigstens in den meisten Fällen. Da nämlich jedes Wesen oder doch fast jedes an andere durch Bande der Zuneigung gebunden ist, in denen ein gewisser Grad von Notwendigkeit beschlossen liegt, so kann es sich der Vollkommenheit nur dadurch nähern, dass es diese Zuneigung in Freundschaft umwandelt. Die Freundschaft hat etwas Allumfassendes. Sie besteht darin, dass man ein menschliches Wesen liebt, wie man von allen, aus denen das menschliche Geschlecht sich zusammensetzt, jeden Einzelnen im Besonderen lieben können möchte. Wie ein Mathematiker eine besondere Figur betrachtet, um aus ihr die allgemeinen Eigenschaften des Dreiecks abzuleiten, ebenso richtet der, welcher zu lieben versteht, eine allgemeine und allumfassende Liebe auf ein besonderes menschliches

Einzelwesen. Die Einwilligung in die Bewahrung der Autonomie bei einem selbst wie bei dem anderen ist ihrem Wesen nach etwas Allgemeingültiges. Sobald man diese Bewahrung bei mehr als einem Wesen begehrt, begehrt man sie bei allen Wesen; denn dann hört man auf, die Weltordnung um einen irdischen Mittelpunkt kreisen zu lassen. Man verlegt den Mittelpunkt über die Himmel hinaus.

Die Freundschaft hat diese Wirkung nicht, wenn die beiden Liebenden, infolge eines unrechtmäßigen Gebrauches der Zuneigung, nur ein Wesen zu sein glauben. Aber dann handelt es sich auch nicht um Freundschaft im wahren Sinne des Wortes. Dies ist sozusagen eine ehebrecherische Vereinigung, auch dann, wenn sie unter Gatten stattfindet. Um Freundschaft handelt es sich nur dort, wo man den Abstand einhält und achtet.

Der bloße Umstand, dass es einem Vergnügen bereitet, in irgendeiner Ansicht mit dem geliebten Wesen übereinzustimmen, oder in jedem Fall der Umstand, dass man eine solche Übereinstimmung der Ansichten begehrt, beeinträchtigt gleichzeitig die Reinheit der Freundschaft wie die intellektuelle Redlichkeit. Dies ist sehr häufig. Doch eine reine Freundschaft ist ja auch selten.

Sind die Bande der Zuneigung und der Notwendigkeit zwischen menschlichen Wesen nicht auf übernatürliche Weise in Freundschaft verwandelt worden, dann ist die Zuneigung nicht nur unrein und niedrig, sondern sie ist auch mit Hass und Abneigung vermischt, wie dies in der *Schule der Frauen* und in *Phädra* sehr deutlich zutage tritt. Der Mechanismus ist auch bei den übrigen Zuneigungen der gleiche wie in der fleischlichen Liebe. Er ist leicht zu begreifen. Wir hassen das, wovon wir abhängen. Uns ekelt vor dem, was von uns abhängt. Bisweilen findet nicht nur eine Vermischung der Zuneigung statt, sondern sie verwandelt sich gänzlich in Hass und Abscheu. Bisweilen sogar tritt diese Verwandlung fast unverzüglich ein, so dass der Zuneigung kaum Zeit bleibt, als solche zu erscheinen; dies ist dann der Fall, wenn sich die Notwendigkeit beinahe sofort in ihrer ganzen Blöße zeigt. Wenn die Notwendigkeit, die menschliche Wesen aneinander bindet, nicht affektiver Natur ist, wenn sie allein auf den Umständen beruht, dann springt die Feindseligkeit oft schon bei der ersten Begegnung auf. Als Christus zu seinen Jüngern sagte: »Liebet einander«,[141] machte er ihnen nicht die Anhänglichkeit zur Vorschrift. Da sie in der Tat durch manche Bande miteinander verknüpft waren, deren Ursachen die gemeinsamen Gedanken, das gemeinsame Leben, die Gewohnheit waren, gebot er ihnen, diese Bande in Freundschaft umzuwandeln, damit sie sich nicht in unreine Fesseln oder in Hass verkehrten.

Da Christus kurz vor seinem Abscheiden dieses Wort den Geboten der Nächstenliebe und der Gottesliebe als ein neues Gebot hinzugefügt hat, so darf man wohl vermuten, dass die reine Freundschaft, gleich der Nächstenliebe, etwas wie ein Sakrament in sich schließt. Vielleicht hat Christus dies hinsichtlich der christlichen Freundschaft andeuten wollen, als er sagte: »Wenn zwei oder drei von euch versammelt sind in meinem Namen, so bin ich unter ihnen.«[142] Die reine Freundschaft ist ein Bild der ursprünglichen und vollkommenen Freundschaft, wie sie der Trinität eignet und wie sie das innerste Wesen Gottes ausmacht. Ohne die Gegenwart Gottes in jedem von beiden ist es unmöglich, dass zwei menschliche Wesen eines sind und dennoch auf das gewissenhafteste den trennenden Abstand zwischen sich einhalten. Der Schnittpunkt der Parallelen liegt im Unendlichen.

Implizite Liebe und explizite Liebe

Selbst der engherzigste Katholik würde nicht zu behaupten wagen, dass Mitleid, Dankbarkeit, Liebe zur Schönheit der Welt, Liebe der religiösen Gebräuche, Freundschaft das Monopol der Zeiten und Länder seien, in denen die Kirche gegenwärtig war. In ihrer vollen Reinheit finden sich diese Formen der Liebe nur selten, aber es möchte schwerfallen, auch nur zu behaupten, sie seien in diesen Zeiten und Ländern häufiger anzutreffen gewesen als in den anderen. Und zu glauben, dass sie auch dort auftreten könnten, wo Christus fern ist, hieße Christus vermindern und verunglimpfen; ja es hieße eine Ruchlosigkeit, fast eine Gotteslästerung begehen.

Diese Formen der Liebe sind übernatürlich; und in gewissem Sinne sind sie absurd. Sie sind eine Torheit. Solange noch keine unmittelbare Berührung zwischen der Seele und der Person Gottes selbst stattgefunden hat, können sie sich auf keine in der Erfahrung oder auf Vernunftschlüsse gegründete Erkenntnis stützen. Sie können sich also auf keine Gewissheit stützen, außer man gebrauchte dieses Wort in einem metaphorischen Sinne, um damit das Gegenteil der Unentschlossenheit zu bezeichnen. Folglich ist es vorzuziehen, dass sie von keinerlei Glauben begleitet seien. Das ist von größerer intellektueller Redlichkeit, und das ist ein besserer Schutz für die Reinheit der Liebe. Es ist in jeder Hinsicht angemessener. Wo es sich um das Göttliche handelt, ist ein bloßes Glauben unangemessen. Die Gewissheit allein ist angemessen. Alles, was geringer ist als die Gewissheit, ist Gottes unwürdig.

Während der Zeit der Vorbereitung stellen diese mittelbaren Formen der Liebe eine Aufwärtsbewegung der Seele dar, ein mit einiger Mühe nach oben gerichtetes Schauen. Nachdem Gott in Person gekommen ist, nicht nur die Seele zu besuchen, wie er es anfangs lange Zeit hindurch tut, sondern sich ihrer zu bemächtigen und ihr Zentrum in seine Nähe zu entrücken, verhält es sich anders damit.

Das Küchlein hat mit dem Schnabel die Schale zertrümmert und ist dem Ei der Welt entschlüpft. Diese früheren Formen der Liebe bleiben bestehen, sie sind noch kräftiger als zuvor, aber sie sind anders geworden. Wer dieses Abenteuer bestanden hat, liebt mehr als zuvor die Unglücklichen, die, welche ihm im Unglück beistehen, seine Freunde, die religiösen Gebräuche, die Schönheit der Welt. Aber diese Formen der Liebe sind nun zu einer Abwärtsbewegung geworden, wie die sich herablassende Bewegung Gottes; sie sind zu einem Strahl geworden, der mit dem göttlichen Licht verschmolzen herniederfährt. Zumindest darf man dies vermuten.

Diese mittelbaren Formen der Liebe sind nur Verhaltungsweisen, welche die auf das Gute gerichtete Seele gegenüber den Wesen und Dingen hienieden annimmt. Sie haben nicht selber ein Gutes zu ihrem Gegenstand. Hienieden gibt es kein Gut. So sind sie also auch nicht eigentlich Liebe zu nennen. Sie sind liebende Verhaltungsweisen.

In der Zeit der Vorbereitung liebt die Seele ins Leere. Sie weiß nicht, ob ihrer Liebe irgendetwas Wirkliches entspricht. Sie mag glauben, dass sie es weiß. Aber Glauben heißt nicht Wissen. Ein solches Glauben ist keine Hilfe. Die Seele weiß nur mit Gewissheit, dass sie Hunger hat. Wichtig ist nur, dass sie ihren Hunger hinausschreit. Ein Kind hört nicht auf zu schreien, wenn man ihm einredet, dass es vielleicht kein Brot gibt. Es schreit trotzdem.

Die Gefahr liegt nicht darin, dass die Seele zweifelt, ob Brot vorhanden ist oder nicht, sondern dass sie sich durch eine Lüge einredet, sie habe keinen Hunger. Dies kann sie sich nur durch eine Lüge einreden, denn die Wirklichkeit ihres Hungers ist kein bloßes Glauben, sondern eine Gewissheit.

Wir alle wissen, dass es hienieden kein Gut gibt, dass alles, was hienieden als ein Gut erscheint, endlich ist, dass es begrenzt ist, dass es sich erschöpft und, wenn es einmal erschöpft ist, die nackte Notwendigkeit enthüllt. Jeder Mensch hat wahrscheinlich in seinem Leben mehrere Augenblicke gehabt, wo er sich offen eingestand, dass es hienieden kein Gut gibt. Aber sobald man dieser Wahrheit ansichtig geworden ist, deckt man sie mit Lügen zu. Ja, viele gefallen sich gar darin, diese Wahrheit zu verkünden, und suchen aus der Traurigkeit einen weichlichen Genuss zu saugen, während sie niemals imstande waren, ihr auch nur eine Sekunde lang wirklich fest ins Antlitz zu sehen. Die Menschen spüren, dass sie sich der Gefahr des Todes aussetzen, wenn sie dieser Wahrheit eine Zeitlang ins Antlitz sehen. Das ist wahr. Diese Erkenntnis ist tödlicher als ein Schwert; sie verhängt einen Tod, der uns fürchterlicher erscheint als der leibliche Tod. Mit der Zeit tötet sie alles in uns, was wir Ich nennen. Um dies zu ertragen, muss man die Wahrheit mehr als das Leben lieben. Die von solcher Art sind, wenden sich, wie es bei Plato heißt, mit ihrer ganzen Seele von dem Vergänglichen ab.[143]

Sie wenden sich nicht Gott zu. Wie wären sie dazu imstande, inmitten der völligen Finsternis? Gott selber weist sie in die rechte Richtung. Dennoch braucht es lange Zeit, ehe er sich ihnen zeigt. Sie haben nichts anderes zu tun, als regungslos, unverwandten Blickes und unablässig horchend zu warten, sie wissen nicht auf was, taub gegen alle Verlockungen und Drohungen, unerschütterlich allen Schlägen standhaltend. Wenn Gott ihnen nach langem Warten eine Ahnung seines Lichtes vergönnt oder gar sich selber in Person ihnen offenbart, so geschieht dies nur auf einen raschen Augenblick. Und dann gilt es wiederum, still und aufmerksam zu warten, ohne sich zu rühren, höchstens dass man einen Ruf ausstößt, wenn das Verlangen zu heftig wird.

Es steht nicht im Belieben einer Seele, an die Wirklichkeit Gottes zu glauben, wenn Gott ihr diese Wirklichkeit nicht offenbart. Entweder sie heftet den Namen Gottes als ein Etikett auf etwas anderes, und dann ist es Götzendienst; oder der Gottesglaube bleibt abstrakt und ein bloßes Wort. Dies ist in den Ländern und Zeiten der Fall, wo man nicht einmal auf den Gedanken kommt, das religiöse Dogma in Zweifel zu ziehen. Der Zustand des Nicht-Glaubens ist dann das, was der heilige Johannes vom Kreuz eine Nacht nannte.[144] Der Glaube besteht in bloßen Worten und dringt nicht in die Seele ein. In einer Zeit wie der unsrigen ist die Ungläubigkeit vielleicht ein Äquivalent der dunklen Nacht des heiligen Johannes vom Kreuz, wenn der Ungläubige Gott liebt, wenn er wie ein Kind ist, das nicht weiß, dass irgendwo Brot vorhanden ist, das aber seinen Hunger hinausschreit.

Wenn man Brot isst und sogar wenn man es gegessen hat, weiß man, dass das Brot wirklich ist. Trotzdem kann man die Wirklichkeit des Brotes in Zweifel ziehen. Die Philosophen bezweifeln die Wirklichkeit der Sinnenwelt. Aber dies ist ein nur verbaler Zweifel, der die Gewissheit nicht antastet, der sie vielmehr für einen rechtgerichteten Geist noch offenkundiger macht. Ebenso kann der, welchem Gott seine Wirklichkeit offenbart hat, diese Wirklichkeit ohne Nachteil in Zweifel ziehen. Dies ist ein bloß verbaler Zweifel, eine nützliche Übung, um die Gesundheit der Vernunft zu stählen. Nur dann macht man sich eines Verbrechens des Verrates schuldig, wenn man, auch vor einer solchen Offenbarung, um wieviel mehr noch nachher, sich einen Zweifel darüber erlaubt, dass Gott das Einzige ist, das unsere Liebe verdient. Das heißt den Blick abwenden. Die Liebe ist der Blick der Seele. Das heißt einen Augenblick lang sein Warten und Horchen unterbrechen.

Elektra sucht Orest nicht, sie erwartet ihn. Während sie glaubt, dass er nicht mehr ist, dass nirgends auf der Welt noch etwas von Orest vorhanden ist, nähert sie sich darum dennoch nicht ihrer Umgebung. Sie zieht sich mit noch größerem Abscheu von ihr zurück. Die Abwesenheit des Orest ist ihr lieber als die Gegenwart gleichviel welcher anderen Dinge. Orest sollte ihr die Befreiung bringen von ihrer Sklaverei, den Lumpen, der knechtischen Arbeit, dem Schmutz, dem Hunger, den Schlägen und unzähligen Demütigungen. Diese Hoffnung ist nun in ihr gestorben. Aber nicht einen Augenblick kommt es ihr in den Sinn, sich jenes anderen Verfahrens zu bedienen, das ihr ein Leben in Üppigkeit und Ansehen verschaffen könnte: des Verfahrens der Aussöhnung mit den Stärkeren. Sie will nicht, dass Überfluss und Hochachtung ihr zuteilwerden, wenn es nicht Orest ist, der sie ihr verschafft. Auch nicht den flüchtigsten Gedanken gönnt sie diesen Dingen. Sie begehrt nur noch, dass ihr Dasein enden möge, seitdem Orest nicht mehr ist.

In diesem Augenblick kann Orest nicht länger an sich halten. Er muss sich nennen. Er gibt den sicheren Beweis, dass er Orest ist. Elektra sieht ihn, sie hört ihn, sie berührt ihn. Sie braucht sich nicht mehr zu fragen, ob ihr Erlöser lebt.[145]

Wem das Abenteuer Elektras zugestoßen ist, wer mit seiner Seele selber gesehen, gehört und berührt hat, dieser Mensch erkennt nun in Gott die Wirklichkeit dessen, wovon diese Formen der mittelbaren Liebe gleichsam ein Abschein waren. Gott ist die reine Schönheit. Das ist etwas Unbegreifliches, denn die Schönheit ist ihrem Wesen nach sinnlich, wahrnehmbar. Von einer unsinnlichen Schönheit zu sprechen, muss jedem, in dessen Geist eine Forderung nach Strenge lebt, als ein Missbrauch der Sprache erscheinen; und mit Recht. Die Schönheit ist immer ein Wunder. Aber es ist ein doppeltes Wunder, wenn eine Seele den Eindruck einer unsinnlichen Schönheit empfängt, während es sich nicht um eine Abstraktion, sondern um einen wirklichen und unmittelbaren Eindruck handelt, wie etwa ein Gesang ihn im Augenblick seines Erklingens hervorruft. Es ist, als ob es infolge einer wunderbaren Gunst der Sinnlichkeit selber offenbar geworden wäre, dass das Schweigen nicht die Abwesenheit des Klanges ist, sondern etwas unendlich viel Wirklicheres als die Klänge, und die Stätte einer vollkommeneren Harmonie als der schönste Wohlklang, dessen die Töne in ihrer Vereinigung fähig sind. Aber es gibt auch noch Grade des Schweigens. Es liegt ein Schweigen in der Schönheit der Welt, das doch wie ein Lärmen ist, verglichen mit dem Schweigen Gottes.

Gott ist auch der wahre Nächste. Nur Gott kann in angemessener Weise als eine Person bezeichnet werden, wie auch nur er unpersönlich genannt werden kann. Gott ist derjenige, welcher sich zu uns herabneigt, zu uns Unglücklichen, die nicht *mehr* sind als ein wenig regloses und blutendes Fleisch. Gleichzeitig aber ist er gewissermaßen auch dieser Unglückliche, der uns nur unter dem Anblick eines leblosen Körpers erscheint, in dem jedes Bewusstsein zu fehlen scheint, dieser Unglückliche, dessen Stand und Namen keiner kennt. Der leblose Körper ist dieses erschaffene Universum. Die Liebe, die wir Gott schulden und die unsere höchste Vollkommenheit wäre, wenn wir sie erreichen könnten, ist das göttliche Vorbild zugleich der Dankbarkeit und des Erbarmens.

Gott ist auch der Freund *par excellence*. Damit zwischen ihm und uns, über den unendlichen Abstand hinweg, eine Art Gleichheit bestehe, hat er seinen Geschöpfen ein Absolutes verleihen wollen: die unbedingte Freiheit, der Hinwendung auf ihn, die er selber in uns wirkt, zuzustimmen oder nicht. Auch unsere Möglichkeiten des Irrtums und der Lüge hat er so wenig eingeengt, dass er uns sogar das Vermögen lässt, in unserer Einbildung eine falsche Herrschaft auszuüben, nicht nur über die Welt und die Menschen, sondern sogar über Gott selbst, solange wir diesen Namen noch nicht recht zu gebrauchen verstehen. Er hat uns dieses Vermögen unendlicher Täuschung verliehen, damit wir die Macht hätten, aus Liebe darauf zu verzichten.

Schließlich ist die Berührung mit Gott das wahrhafte Sakrament.

Aber man darf nahezu sicher sein, dass die, bei denen die Gottesliebe die anderen irdischen Formen der reinen Liebe zum Verschwinden gebracht hat, falsche Freunde Gottes sind.

Der Nächste, die Freunde, die religiösen Bräuche, die Schönheit der Welt sinken nicht etwa zu unwirklichen Dingen herab, nachdem die unmittelbare Berührung zwischen der Seele und Gott stattgefunden hat. Im Gegenteil, dies alles wird dann erst wahrhaft wirklich. Vorher waren es halbe Träume. Vorher war es ohne jede Wirklichkeit.

Betrachtungen über das Vaterunser[146]

Πάτερ ἡμῶν ὁ ἐν τοῖς οὐρανοῖς.
»Unser Vater, der da ist in den Himmeln.«

Er ist unser Vater; alles, was wir an Wirklichkeit haben, geht von ihm aus. Wir sind sein. Er liebt uns, weil er sich liebt und weil wir sein sind. Aber er ist der Vater, der in den Himmeln ist. Nicht anderswo. Wenn wir hienieden einen Vater zu haben glauben, dann ist nicht er es, dann ist es ein falscher Gott. Wir können nicht einen einzigen Schritt auf ihn hin tun. Man schreitet nicht senkrecht hinauf. Wir können nur unseren Blick auf ihn richten. Es geht nicht darum, ihn zu suchen; nur die Blickrichtung muss man ändern. An ihm ist es, uns aufzusuchen. Wir sollen glücklich sein in dem Bewusstsein, dass er uns unendlich entzogen ist. So haben wir die Gewissheit, dass das Böse in uns, selbst wenn seine Flut unser ganzes Wesen bedeckt, in nichts die göttliche Reinheit, Glückseligkeit und Vollkommenheit befleckt.

Ἁγιασθήτω τὸ ὄνομά σου.
»Geheiligt werde dein Name.«

Gott allein hat die Macht, sich selbst zu nennen. Sein Name ist für menschliche Lippen unaussprechbar. Sein Name ist sein Wort: er ist das WORT. Der Name eines Wesens ist eine Vermittlung zwischen dem menschlichen Geist und diesem Wesen, der einzige Weg, auf dem der menschliche Geist von diesem Wesen etwas erfassen kann, wenn es abwesend ist. Gott ist abwesend; er ist in den Himmeln. Sein Name ist für den Menschen die einzige Möglichkeit eines Zuganges zu ihm: er ist der Mittler. Der Mensch hat einen Zugang zu diesem Namen, obwohl er ebenfalls transzendent ist. Er erstrahlt in der Schönheit und Ordnung der Welt und in dem inneren Licht der menschlichen Seele. Dieser Name ist die Heiligkeit selbst; es gibt keine Heiligkeit außer ihm; er bedarf also dessen nicht, dass er geheiligt werde. Indem wir diese Heiligung erbitten, erbitten wir das, was in Ewigkeit ist, mit einer Fülle der Wirklichkeit, die auch nur um das Allergeringste zu mehren oder zu mindern nicht in unserer Macht steht. Zu erbitten, was ist, was wirklich, unfehlbar, ewig und auf eine von unserer Bitte gänzlich unabhängige Weise ist, das ist die vollkommene Bitte. Wir können nicht anders als begehren; wir sind Begehren; aber wir können dieses Begehren, das uns an das Imaginäre, an die Zeit, an die Selbstsucht heftet, wenn wir es ganz in diese Bitte einschließen, zu einem Hebel machen, der uns aus dem Imaginären ins Wirkliche, aus der Zeit in die Ewigkeit und aus dem Kerker des Ich herausreißt.

Ἐλθέτω ἡ βασιλεία σου.
»Dein Reich komme.«

Hier handelt es sich nun um etwas, das kommen soll, das noch nicht da ist. Dieses Reich Gottes ist die völlige Erfüllung der ganzen Seele aller vernunftbegabten Geschöpfe durch den Heiligen Geist. Der Geist weht, wo er will. Man kann ihn nur rufen. Man soll nicht einmal eigens daran denken, ihn auf sich herabzurufen, oder auf die oder jene anderen, oder sogar auf alle, sondern ihn schlicht und einfach rufen; der Gedanke an ihn sei ein Ruf und ein Schrei. So wie man sich, dem Verschmachten nahe, krank vor Durst, den Akt des Trinkens nicht mehr in Bezug auf einen selber, ja nicht einmal mehr den Akt des Trinkens im Allgemeinen vorstellt. Nur noch das Wasser stellt man sich vor, das Wasser an und für sich, aber dieses Bild des Wassers ist wie ein Schrei des ganzen Wesens.

Γενηθήτω τὸ θέλημά σου.
»Dein Wille geschehe.«

Nur für das Vergangene sind wir des Willens Gottes unbedingt, unfehlbar gewiss. Alle bereits eingetretenen, wie immer beschaffenen Ereignisse sind dem Willen des allmächtigen Vaters gemäß. Das liegt schon im Begriff der Allmacht enthalten. Auch jede, wie immer beschaffene Zukunft wird, einmal vollbracht, übereinstimmend mit dem Willen Gottes vollbracht sein. Wir können dieser Übereinstimmung weder etwas hinzufügen noch entziehen. So also, nachdem das Begehren sich auf das Mögliche hin ausgespannt hat, erbitten wir in diesem Satze abermals das, was ist. Jedoch nicht mehr eine ewige Wirklichkeit wie die Heiligkeit des Wortes. Hier gilt unsere Bitte dem zeitlichen Geschehen. Aber wir erbitten die unfehlbare und ewige Übereinstimmung des zeitlichen Geschehens mit dem Willen Gottes. Nachdem wir durch die erste Bitte das Begehren von der Zeit losgerissen, um es auf das Ewige zu richten, und nachdem wir es derart verwandelt haben, nehmen wir dieses nun gewissermaßen selbst ewig gewordene Begehren wieder auf, um es wiederum auf die Zeit zu richten. Dann bricht unser Begehren durch die Zeit hindurch, um dahinter die Ewigkeit zu finden. Das geschieht, wenn es uns gelingt, jedes vollbrachte, wie immer beschaffene Ereignis zu einem Gegenstand des Begehrens zu machen. Dies ist etwas völlig anderes als die Resignation. Selbst Ergebung, Hinnahme sind noch zu schwache Ausdrücke. Man soll begehren, dass alles, was geschehen ist, geschehen sei, und nichts anderes![147] Nicht weil das Geschehene in unseren Augen gut ist; sondern weil Gott es zugelassen hat, und weil der Gehorsam des Verlaufs der Geschehnisse gegen Gott in sich selbst ein absolutes Gut ist.

Ὡς ἐν οὐρανῷ καὶ ἐπὶ γῆς.

»Wie im Himmel also auch auf Erden.«

Dieses Sich-Fügen unseres Begehrens in den allmächtigen Willen Gottes soll sich auch auf die geistlichen Dinge erstrecken. Unsere geistlichen Erhebungen und Schwachheiten und die derjenigen, welche wir lieben, stehen in einem Verhältnis zur anderen Welt, aber gleichzeitig sind sie Geschehnisse, die sich hienieden in der Zeit ereignen. In dieser Hinsicht sind sie Einzelheiten in dem ungeheuren Meer der Geschehnisse, die in Übereinstimmung mit dem Willen Gottes mit diesem ganzen Meer in flutender Bewegung sind. Da unsere vergangenen Schwachheiten geschehen sind, so sollen wir begehren, dass sie geschehen seien. Und dieses Begehren soll sich auch auf die Zukunft erstrecken, für den Tag, wo sie Vergangenheit sein wird. Dies ist eine notwendige Ergänzung zu der Bitte, dass das Reich Gottes komme. Wir sollen alles Begehren aufgeben um der Begierde nach dem ewigen Leben willen, aber wir sollen das ewige Leben selbst mit Entsagung begehren. Man soll an nichts hängen, nicht einmal an seiner Loslösung. Das Hängen an dem ewigen Heil ist noch gefährlicher als jedes andere. Man soll an das ewige Leben denken, wie man an das Wasser denkt, wenn man vor Durst verschmachtet, und gleichzeitig für sich und jene, die einem teuer sind, eher den ewigen Mangel dieses Wassers begehren als die Stillung des

Durstes wider Gottes Willen, wenn dergleichen vorstellbar wäre.

Die drei vorstehenden Bitten beziehen sich auf die drei Personen der Dreifaltigkeit, den Sohn, den Geist und den Vater, und auch auf die drei Teile der Zeit, die Gegenwart, die Zukunft und die Vergangenheit. Die drei folgenden Bitten gelten noch unmittelbarer den drei Erstreckungen der Zeit, jedoch in anderer Reihenfolge: Gegenwart, Vergangenheit, Zukunft.

Τὸν ἄρτον ἡμῶν τὸν ἐπιούσιον δὸς ἡμῖν σήμερον.

»Unser Brot, das da übernatürlich ist, gib uns heute.«

Christus ist unser Brot. Wir können ihn nur für den gegenwärtigen Augenblick erbitten. Denn er ist immer da, Einlass heischend steht er an der Tür unserer Seele und will eintreten; aber er vergewaltigt nicht die Einwilligung. Wenn wir einwilligen, dass er eintrete, so tritt er ein; und sobald wir es nicht mehr wollen, geht er sogleich hinweg. Wir können unseren morgigen Willen nicht heute binden, nicht heute ein Bündnis mit ihm schließen, auf dass er morgen, auch wider unsere Zustimmung, in uns sei. Unsere Einwilligung in die Gegenwart Christi ist das Gleiche wie seine Gegenwart. Die Einwilligung ist ein Akt, sie kann nicht anders als aktuell sein. Es ist uns kein Wille gegeben, der sich auf die Zukunft richten ließe.

Alles in unserem Willen, was nicht wirksam ist, ist imaginär. Der wirkende Teil des Willens ist unverzüglich wirksam, seine Wirksamkeit ist von ihm selber nicht verschieden. Das Wirksame des Willens ist nicht die Anstrengung, die sich auf die Zukunft hin ausreckt. Es ist die Einwilligung, das Ja der Vermählung. Ein im gegenwärtigen Augenblick für den gegenwärtigen Augenblick ausgesprochenes Ja, aber ausgesprochen als ein ewiges Wort, denn es ist die Einwilligung in die Vereinigung Christi mit dem ewigen Teil unserer Seele.

Wir bedürfen des Brotes. Wir sind Wesen, die ihre Energie fortwährend von außen hernehmen, denn in dem Maße, wie wir sie empfangen, verbrauchen wir sie in unseren Anstrengungen. Wird unsere Energie nicht täglich erneuert, werden wir kraftlos und unfähig, uns zu regen. Außer der eigentlichen Nahrung, im buchstäblichen Sinne des Wortes, sind alle Anreize Energiequellen für uns. Das Geld, die Beförderung, das Ansehen, die Auszeichnungen, die Berühmtheit, die Macht, die Wesen, die wir lieben, alles, was uns zum Handeln befähigt, ist wie Brot. Dringt eine dieser Verhaftungen tief genug in uns ein, bis zu den Lebenswurzeln unserer fleischlichen Existenz, so kann die Entbehrung uns zerbrechen und sogar den Tod herbeiführen. Man nennt dies: vor Kummer sterben. Das gleicht dem Hungertod. All diese Gegenstände der Verhaftung stellen, zusammen mit der eigentlichen Nahrung, unser irdisches Brot dar. Es hängt völlig von den Umständen ab, ob es uns gewährt wird oder versagt bleibt. Und was die Umstände betrifft, sollen wir nichts erbitten, außer dass sie dem Willen Gottes gemäß seien. Wir sollen das irdische Brot nicht erbitten. Es gibt eine transzendente Energie, deren Quell im Himmel entspringt, die in uns einströmt, sobald wir es begehren. Dies ist wirklich eine Energie; sie vollbringt Taten vermittels unserer Seele und unseres Leibes.

Diese Nahrung sollen wir erbitten. In dem Augenblick, da wir sie erbitten, und eben weil wir sie erbitten, wissen wir, dass Gott sie uns geben will. Es soll uns unerträglich sein, sie auch nur einen Tag lang entbehren zu müssen. Denn wenn die irdischen Energien, die der irdischen Notwendigkeit unterworfen sind, allein unser Tun speisen, so können wir nur das Schlechte tun und denken. »Gott sah, dass die Bosheit der Menschen sich mehrte auf Erden und dass alles Dichten und Trachten ihres Herzens nur böse war immerdar.«[148] Alles in uns ist der Notwendigkeit, die uns zum Schlechten zwingt, unterworfen, mit Ausnahme der Energie von oben, in dem Augenblick, da sie in uns eintritt. Diese aber können wir nicht auf Vorrat sammeln.

Καὶ ἄφες ἡμῖν τὰ ὀφειλήματα ἡμῶν, ὡς καὶ ἡμεῖς ἀφήκαμεν τοῖς ὀφειλέταις ἡμῶν.

»Und erlass uns unsere Schulden, gleich wie auch wir erlassen haben unseren Schuldigern.«

In dem Augenblick, da man diese Worte spricht, muss man schon alle Schulden erlassen haben. Nicht nur die Genugtuung für die Beleidigungen, die wir erlitten zu haben glauben, sondern auch die Erkenntlichkeit für das Gute, das wir getan zu haben glauben, und ganz allgemein alles, was wir von den Wesen und Dingen erwarten, alles, von dem wir glauben, dass es uns geschuldet ist und dessen Ausbleiben in uns das Gefühl entstehen ließe, darum betrogen worden zu sein. Kurz, alle Anrechte, die wir durch die Vergangenheit auf die Zukunft zu haben glauben. Als Erstes das Recht auf eine gewisse Beständigkeit. Wenn wir lange Zeit im Genuss einer Sache gewesen sind, so glauben wir, sie sei unser Eigentum und das Schicksal sei gehalten, sie uns zu weiterer Nutznießung zu belassen. Ferner das Recht auf eine Entschädigung für jede Anstrengung gleichviel welcher Art: Arbeit, Leiden oder Begehrung. Jedes Mal, wenn eine Anstrengung von uns ausgegangen ist und der Gegenwert dieser Anstrengung uns nicht in Gestalt einer sichtbaren Frucht zuteilwird, überkommt uns ein Gefühl des gestörten Gleichgewichts, der Leere, welches uns glauben macht, wir seien bestohlen worden. Die Anstrengung, die es uns kostet, eine Beleidigung zu ertragen, lässt uns die Bestrafung oder die Entschuldigungen des Beleidigers erwarten; die Anstrengung, die es uns kostet, Gutes zu tun, lässt uns die Erkenntlichkeit des uns zu Dank Verpflichteten erwarten; aber beides sind nur besondere Fälle eines allgemeinen Gesetzes unserer Seele. Jedes Mal, wenn etwas von uns ausgegangen ist, haben wir das unbedingte Bedürfnis, dass uns wenigstens sein Gegenwert zuteilwerde, und weil wir dessen bedürfen, glauben wir, ein Anrecht darauf zu haben. Unsere Schuldiger, das sind alle Wesen, alle Dinge, das ganze Universum. Wir glauben Schuldforderungen an alle Dinge zu haben. Und bei all diesen Schuldforderungen, die wir zu besitzen glauben, handelt es sich immer um eine imaginäre Schuldforderung der Vergangenheit an die Zukunft. Und auf diese sollen wir Verzicht leisten.

Seinen Schuldigern erlassen haben, heißt auf die ganze Vergangenheit insgesamt verzichtet haben. Heißt hinnehmen, dass die Zukunft noch rein und unberührt sei, streng gebunden an die Vergangenheit durch Bande, die wir nicht kennen, aber gänzlich frei von den Banden, die unsere Einbildungskraft ihr aufzuerlegen glaubt. Heißt die Möglichkeit hinnehmen, dass gleichviel was geschehe und insbesondere uns geschehe, und dass der morgige Tag unser ganzes vergangenes Leben in etwas Fruchtloses und Vergebliches verwandle.

Wenn wir ein für allemal auf alle Früchte der Vergangenheit ohne Ausnahme verzichten, so können wir Gott darum bitten, dass unsere vergangenen Sünden nicht ihre elenden Früchte des Bösen und des Irrtums in unserer Seele tragen möchten. Solange wir uns noch an die Vergangenheit klammern, kann

Gott selber nicht verhindern, dass diese scheußlichen Früchte in uns reifen. Wir können nicht an unserer Vergangenheit haften, ohne unseren Verbrechen verhaftet zu sein, denn wir haben keine Kenntnis von dem, was das eigentlich Böse in uns ist.

Die Hauptforderung, die wir an das Universum zu haben glauben, ist die auf Fortdauer unserer eigenen Persönlichkeit. Diese Forderung schließt alle anderen in sich ein. Der Selbsterhaltungstrieb lässt uns diese Fortdauer als eine Notwendigkeit empfinden, und wir glauben, eine Notwendigkeit begründe einen Rechtsanspruch. Wie der Bettler, der zu Talleyrand sagte: »Ich muss doch leben, Euer Gnaden«, und dem Talleyrand zur Antwort gab: »Ich sehe die Notwendigkeit nicht ein.«[149] Unsere Persönlichkeit hängt gänzlich von den äußeren Umständen ab, deren Macht, sie zu zermalmen, keine Grenzen gesetzt sind. Aber wir würden lieber sterben, als dies anerkennen. Das Gleichgewicht der Welt ist für uns eine so beschaffene Folge von Umständen, dass unsere Persönlichkeit unversehrt bleibt und uns zu gehören scheint. Alle Gelegenheiten der Vergangenheit, bei denen unsere Persönlichkeit verletzt wurde, erscheinen uns als Gleichgewichtsstörungen, die früher oder später unfehlbar durch entgegengesetzte Phänomene aufgewogen und vergütet werden müssen. Wir leben von der Erwartung dieser Vergütungen. Die unmittelbare Nähe des Todes ist vor allem darum schrecklich, weil sie uns zu der Einsicht zwingt, dass diese Vergütungen nicht eintreffen werden. Das Erlassen der Schulden ist der Verzicht auf die eigene Persönlichkeit. Auf alles verzichten, was ich Ich nenne. Ohne jede Ausnahme. Wissen, dass in dem, was ich Ich nenne, nichts ist, nicht ein einziges psychologisches Element, das die äußeren Umstände nicht zum Verschwinden bringen könnten. Dies hinnehmen. Glücklich sein, dass es so ist.

Wenn man die Worte: »Dein Wille geschehe« mit seiner ganzen Seele ausspricht, so ist diese Hinnahme bereits darin beschlossen. Darum kann man einige Augenblicke später sagen: »Wir haben unseren Schuldigern erlassen.«

Das Erlassen der Schulden ist die Armut im Geiste, die geistliche Bloßheit, der Tod. Wenn wir den Tod gänzlich hinnehmen, können wir Gott bitten, dass er uns, gereinigt von dem Bösen, das in uns ist, zu einem neuen Leben erwecke. Denn ihn bitten, dass er uns unsere Schulden erlasse, heißt ihn bitten, dass er das Böse tilge, das in uns ist. Die Vergebung ist die Reinigung. Gott selber hat nicht die Macht, das Böse, das in uns ist und dort bleibt, zu vergeben. Gott hat uns unsere Schulden erlassen, wenn er uns in den Stand der Vollkommenheit gesetzt hat. Bis dahin erlässt uns Gott unsere Schulden nur zu einem Teil, in dem Maße, als wir unseren Schuldigern erlassen.

Καὶ μὴ εἰσενέγκῃς ἡμᾶς εἰς πειρασμόν, ἀλλὰ ῥῦσαι ἡμᾶς ἀπὸ τοῦ πονηροῦ.

»Und stürze uns nicht in die Prüfung, sondern schirme uns vor dem Übel.«

Die einzige Prüfung für den Menschen besteht darin, dass er bei der Berührung mit dem Übel sich selbst überlassen bleibt. Dann überzeugt ihn die Erfahrung von der Wahrheit seines Nichts. Obwohl die Seele das übernatürliche Brot in dem Augenblick, da sie es erbeten, empfangen hat, ist ihre Freude mit Furcht gemischt, weil sie es nur für die Gegenwart erbitten konnte. Die Zukunft bleibt ein Anlass zur Furcht. Die Seele hat nicht das Recht, Brot für morgen zu erbitten, aber sie äußert ihre Furcht in flehentlichen Worten. Damit endet sie. Das Wort »Vater« hat das Gebet begonnen, das Wort »Übel« beschließt es. Man muss von dem Vertrauen zur Furcht gehen. Nur das Vertrauen verleiht genügende Kraft, dass die Furcht nicht ein Anlass zum Abfall werde. Nachdem die Seele den Namen, das Reich und den Willen Gottes betrachtet, nachdem sie das übernatürliche Brot empfangen hat und von dem Bösen gereinigt wurde, ist sie nun zu der wahren Demut bereit, die alle Tugenden krönt. Die Demut besteht darin, zu wissen, dass die ganze Seele in dieser Welt – nicht nur was man das Ich nennt, in seiner Gesamtheit, sondern auch der übernatürliche Teil der Seele, der die Gegenwart Gottes in ihr ist – der Zeit und der Veränderlichkeit des Wechsels unterworfen ist. Man muss gänzlich bereit sein, die Möglichkeit hinzunehmen, dass alles Natürliche in einem zerstört werde. Die Möglichkeit jedoch, dass der übernatürliche Teil der Seele verschwinden könnte, muss man zugleich hinnehmen und abweisen. Sie hinnehmen als ein Geschehen, das nur in Übereinstimmung mit dem Willen Gottes eintreten könnte. Sie abweisen als etwas, das entsetzlich wäre. Man soll sich davor fürchten; aber die Furcht sei gleichsam die Vollendung des Vertrauens.

Jeweils zwei der sechs Bitten entsprechen einander. Das transzendente Brot ist das Gleiche wie der göttliche Name. Es ist das, was die Berührung zwischen dem Menschen und Gott bewirkt. Das Reich und die Herrschaft Gottes ist das Gleiche wie seine über uns ausgereckte Beschirmung vor dem Übel; zu schirmen ist ein herrscherliches Amt. Seinen Schuldigern ihre Schulden erlassen ist das Gleiche wie die völlige Ergebung in den Willen Gottes. Der Unterschied ist nur, dass bei den ersten drei Bitten die Aufmerksamkeit allein auf Gott gerichtet ist. Bei den letzten drei wendet man die Aufmerksamkeit wieder sich selber zu, um sich zu einer solchen Haltung zu zwingen, dass diese Bitten ein wirklicher und kein imaginärer Akt seien.

In der ersten Hälfte des Gebetes beginnt man mit der Ergebung. Dann erlaubt man sich ein Begehren. Dann berichtigt man dieses, indem man zu der Ergebung zurückkehrt. In der zweiten Hälfte ist die Reihenfolge verändert: man endet mit einem Ausdruck des Begehrens. Weil das Begehren nunmehr negativ geworden ist; es erscheint als eine Furcht; und so entspricht es dem höchsten Grad der Demut, wie es zum Abschluss angemessen ist.

Dieses Gebet enthält alle je möglichen Bitten; man kann kein Gebet ersinnen, das nicht schon darin beschlossen wäre. Es ist als Gebet, was Christus als Mensch ist. Es ist unmöglich, es einmal zu sprechen und dabei auf jedes Wort die Fülle der Aufmerksamkeit zu richten, ohne dass in der Seele eine vielleicht unendlich kleine, aber wirkliche Veränderung bewirkt wird.

Editorische Notiz

Simone Weil gehört zu den vielschichtigsten Denkern des 20. Jahrhunderts. 1909 in Paris in eine bürgerliche, agnostisch orientierte jüdische Familie hineingeboren, verschafft ihre Herkunft ihr zunächst zahlreiche Privilegien: eine klassische Schulbildung, die Agrégation im Fach Philosophie an der renommierten École Normale Supérieure, sie verkehrt in intellektuellen Kreisen, nimmt eine Lehrtätigkeit auf. Zwischen 1931 und 1934 engagiert sie sich neben ihrem Beruf als Philosophiedozentin an der Seite der revolutionären Syndikalisten, gibt Abendkurse für Arbeiterinnen und organisiert Streiks. Im Sommer 1932 reist sie nach Berlin, um die Situation der Arbeiterbewegung unter dem Druck des erstarkenden Nationalsozialismus zu analysieren.[I] 1934 lässt sie sich vom Schuldienst beurlauben und arbeitet trotz fragiler körperlicher Verfassung einige Monate als Hilfsarbeiterin in Elektro- und Metallbetrieben.[II] Diese Erfahrung beschreibt Weil als eine körperliche und geistige Schwächung und markiert einen Wendepunkt in ihrem Denken. Terminologisch lässt sich eine Verschiebung von »Unterdrückung« zu »Unglück« (*malheur*) feststellen. Der Grundton ihrer Schriften wird dringlicher und existentieller. Als 1936 der spanische Bürgerkrieg ausbricht, kämpft sie für kurze Zeit in der Brigade des Anarchisten Buenaventura Durruti. Die Enttäuschung darüber, dass selbst in den Reihen der Befreiungsbewegungen Formen von Zwang und Unmenschlichkeit fortbestehen, prägt sie nachhaltig. Ab 1938 wendet Weil sich verstärkt spirituellen Fragen zu. Im Kern bleibt aber auch ihre Annäherung an die Religion aufmerksam für die Situation der Unterdrückten und Ausgegrenzten. Noch auf der Flucht vor antisemitischer Verfolgung nimmt sie Stellung zu Fragen des Krieges[III] und ist in der Résistance aktiv. 1943 stirbt Weil mit 34 Jahren im englischen Exil.

Hinterlassen hat sie eine thematisch wie formal beeindruckende Vielfalt an Schriften, darunter pointierte Aufsätze mit sozialkritischem Impetus, die sie in den frühen 1930er-Jahren in Gewerkschaftsblättern und linken Zeitschriften veröffentlicht,[IV] sowie ein großes Konvolut an Texten, Skizzen, Kommentaren zu Philosophie, Wissenschaft, Technik, Ökologie, Politik und Religion, die zu Lebzeiten weitgehend unveröffentlicht bleiben. Im Exil werden vor allem die in fragmentarischer und experimenteller Schreibweise verfassten *Cahiers*[V] zu einem wichtigen Ort für ihr Schreiben. Der Nachlass umfasst auch eine umfangreiche Korrespondenz mit Entscheidungsträgern aus Wirtschaft, Politik und Kultur, mit Genossinnen, Geistlichen, Schriftstellern, Freundinnen und Weggefährten, Schülern und Familie.

Auf der Schwelle

Die in dem vorliegenden Band versammelten Texte gehören zu Weils Spätwerk und ihren Exilschriften. Es handelt sich um sechs Briefe und fünf Aufsätze, die zwischen Januar und Juni 1942 im Rahmen ihres Austauschs mit dem Dominikanerpater Joseph-Marie Perrin (1905–2002) entstanden sind. Im Zentrum der Briefe steht für Weil die Frage der Taufe und der Zugehörigkeit zur katholischen Kirche. Sie berichtet von ihren »drei Berührungen«[VI] mit dem Christentum, in denen sie sich dem Katholizismus so weit wie möglich annähert, ohne jedoch zu ihm überzutreten; von ihrem Zerrissensein in einer doppelten Gewissheit – der Gewissheit des Glaubens und der Gewissheit, dass ihre Berufung darin besteht, »außerhalb der Kirche zu bleiben und sogar ohne eine, sei es auch nur implizite Bindung an sie oder das christliche Dogma«.[VII] Aber nicht nur in der religiösen Frage steht Weil an einer Schwelle. Gleichermaßen drinnen wie draußen zu sein, ist ein intellektueller wie existentieller Standpunkt, der für Weils Werk insgesamt von Bedeutung ist. So wie sich die Bedingungen, unter denen sie denkt, ständig verändern, so verlässt auch ihr Denken immer wieder feste Geländer – zerreißt und entfaltet sich neu im Dazwischen von Judentum und Christentum, Agnostizismus und Glauben, Zentrum und Peripherie, politischer Praxis und spiritueller Einsamkeit, dem Verlangen, sich den Gefahren der Zeit auszusetzen,[VIII] und der Bindung an eine schützende bürgerliche Herkunftswelt. Dass Weil diese Zerrissenheit als intellektuelle und ›innere‹ Fragen verhandelt, sollte nicht darüber hinwegtäuschen, dass sie dem Kontext einer historisch-existentiellen Situation und einem politischen Leben abgerungen sind.

Exil (Marseille und Casablanca)

Am Vorabend des deutschen Einmarsches, am 13. Juni 1940, hatte Weil mit ihren Eltern Paris gerade noch rechtzeitig verlassen und war Mitte September auf Umwegen nach Marseille gelangt. Die Hafenstadt, die zur unbesetzten Zone gehörte, wird zum Zufluchtsort für Tausende von Geflüchteten – Juden und Jüdinnen aus Deutschland und Frankreich, internierte Ausländer, Staatenlose, Intellektuelle, Proletarierinnen, Kommunisten und Sozialistinnen, Andersdenkende. Der Alltag der Exilanten in den Wohnungen, Notunterkünften und Durchgangslagern ist geprägt vom bürokratischen Kampf um Ausreisepapiere und vom Ausharren und Warten auf eine Schiffspassage. Auch Weils Plan, nach England zu gelangen, um von dort aus für die französische Résistance-Organisation *France libre* zu arbeiten, sollte sich erst später als erhofft verwirklichen. Die Wartezeit in Marseille und Umgebung wird zu einer äußerst produktiven Schaffensphase. Weil setzt fort, was sie im Jahr zuvor begonnen hat: die Lektüre der *Bhagavadgītā* und der *Upanishaden* im Original sowie Platons *Timaios* – Werke, denen sie ausführliche Kommentare widmet. Darüber hinaus entsteht eine Fülle von Reflexionen über Wissenschaft, Technik und Arbeit, über politische und religiöse Fragen.

Weils Hinwendung zur Religion wird oft auf eine mystische Weltabkehr reduziert. Auch Weil selbst stellt sich immer wieder als Außenstehende vor, etwa wenn sie in ihrem zweiten Brief an Perrin schreibt, »dass es für mich notwendig ist, dass es mir vorgeschrieben ist, einsam zu bleiben, eine Fremde und Verbannte hinsichtlich jedes beliebigen menschlichen Milieus ohne Ausnahme«.[IX] Auch wenn der äußere Spielraum für Weil seit Erlass des ersten Judenstatuts im Oktober 1940 immer mehr eingeschränkt wird, bleibt sie auch im südfranzösischen Exil mit einem weiten Netz sozialer, intellektueller und politischer Beziehungen verbunden. Hélène Honnorat, Geschichtslehrerin und Freundin Weils, macht sie mit den katholischen Kreisen der Stadt und mit Perrin bekannt, der zu einem wichtigen Gesprächspartner wird. Zusammen mit Perrin und anderen Geistlichen beteiligt sich Weil an der Verbreitung der *Cahiers du Témoignage Chrétien*, einer christlichen Untergrundzeitschrift, die über die unmenschlichen Strukturen des Nationalsozialismus, über Deportationen und Konzentrationslager aufklärt und zum geistigen Widerstand aufruft. In den *Cahiers du Sud*, einer wichtigen Literaturzeitschrift der Freien Zone, veröffentlicht Weil unter dem Pseudonym Émile Novis in den Marseiller Monaten regelmäßig Aufsätze und Essays. Darunter befindet sich auch der bereits 1939 fertiggestellte Essay »L'Iliade ou le poème de la force«,[X] in dem sie sich im Spiegel eines antiken Textes mit aktuellen Erfahrungen von Hass und Krieg und der Rolle der Gewalt in der Geschichte auseinandersetzt. Im Sommer 1941 lernt Weil den katholischen Schriftsteller und Philosophen Gustave Thibon kennen, dem sie ein knappes Jahr später den ersten Teil ihrer *Cahiers* anvertraut und bei dem sie einige Wochen auf dem Bauernhof arbeitet. Zurück in Marseille widmet sie sich erneut intensiv philosophischen Reflexionen. Von besonderer Bedeutung sind die Briefe, Aufsätze und Notizen, die sie in den letzten Monaten vor ihrer Abreise verfasst und in denen sie ihre Gedanken zu religiösen Fragen entfaltet. Am 14. Mai 1942 verlässt Weil mit ihren Eltern Marseille auf dem Schiff *Maréchal Lyautey* in Richtung Casablanca, wo sie siebzehn Tage lang mit neunhundert anderen Passagieren ausharrt, bis sie am 7. Juni die Überfahrt nach New York antreten kann.

Der Originalband und die deutsche Übersetzung

Einen ersten Teil der in diesem Band versammelten Briefe und Aufsätze hat Weil während ihrer letzten Monate in Marseille verfasst, ein zweiter Teil ist auf der Schiffspassage und im Flüchtlingslager Aïn-Seba bei Casablanca entstanden. Perrin bewahrt die ihm anvertrauten Texte auf und veröffentlicht sie 1950 – sieben Jahre nach Weils Tod – unter dem Titel *Attente de Dieu* bei La Colombe in Paris.[XI]

Das *attente* (Warten, Erwartung), in dem von ihm gewählten Titel legt in seiner sprachlichen Verwandtschaft mit *l'attention* (Aufmerksamkeit) schon die Fährte zu einem zentralen Begriff, den Weil in den vorliegenden Texten entfaltet: die Aufmerksamkeit. Sowohl das Warten als auch die Aufmerksamkeit sind durch eine Situation des Aufschubs, der Unvollkommenheit und des Übergangs gekennzeichnet. Im Aufsatz »Betrachtungen über den rechten Gebrauch des Schulunterrichts und des Studiums im Hinblick auf die Gottesliebe« fasst Weil die Aufmerksamkeit ausgehend vom Gebet als eine »negative Anstrengung«, in der »der Geist leer sein [soll], wartend [*en attente*], nichts suchend, aber bereit, den Gegenstand, der in ihn eingehen wird, in seiner nackten Wahrheit aufzunehmen.«[XII] In dieser wachsamen Aufnahmebereitschaft fallen Passivität und Aktivität, Warten und Aufmerken zusammen. Das spezifisch ethische

Anliegen dieser Konzeption von Aufmerksamkeit liegt für Weil in der Zurücknahme des Ich und seiner Projektionen, Täuschungen, Kompensationen und Ausdehnungen, die im Extremfall imperiale und totalitäre Züge annehmen. In der Loslösung vom Ich liegt für sie die Voraussetzung für die Hinwendung zum Anderen, zum Du.

Der 1953 in München im Kösel-Verlag erschienenen deutschen Ausgabe gibt der Übersetzer und Herausgeber Friedhelm Kemp den Titel *Das Unglück und die Gottesliebe.* Entlehnt ist er dem im Band enthaltenen Aufsatz »L'amour de Dieu et le malheur«. Auch dieser Titel ruft ein zentrales Motiv auf, das sich durch die vorliegenden Texte zieht – die Frage nach der Gottesliebe angesichts dessen, was als ihr größtes Hindernis erscheint: das Unglück.

Wenn Weil im vierten Brief, ihrer »geistigen Autobiografie«, von ihrer ersten mystischen Erfahrung berichtet, und diese mit der geistigen und körperlichen Erschöpfung nach der Arbeit in der Fabrik in Verbindung bringt, in der ihr »das Unglück der anderen in Fleisch und Seele eingedrungen [ist]«,[XIII] so wird deutlich, dass nicht Trost und Heilserwartung, sondern die Realität eines verlassenen, leidenden und begrenzten Körpers die Fluchtlinie ihrer religiösen Suchbewegung ist. Diese führt Weil zur Christusfigur und zum Katholizismus, den sie aber durch die gleichberechtigte Einbeziehung spiritueller Einsichten aus mystischen und als häretisch stigmatisierten Traditionen, frühchristlichen Strömungen aus dem Mittelmeerraum, indischer und chinesischer Philosophie und Religion, außereuropäischen Mythen und Volksdichtung über sich hinaus zu tragen sucht. In diesem Unterfangen bringt Weil nichts weniger als die Katholizität (von altgriech. *katholikós* »das Ganze betreffend«) ins Spiel. Eine Universalität, die, um sie vor dem Umschlag ins Totalitäre zu bewahren, eine ständige Verschiebung und Öffnung der Wahrnehmung gegenüber den Rändern, dem Außen, dem Ausgeschlossenen erfordert. Die Enge der Katholischen Kirche, die als historische Institution ausschließt und verbannt, was nicht mit ihr übereinstimmt, bleibt für Weil dagegen ein ständiges Hindernis: »Ich bleibe auf Seiten aller Dinge, die nicht in die Kirche eintreten können, die in die Kirche, dieses universale Haus der Aufnahme, keine Aufnahme finden können, auf Grund dieser beiden kleinen Wörter [*anathema sit*]. Ich bleibe umso mehr auf ihrer Seite, als meine eigene Vernunft ihnen zugezählt wird.«[XIV]

Inmitten ihres Bestrebens, die Leerstellen, Brüche und verdrängten Linien des christlichen Glaubens freizulegen, findet sich aber auch der vielleicht blindeste Fleck Weils: eine zutiefst feindselige, ressentimentgeladene Haltung gegenüber der jüdischen Tradition. Der Aufsatz »Les trois fils de Noé et l'histoire de la civilisation méditerranéenne« (der Teil des Bandes *Attente de Dieu* ist) gehört zu einer Reihe von

Texten, in denen Weil die Auffassung vertritt, die sie auch in den anderen Aufsätzen des Bandes andeutet, hier aber in ihrer ganzen Wucht entfaltet, nämlich dass die Wurzeln des Christentums nicht in der jüdischen Tradition und im Alten Testament liegen, sondern in älteren religiösen Strömungen des Mittelmeerraums und ihren eigentlichen Ausdruck bei Platon finden. Die Gewalt der katholischen Kirche, ihr zerstörerischer Totalitarismus (Kreuzzüge, Inquisition), ihre imperiale Expansion, ihr Dogmatismus und ihr Machtmissbrauch führt Weil immer wieder auf den negativen Einfluss des Römischen Reiches und der jüdischen Tradition zurück. Während sie das antike Griechenland verehrt, müssen das biblische Volk Israel und das Alte Testament als Projektionsfläche für all das herhalten, was Weil ablehnt und wovon sie das Christentum befreien will: den Kult der Stärke, die Idee der Auserwähltheit. Die Passagen des Alten Testaments, die sie nicht verwerfen will – die Psalmen, das Buch Hiob, die Bücher der Weisheit –, versucht sie wiederum mit religionsgeschichtlich fragwürdigen Behauptungen der jüdischen Tradition zu entreißen. Jene intellektuelle Redlichkeit, die Weil in ihrem Brief an Solange Beaumier erwähnt, die »fordert, dass mein Denken ausnahmslos alle Ideen gleichmütig gelten lasse [...], dass es allen gegenüber gleicherweise aufnahmebereit und gleicherweise zurückhaltend sei«,[XV] kann Weil den Texten des Alten Testaments gegenüber nicht aufbringen. Die Vehemenz, Härte und diffamierende, klischeehafte Bildsprache, derer sich Weil dabei bedient, muss auch auf ihr linkskatholisches Umfeld in Marseille, das sich nicht nur politisch gegen den Antisemitismus positionierte, sondern auch geistig für eine Erneuerung des christlichen Glaubens in der Frage des Verhältnisses des Katholizismus zum Judentum eintrat, äußerst befremdlich gewirkt haben. Perrin jedenfalls befiel im Nachhinein der Zweifel, ob er gut daran getan hatte, den Aufsatz in den Band aufzunehmen.[XVI]

Die neue Ausgabe

Die vorliegende Ausgabe unterscheidet sich in zwei wesentlichen Aspekten von der französischen Originalausgabe. Obwohl einem posthumen Auswahlband ohnehin eine gewisse Künstlichkeit zukommt, sollen zumindest die ausgewählten Aufsätze vollständig und intakt bleiben. So wurde der zweite Teil des Aufsatzes »Die Gottesliebe und das Unglück« (»*L'amour de Dieu et le malheur*«), der in Casablanca entstanden ist und von dem an Perrin übergebenen Nachlass zunächst getrennt wurde, neu übersetzt und erstmals in den Band aufgenommen. Die zweite Abweichung vom Original betrifft den letzten Aufsatz »Les trois fils de Noé et l'histoire de la civilisation méditerranéenne«, der bereits in der deutschen Übersetzung von 1953 ausgelassen wurde und auf den auch in der neuen Ausgabe verzichtet wird. Die Fragwürdigkeit der antijudaistischen Thesen Weils gilt auch heute unverändert. Um den Aufsatz auf einer soliden textlichen Grundlage zu erschließen und zu kommentieren, müssten zwei thematisch verwandte Aufsätze, die Weil fast zeitgleich verfasste (»Note sur les relations primitives du christianisme et des religions non hébraïques«[XVII] und »Israël et les Gentils«[XVIII]) herangezogen und diese wiederum in den Kontext des Gesamtwerks gestellt werden – was den Zusammenhang des vorliegenden Bandes aufbrechen würde.

Von diesen beiden Ausnahmen abgesehen, folgt die vorliegende Ausgabe der unveränderten Auflage des französischen Originals von 1957. Hervorhebungen, Klammern und andere grafische Zeichen werden ebenfalls nach der französischen Originalausgabe wiedergegeben, sofern damit kein Eingriff in die Übersetzung verbunden war. Die Übersetzung von Friedhelm Kemp für die deutsche Erstausgabe von 1953 wurde hier übernommen und in die neue Rechtschreibung gesetzt.

Kemps Übersetzung hat – auch wenn sie in dem Sprachgebrauch ihrer Zeit gehalten ist – in ihrer Sorgfalt auch heute noch Bestand. Ein Hinweis sei dennoch zur Lektüre gegeben: In der Art und Weise, wie Kemp übersetzt, ist das verständliche Anliegen zu erkennen, die Autorin nicht unnötig zu verrätseln, sondern verständlich, auch eindeutiger, zu machen. Ein Beispiel dafür ist die vermehrte Verwendung des

Doppelpunktes. Wo im Original Aussagen zwischen Komma und Semikolon parataktisch nebeneinander stehen und der Leser sich von Satz zu Satz, von einer Bedeutung zur anderen hangeln muss, ordnet der Doppelpunkt unter, verleiht der einen Aussage mehr Nachdruck, mehr Gewicht als der anderen. Auch wenn diese in der Übersetzung begründeten Interventionen nur punktuell sind, tragen sie doch in ihrer Wiederholung zu einer Verschiebung bei und verleihen den Aussagen, die im Original paradoxer, ambivalenter und tastender klingen, einen eindeutigeren, selbstgewisseren Charakter.

Der erwähnte zweite Teil des Aufsatzes »Die Gottesliebe und das Unglück« (S. 128–155) wurde für diese Ausgabe von Richard Steurer-Boulard neu übersetzt. Diese Übersetzung kommt in den zentralen Begriffen zu ähnlichen Lösungen wie Kemp, entspricht aber mehr dem heutigen Sprachgebrauch und hebt den Text damit stärker in die Gegenwart.

Der gesamte Text des Bandes wurde auf Vollständigkeit geprüft – die vier Aufsätze anhand der französischen kritischen Gesamtausgabe;[XIX] die Briefe anhand von Kopien der Originaldokumente, die freundlicherweise vom Département des manuscripts der Bibliothèque nationale in Paris zur Verfügung gestellt wurden.[XX]

Die von Perrin für die französische Ausgabe hinzugefügten thematischen Überschriften der Briefe, die sich so nicht auf den Originaldokumenten befinden und die von Kemp nicht mitübersetzt wurden, wurden für die neue Ausgabe ergänzt. Was den restlichen Fließtext betrifft, so stammt er ausnahmslos von Simone Weil in der Übersetzung von Friedhelm Kemp beziehungsweise Richard Steurer-Boulard.

Weder der Originalband noch die deutsche Erstausgabe enthalten Quellennachweise. Um die Zugänglichkeit zu den Texten zu erleichtern, wurde für die neue Ausgabe ein Anmerkungsapparat mit Zitatnachweisen erarbeitet. Auch Weil selbst verwendet kaum Quellennachweise und überlagert gedankliches und sprachliches Material unterschiedlichster geistesgeschichtlicher und religiöser Traditionslinien. Zitate gibt sie dabei zum Teil auslassend, verändert oder stark zusammenfassend wieder. Die Quellenangaben haben daher nicht – wie in wissenschaftlichen Texten üblich – eine absichernde Funktion, sondern dienen lediglich als Anhaltspunkt. Für die Aufschlüsselung der Zitate, Personen- und Begriffserklärungen war die französische Gesamtausgabe eine hilfreiche Grundlage. Wo es möglich ist, wird, wie bei antiken Texten oder in der Bibel üblich, nur der Vers zitiert oder auf die entsprechende Stelle verwiesen. In allen anderen Fällen wird auf eine bestimmte Ausgabe verwiesen, in der das Zitat, wenn auch in anderer Formulierung, zu finden ist. Die in den Endnoten angegebenen Bibelstellen sind der Einheitsübersetzung entnommen.

Charlotte Bohn, Berlin, April 2024

Anmerkungen

1 Joseph-Marie Perrin (1905–2002), französischer Dominikanerpriester, Widerstandskämpfer und geistlicher Gesprächspartner von Simone Weil.

2 Vgl. Émile Durkheim, *Die elementaren Formen des religiösen Lebens,* Frankfurt a. M. 1981.

3 »Wer mich aber vor den Menschen verleugnet, den werde auch ich vor meinem Vater im Himmel verleugnen.« – Matthäus 10,33; »Denn wer sich meiner und meiner Worte schämt, dessen wird sich der Menschensohn schämen […]« – Lukas 9,26; »Denn wer sich vor dieser treulosen und sündigen Generation meiner und meiner Worte schämt, dessen wird sich auch der Menschensohn schämen […]« – Markus 8,38.

4 Lukas 4,6.

5 Deutsch im Original.

6 Siehe Matthäus 12,43–45; Lukas 11,24–26.

7 Vgl. Matthäus 7,9.

8 Mark Aurel (121–180), römischer Kaiser, Philosoph, und bedeutender Vertreter der stoischen Schule.

9 Mark Aurel, *Selbstbetrachtungen,* Leipzig 1954.

10 »Love bade me welcome; yet my soul drew back, / Guilty of dust and sin. / But quick-ey'd Love, observing me grow slack / From my first entrance in, / Drew nearer to me, sweetly questioning / If I lack'd any thing. // ›A guest,‹ I answer'd, ›worthy to be here‹: / Love said, ›You shall be he.‹ / ›I, the unkind, ungrateful? Ah, my dear, I cannot look on Thee.‹ /

Love took my hand, and smiling did reply, / ›Who made the eyes but I?‹ // ›Truth, Lord; but I have marr'd them; let my shame / Go where it doth deserve.‹ / ›And know you not,‹ says Love, ›Who bore the blame?‹ / ›My dear, then I will serve‹ / ›You must sit down,‹ says Love, ›and taste My meat.‹ / ›So I did sit and eat.‹« – George Herbert, »Love«, in: *The Poems of George Herbert*, London 1958, S. 170.

11 *Fioretti di San Francesco*, anonyme Legendensammlung aus dem vierzehnten Jahrhundert. – Deutsche Übersetzung: *Die Blümlein des heiligen Franziskus von Assisi*, Frankfurt a. M. 1973.

12 Vgl. »Man darf sich nicht verkennen. Wir sind ebensosehr [sic] Automat, wie Geist; und daher kommt es, dass das Werkzeug, durch das die Überzeugung zustande kommt, nicht allein der Beweis ist. […] Die Gewohnheit erst macht unsere Beweise zu den stärksten und am meisten geglaubten; sie setzt den Automaten in Bewegung, der den Geist mit sich fortreißt, ohne dass er es merkt.« – Blaise Pascal, *Gedanken*, Leipzig o. J., S. 52.

13 Das *Salve Regina* gehört zu den marianischen Antiphonen – in der Liturgie der katholischen Kirche an die Gottesmutter gerichtete Gesänge.

14 Gustave Thibon (1903–2001), katholischer Schriftsteller, Philosoph und Herausgeber von Weils *La pesanteur et la grâce* (1947).

15 Siehe 4 Mose 21,8–9.

16 griech. *en hypŏmŏnē*: in bzw. durch Standhaftigkeit, Ausdauer, Erwartung, Erdulden.

17 lat. Ertragen, Erdulden, Geduld.

18 Hélène Honnorat, Geschichtslehrerin und Freundin von Weil und Perrin.

19 *anathema sit* (von griech. *ανάθημα*: Verfluchung und lat. *sit*: sei): Formel des katholischen Kirchenbanns.

20 Matthäus 18,20.

21 Matthäus 6,6.

22 Der Albigenserkreuzzug (1209–1229) war ein von Papst Innozenz III. veranlasster Vernichtungskreuzzug gegen die von der katholischen Kirche als Ketzer gebrandmarkte heterodoxe Glaubensgemeinschaft der Katharer in Okzitanien (Südfrankreich).

23 Seligpreisungen der *mites* (lat. die Mildgestimmten, Barmherzigen), der *mundo corde* (lat. die reinen Herzens), der *pacifici* (lat. die Frieden stiften) in der Bergpredigt. Siehe Matthäus 5,3–12.

24 Solange Beaumier (1911–1980), Sozialarbeiterin und Mitarbeiterin von Perrin.

25 Im Manuskript findet sich folgender Einschub: »Richten Sie P. Perrin aus, dass ich, wie ich es ihm bereits mitgeteilt habe, wünsche, dass die gesamte Arbeit schließlich der Obhut Thibons anvertraut und meinen *Cahiers* beigefügt wird. P. Perrin soll sie jedoch so lange aufbewahren, wie er glaubt, vielleicht noch einen Tropfen Saft für seinen eigenen Gebrauch herauspressen zu können. Er soll sie auch zeigen, wem er will. Ich vermache es ihm als Eigentum, ohne Vorbehalt. Ich fürchte nur, dass es, abgesehen von den griechischen Texten, ein wertloses Geschenk sein wird. Aber ich habe nichts anderes. Dennoch möchte ich, dass Joë Bousquet diese Arbeit eines Tages lesen kann. P. Perrin wird sich nach Kräften darum bemü-

hen. Notieren Sie die Adresse von Joë B., sollte er sie verloren haben: 53 rue de Verdun, Carcassonne.« [Übersetzung: c. b.]

26 griech. *en hypŏmŏnē*: in bzw. durch Standhaftigkeit, Ausdauer, Erwartung, Erdulden.

27 *Jeunesse étudiante chrétienne* (JEC), eine 1929 gegründete internationale katholische Jugend- und Volksbildungsbewegung. Ihre Mitglieder werden als »Jecisten« bezeichnet.

28 Markus 15,34; Matthäus 27,46; Psalm 22,2.

29 Matthäus 22,36–40.

30 Weils vierter Brief an Perrin vom 15. Mai 1942, in: *Das Unglück und die Gottesliebe,* vorliegende Ausgabe, S. 31–61.

31 Siehe Offenbarung 6,16–17.

32 Joë Bousquet (1897–1950), französischer Schriftsteller.

33 Siehe Juan de la Cruz, *Subida del Monte Carmelo* – deutsche Übersetzung: Johannes vom Kreuz, *Aufstieg zum Berg Karmel*, in: *Gesammelte Werke*, Bd. 4, Freiburg 1999, S. 103 f. (I,11,4).

34 Von spätmittelhochdeutsch *kuchelīn*, – eine früher gebräuchliche Bezeichnung für Küken.

35 Johannes 13,34.

36 Jacques Maritain (1882–1973), französischer Philosoph, Bergson-Schüler und wichtiger Vertreter der katholischen Philosophie im 20. Jahrhundert.

37 Siehe Lukas 13,6–9.

38 Die Herausgeber der französischen Gesamtausgabe führen das Zitat zurück auf Knud Rasmussen: *Du Groenland au Pacifique*, Paris 1929. (Simone Weil, *Œuvres complètes*, IV, 1, Paris 2008, S. 548.)

39 Jean-Baptiste Marie Vianney (1786–1859), katholischer Priester.

40 »Ich bin der Weg und die Wahrheit und das Leben [...].« Johannes 14,6.

41 Vgl. Matthäus 25,1–13.

42 Lukas 12,35–37.

43 Lukas 17,8.

44 Im Manuskript wird ersichtlich, dass Weil zunächst *serviteur* (Diener) schrieb, das Wort dann durchstrich und mit *l'esclave* (Sklave) ersetzte. Kemp übersetzt *l'esclave* uneinheitlich mit »Knecht« und »Sklave«.

45 Bezieht sich auf die Legende um den *Heiligen Gral*.

46 Vgl. Homer: *Odyssee*, XVII, 322 f.

47 Vgl. Markus 15,34; Matthäus 27,46; Psalm 22,2.

48 Hiob 9,23.

49 Siehe Hiob 38,1–42.

50 Galater 3,13.

51 »Vater, vergib ihnen, denn sie wissen nicht, was sie tun!« – Lukas 23,34.

52 *»nulla silva talem profert / fronde, flore, germine«* – Auszug aus *Crux fidelis inter omnes* von Venantius Fortunatus (ca. 530–609), einer Hymne auf das Kreuz Christi, die auch als gregorianischer Gesang vertont wurde.

53 Anspielung auf einen Brief von Baruch de Spinoza an seinen Arzt G. H. Schuller vom Herbst 1675, in dem Spinoza am Beispiel eines in Bewegung gesetzten Steins die Macht äußerer Ursachen auf die Dinge, ihr Existieren und Handeln veranschaulicht. Vgl. Spinoza, *Briefwechsel*, in: *Sämtliche Werke*, Bd. 6, Hamburg 1986, S. 236.

54 Matthäus 6,28; Lukas 12,27.

55 Aus der Hymne *Crux fidelis*.

56 Epheser 3,17–19.

57 Mit diesem Absatz beginnt die Fortsetzung des in Casablanca verfassten Aufsatzes, der in der französischen Originalausgabe von 1950 und in der Übersetzung von Kemp aus dem Jahr 1953 fehlt und für die vorliegende Ausgabe von Richard Steurer-Boulard neu übersetzt wurde.

58 Vgl. Lukas 23,32–43; Matthäus 27,38–44; Markus 15,27–32; Johannes 19,16–18.

59 Weil hat dieses Wort durchgestrichen, ohne es zu ersetzen. Die Herausgeber der französischen Gesamtausgabe haben es durch *blâmait* ersetzt. Vgl. Simone Weil, *Œuvres complètes*, IV, 1, S. 360.

60 Vgl. Platon, *Phaidon*, 64a–70e.

61 »[...] deinem Vater, der im Verborgenen ist.« – Matthäus 6,6.

62 »den er liebte« – Johannes 19,26; »den Jesus liebte« – ebd. 21,7 und 20.

63 Matthäus 20,22–23; Markus 10,38–39.

64 Vgl. Matthäus 6,1–4.

65 Matthäus 25,40.

66 Der ganze Absatz nimmt Bezug auf Markus 14,32–42; Matthäus 26,36–46.

67 Matthäus 14,28–29.

68 »Herr, wann haben wir dich hungrig gesehen und dir zu essen gegeben, oder durstig und dir zu trinken gegeben? Und wann haben wir dich fremd und obdachlos gesehen und aufgenommen, oder nackt und dir Kleidung gegeben?« – Matthäus 25,37–39.

69 Matthäus 22,34–40.

70 Johannes 14,6.

71 Johannes 3,14–15; 4 Mose 21,4–9.

72 Siehe Johannes 20,11–18.

73 Siehe Lukas 24,1–12; Matthäus 28,6.

74 Markus 15,34; Matthäus 27,46; Psalm 22,2.

75 »Darum sollst du den Herrn, deinen Gott, lieben mit ganzem Herzen, mit ganzer Seele und mit ganzer Kraft.« – 5 Mose 6,5; siehe auch Matthäus 22, 37–38; Markus 12,30; Lukas 10,27.

76 Matthäus 25,35.

77 Siehe Galater 2,20.

78 Vgl. »Schwer wiegt der Groll des Höchsten, der den Flehenden schirmt«, – Aischylos, *Die Schutzflehenden*, 346, zitiert nach: ders., *Tragödien und Fragmente*, Wiesbaden 1952, S. 146.

79 Die folgenden Absätze beziehen sich auf Thukydides: *Geschichte des Peloponnesischen Krieges*, V, 84–116.

80 Anspielung auf einen Gedanken von Nikomachos von Gerasa: »Harmonie entsteht stets aus Gegensätzen, denn Harmonie ist die Vereinigung der Verschiedenen und die Versöhnung des Gegensätzlichen«, – Nikomachos, *Einführung in die Arithmetik*, Berlin/ Boston 2021, S. 183 (II,19,1).

81 Vgl. Homer, *Odyssee*, XVII, 322 f.

82 griech. κατ᾽ἐξοχήν (*kat exochen)*: vorzugsweise.

83 Auszug aus dem *Livre des morts des Anciens Égyptiens*. Deutsche Übersetzung: *Das Ägyptische Totenbuch,* Frankfurt a. M. 2006, S. 189.

84 »Alle Bewohner der Erde fallen nieder vor ihm: alle, deren Name nicht seit der Erschaffung der Welt

eingetragen ist ins Lebensbuch des Lammes, das geschlachtet wurde.« – Offenbarung 13,8.

85 Vgl. 1 Korinther 1,25.

86 »Wenn jemand nicht aus Wasser und Geist geboren wird, kann er nicht in das Reich Gottes kommen.« – Johannes 3,1–13.

87 Siehe Lukas 10,25–37.

88 »Glaube aber ist: Grundlage dessen, was man erhofft, ein Zutagetreten von Tatsachen, die man nicht sieht.« – Hebräer 11,1.

89 Auszug aus einer spanischen *Copla*.

90 Johannes 8,7.

91 *Jeunesse ouvrière chrétienne (JOC)*, eine 1925 gegründete Bewegung der katholischen Arbeiterjugend.

92 Bezieht sich auf eine Episode aus dem Epos *Rāmāyaṇa* (VII, 75,14–19; 76,1–15).

93 Weisheit 7,24.

94 Bezieht sich auf die *Fioretti*.

95 Vgl. Juan de la Cruz, *Cántico Espiritual* – deutsche Übersetzung: Johannes vom Kreuz, *Der Geistliche Gesang*, in: ders., *Sämtliche Werke*, Bd. 2, Freiburg 1997.

96 Vgl. Johannes 21,25.

97 Matthäus 6,26–30; Lukas 24–28.

98 Matthäus 5,45.

99 Lukas 11,52.

100 Dieser und der folgende Absatz spielt auf die Homerische Hymne an Demeter an.

101 Figur aus Voltaires gleichnamiger Erzählung von 1752.

102 Vgl. Proklos, *Kommentar zum Timaios von Platon*, 42c.

103 Siehe Immanuel Kant, *Kritik der Urteilskraft*, in: ders., *Werkausgabe*, Bd. 10, Frankfurt a.M. 1981, S. 143.

104 Verse aus der *Ṛgveda* (1,164,20); siehe auch *Māṇḍūkya-Upaniṣad*, III,1; *Śvetāśvatara-Upaniṣad*, IV,6; *Kaṭha-Upaniṣad* III,1.

105 Siehe Molière, *Der Geizige*.

106 Paul Valéry, »Air de Sémiramis«, in: *Œuvres* I, Paris 1987, S. 91–94.

107 Vgl. Hiob 3,18–19.

108 Siehe 1 Korinther 5,10–11; 6,9–10; Galater 5,19–21; Epheser 5,5; Kolosser 3,5.

109 Vgl. Johannes 3,20–21.

110 Siehe Pierre-Augustin Caron de Beaumarchais, *Die Hochzeit des Figaro*, V,3.

111 Hiob 38,1–30.

112 Matthäus 5, 45.

113 Aischylos, *Der gefesselte Prometheus*, 1091 f. – hier zitiert nach der Ausgabe: ders., *Tragödien und Fragmente*, Wiesbaden 1952, S. 280.

114 Siehe Platon, *Timaios*, 47b–c.

115 Dieser Absatz bezieht sich auf Homer, *Odyssee*, V, XII und XIII.

116 Vgl. Matthäus 5,48.

117 Matthäus 5,45.

118 Anekdote wahrscheinlich aus Daisetsu Teitaro Suzuki, *Essays in Zen Buddhism*, London 1933.

119 Johannes 16,7.

120 Vgl. Johannes 1,29.

121 Vgl. 3 Mose 16,8–26.

122 Siehe 4 Mose 21,8–9.

123 Chinesischer Philosoph (ca. 6. Jahrhundert v. Chr.).

124 Aischylos, *Die Schutzflehenden*, 98.

125 Bezieht sich auf das Märchen »Das tapfere Schneiderlein«, vgl. *Die Kinder- und Hausmärchen der Gebrüder Grimm*, Weinheim/Basel 2006, S. 89–97.

126 griech. *λόγος* (logos): u. a. Rede, Ausdruck, Denkkraft, Vernunft; im Johannesevangelium: Wort Gottes (*ἐν ἀρχῇ ἦν ὁ Λόγος καὶ ὁ Λόγος ἦν πρὸς τὸν Θεὸν καὶ Θεὸς ἦν ὁ Λόγος* – »Im Anfang war das Wort, und das Wort war bei Gott, und das Wort war Gott.« Johannes 1,1).

127 griech. *πνεῦμα* (pneúma): Hauch, Atem, Wind, Geist.

128 lat. »Mich suchend, hast du dich erschöpft.« – Auszug aus *Dies irae*, einer mittelalterlichen Hymne über das Jüngste Gericht.

129 Vgl. Matthäus 22,11–12.

130 Siehe Matthäus 13,44.

131 griech. *ὑπομονή (hypŏmŏnē)*: Standhaftigkeit, Ausdauer, Erwartung, Erdulden.

132 lat. Ertragen, Erdulden, Geduld.

133 Siehe Platon, *Timaios*, 27d–28a.

134 Matthäus 10,34; Lukas 12,51.

135 Aischylos, *Agamemnon*, 1496.

136 Vgl. 4 Mose 21,8–9.

137 Vgl. Matthäus 6,6.

138 Arnolphe und Agnès, Figuren aus Molières *Die Schule der Frauen.*

139 »Ich berst, ich sterbe noch [– hier innen kann ich's fühlen]«. – Molière, *Die Schule der Frauen*, Stuttgart 1962, S. 43 (IV,1).

140 Siehe Platon, *Politeia*, 359b–360d.

141 Johannes 13,34–35; 15,12–13.

142 Matthäus 18,20.

143 Vgl. Platon, *Politeia* 518c–d.

144 Juan de la Cruz, *Noche escura del alma*, Alcalá de Henares 1618. Deutsche Übersetzung: Johannes vom Kreuz, *Die dunkle Nacht der Seele*, in: ders., *Sämtliche Werke*, Bd. 2, Einsiedeln 1961.

145 Siehe Sophokles, *Elektra*, 1126–1226.

146 Weil kommentiert das Vaterunser nach der Fassung in Matthäus 6,9–13. Im französischen Original handelt es sich um eine Übersetzung Weils, die sich eng an den griechischen Text hält und von den gängigen Übersetzungen abweicht. Kemps Übersetzung versucht, diesen Besonderheiten zu entsprechen.

147 Bezieht sich auf das stoische Prinzip des *amor fati*, vgl. Mark Aurel, *Selbstbetrachtungen*, Leipzig 1951, z. B. S. 145 (X,21).

148 Genesis, 6,5.

149 »›Monseigneur, ich muß doch leben‹, sagte ein unglückseliger Verfasser von Satiren zum Minister, der ihm die Infamie seines Metiers vorwarf. – ›Ich sehe die Notwendigkeit dazu nicht ein‹, entgegnete ihm kalt der Mann in Amt und Würden.« – Der von Weil Talleyrand zugeschriebene Dialog findet sich bei Jean-Jacques Rousseau, *Emil oder Über die Erziehung*, Stuttgart 1990, S. 407.

Editorische Notiz

I Schon in einem am 25. Oktober 1932 in *La Révolution prolétarienne* 138 veröffentlichten Aufsatz warnt Weil: »Hitler bedeutet organisierter Massenmord, Beseitigung jeder Freiheit und Kultur«. (Zitiert nach der deutschen Ausgabe: Simone Weil, »Deutschland in Erwartung. (August- und Septembereindrücke)«, in: dies., *Unterdrückung und Freiheit*, München 1975, S. 50).

II Siehe Simone Weil, *Fabriktagebuch und andere Schriften zum Industriesystem*, Frankfurt a. M. 1978.

III Siehe dazu die Ausgaben: Simone Weil, *Über die Ursachen von Freiheit und gesellschaftlicher Unterdrückung*, Zürich 2012; dies., *Krieg und Gewalt*, Zürich 2011.

IV Eine Gesamtausgabe von Weils *Syndikalistischen Schriften (1931–1934)* ist in einer kommentierten Übersetzung von Elena Stingl bei Turia und Kant in Vorbereitung.

V Die insgesamt 19 handschriftlichen Notizbücher enthalten philosophische, theologische und mathematische Überlegungen in zunehmend fragmentarischer und experimenteller Schreibweise. In deutscher Sprache sind sie als Auswahlband: *Schwerkraft und Gnade*, Berlin 2021, und als vierbändige Gesamtausgabe der Notizbücher: *Cahiers*, München 1991–1998, erschienen.

VI Vorliegende Ausgabe, S. 38.

VII Vorliegende Ausgabe, S. 63.

VIII An Maurice Schumann, Sprecher der Résistance-Organisation *France libre,* schreibt Weil in einem undatierten Brief: »Das Unglück, das sich über den Globus ausbreitet, nimmt mein Denken gefangen und bedrückt mich in einem solchen Maß, dass alle meine Fähigkeiten zunichte werden; ich werde sie erst zurückerlangen und erst von dieser Obsession befreit sein, wenn ich einen Teil der Gefahren und Leiden auf mich nehmen kann.« Simone Weil, »Lettre à Maurice Schumann«, in: *Écrits de Londres et dernières lettres*, Paris 1957, S. 183–215, hier S. 199 [Übersetzung: c. b.].

IX Vorliegende Ausgabe, S. 21 f.

X Auf Deutsch erschienen in: Simone Weil, *Krieg und Gewalt,* Zürich 2011, S. 161–192.

XI Ein zweites von Perrin herausgegebenes Buch folgte ein Jahr später: Simone Weil, *Intuitions préchrétiennes*, Paris 1951.

XII Vorliegende Ausgabe, S. 95 f.

XIII Vorliegende Ausgabe, S. 39.

XIV Vorliegende Ausgabe, S. 53.

XV Vorliegende Ausgabe, S. 64.

XVI Siehe Joseph-Marie Perrin, *Wir kannten Simone Weil,* Paderborn 1954, S. 80–99.

XVII Simone Weil, *Œuvres complètes*, IV, 1, Paris 2008, S. 387–389.

XVIII Ebd., V, 1, Paris 2019, S. 135–148.

XIX Simone Weil, *Œuvres complètes*, IV, 1, Paris 2008.

XX Die Originalmanuskripte der Briefe befinden sich nach einer Schenkung Perrins in der Handschriftenabteilung der Vatikanischen Apostolischen Bibliothek.

Erste Auflage Berlin 2024

Großbeerenstraße 57 A, 10965 Berlin
info@matthes-seitz-berlin.de

Umschlaggestaltung: Jennifer Kroftova, Berlin
Umschlagmotiv: Cyanotypie von Jennifer Kroftova
Satz und Layout: Monika Grucza-Nápoles, Cartagena
Druck und Bindung: Pustet, Regensburg
ISBN 978-3-7518- 6503-6
www.matthes-seitz-berlin.de